国家社科基金项目文库
National Social Science Fund Project Library

Research on Inclusive Tax Incentives to Support Enterprise Innovation

普惠性企业创新支持的税收激励政策研究

孙 莹 / 著

上海社会科学院出版社
SHANGHAI ACADEMY OF SOCIAL SCIENCES PRESS

国家社会科学基金项目资助

国家社科基金项目文库
总　　序

2005年，国家哲学社会科学基金办设立"国家社科基金成果文库"，每年从已结项的国家社科基金项目优秀成果中遴选10种左右出版，受到学界好评。2010年，"国家社科基金成果文库"进一步拓展为"国家哲学社会科学成果文库"，由全国社科规划办统一组织出版并公开表彰。入选成果坚持正确导向，符合学术规范，学风严谨、文风朴实，具有原创性、开拓性、前沿性，对繁荣中国特色哲学社会科学、推动经济社会发展和学科建设意义重大。

然而，也有学者反映，能获此殊荣的结项成果数量实在有限，其中有不少成果结项后也获得了优秀和良好鉴定，却未能得到上述出版机会。特别是随着国家社科基金课题立项数越来越多，出版的需求也越来越大。因此，各高校和科研机构都通过不同的方式予以支持。但由于这些成果的出版单位较为分散，即使在同一个出版社内，其从体例到装帧也有很大差别，导致很多优秀成果无法集中展示，不利于国家社科基金成果扩大影响。

近年来，在上海社会科学院的领导和支持下，我社致力于"打造一流智库成果出版基地"，加大对高质量、有深度的学术著作出版的支持力度，在学界已经产生了一定的影响力。上海乃至全国学者将国家社科基金结项成果交付我社出版，是对我社长期深耕智库成果出版的信任和肯定。另外，我社还是全国66

家国家社科基金后期资助项目成果的出版单位之一，近 3 年已有 40 多项国家社科基金后期资助项目成果在我社出版，是我社致力于智库成果出版的又一证明。

为进一步强化我社智库成果出版导向，在上海社会科学院院庆 65 周年之际，我社决定设立"尚社智库"专项出版基金，重点支持其子库"国家社科基金项目文库"出版，向读者呈现中国当代哲学社会科学的最新研究成果。该基金主要支持成果的出版经费补助、学术研讨和媒体推介。同时，为进一步支持该项工作落地，我社将每年邀请全国哲学社会研究领域权威专家组成评委会，对出版的成果予以评奖，并对这类成果予以重点推介。

我们设想，以此专项基金为依托，以现有来稿为基础，进一步汇集来自社会科学院系统、高校系统、党校系统以及其他获得社科基金机构评定的结项成果，充实"国家社科基金项目文库"。该文库将从不同角度反映中国学术界贴近决策和服务国家战略的情怀和努力，以及为中国式现代化道路所做的可贵探索。我们认为，这项举措将进一步推动国家社科基金成果的社会化，有利于最新社科研究成果和思想的传播，有利于促进中国特色哲学社会科学学科体系、学术体系、话语体系的构建，也有利于进一步确立我社智库成果出版基地的定位。

最后，希冀这套文库的出版，为加快构建中国特色、中国风格、中国气派的哲学社会科学，为上海推进习近平文化思想最佳实践地建设，以及为推动我国哲学社会科学的繁荣，贡献一份微薄的力量。

上海社会科学院出版社社长、研究员

2024 年 2 月 15 日

目 录

前言　/ 1

第一章　绪论　/ 7

一、研究背景与意义　/ 7

二、相关概念界定　/ 11

三、研究思路、研究框架与研究方法　/ 12

（一）研究思路　/ 12

（二）研究内容及框架　/ 12

（三）研究方法　/ 16

四、主要创新点　/ 16

第二章　文献综述　/ 18

一、不同视角下税收激励对企业创新的影响　/ 19

（一）税收激励与研发投入　/ 19

（二）税收激励与创新产出　/ 23

（三）具体政策类型的作用效果　/ 24

（四）税收激励与财政补贴的比较研究　/ 27

二、税收激励政策效应的影响因素　/ 29

（一）内部特征因素　　／ 30

（二）外部制度性环境因素　　／ 33

三、税收激励政策国际比较与问题分析　　／ 35

四、税收征管对企业行为的影响　　／ 36

五、研究述评　　／ 37

第三章　中国与主要创新型国家企业研发投资结构国际比较　　／ 42

一、基于交叉结构视角的R&D经费投入趋势分析　　／ 43

（一）R&D经费投入规模与投入强度比较　　／ 43

（二）R&D经费部门来源与执行结构比较　　／ 45

（三）R&D经费配置结构比较　　／ 50

（四）中国R&D经费配置存在的问题　　／ 57

二、中国与主要创新型国家企业研发投资结构国际比较　　／ 60

（一）中国企业研发投资及结构特征分析　　／ 61

（二）中国与主要国家研发投资国际比较　　／ 70

（三）中国与创新型国家高研发投入企业特征　　／ 87

第四章　理论分析与研究假设　　／ 89

一、政府干预企业创新的理论基础　　／ 90

（一）外部性　　／ 90

（二）不确定性　　／ 92

二、税收优惠激励企业创新的路径选择　　／ 94

（一）税收激励提高创新活动预期收益　　／ 94

（二）税收激励降低创新活动投资风险　　／ 95

（三）税收激励降低研发成本　　／ 96

三、税收优惠激励企业创新的作用机制　　／ 97

（一）激励驱动机制　　/ 97

（二）催化加速机制　　/ 99

（三）信号传递机制　　/ 100

（四）资源配置机制　　/ 102

四、研究假设　　/ 103

（一）税收优惠与企业创新　　/ 103

（二）税收征管与研发投入　　/ 107

（三）政策不确定性与研发投入　　/ 111

第五章　实证检验与结果分析　　/ 115

一、样本选取与数据来源　　/ 115

二、基本模型设定与变量设置　　/ 116

（一）基本模型设定　　/ 116

（二）变量设置　　/ 118

三、实证结果分析　　/ 121

（一）描述性统计结果　　/ 121

（二）税收优惠与企业研发投资的实证检验　　/ 123

（三）税收征管与企业研发投资的实证检验　　/ 125

（四）政策不确定性调节效应的实证检验　　/ 134

第六章　基于三维框架的科技创新税收优惠政策量化分析　　/ 145

一、政策文本来源与分析框架　　/ 145

（一）政策来源与文本选取　　/ 145

（二）政策条款编码　　/ 150

（三）政策分析三维框架　　/ 150

二、科技创新税收激励政策单维量化分析　　/ 151

（一）政策目标维度　　/ 151

（二）政策设计维度　　/ 152

（三）政策执行维度　　/ 157

三、科技创新税收激励政策多维量化分析　　/ 158

（一）生命周期与创新要素　　/ 158

（二）创新价值链与税种　　/ 159

（三）创新价值链与优惠方式　　/ 160

四、我国现行税收激励政策存在的局限性　　/ 162

（一）税收激励政策的立法层级较低，变动较为频繁　　/ 162

（二）税收激励政策显示出较强的特惠性质，影响政策公平与效率　　/ 163

（三）税收激励政策的优惠程度与税种地位错配　　/ 165

（四）税收激励政策偏重于采用直接优惠，重事后利益让渡轻事前引导　　/ 166

（五）税收激励政策的优惠对象存在结构性失衡　　/ 166

（六）税收激励政策侧重创新价值链后端，结果导向型特征明显　　/ 167

第七章　完善中国科技创新税收优惠政策的初步建议　　/ 169

一、税收优惠政策的国际经验借鉴　　/ 170

（一）日本　　/ 170

（二）美国　　/ 179

（三）英国　　/ 183

（四）新加坡　　/ 187

二、国际税收优惠的特征与变化　　/ 192

（一）税收优惠由临时性制度逐步过渡为正式法案　　/ 192

（二）税收激励政策聚焦企业创新行为，普惠性较强　　/ 193

（三）税收政策激励形式多样，且更偏重间接优惠　　/ 193

（四）政策优惠力度呈现增强趋势　　/ 194

（五）对中小企业实施"加强优惠" / 195
（六）关注创新链条前端，引导产学研深入合作 / 196
三、完善中国税收优惠政策的对策建议 / 196
（一）加强税收立法，提高政策规范性和稳定性 / 197
（二）弱化税收优惠选择性，推进普惠性政策体系构建 / 197
（三）优化税种与优惠方式搭配，增进对创新价值链上游环节的引导作用 / 197
（四）设置针对中小企业的加强优惠措施 / 198
（五）加大对科技人才的税收激励力度 / 199
（六）优化税收服务环境，建立政策定期评估机制 / 199

第八章 研究结论与展望 / 201

一、主要研究结论 / 201
（一）中国与主要创新型国家高研发投资企业特征 / 201
（二）税收优惠对企业创新活动的作用机理与路径选择 / 202
（三）税收优惠政策与税收征管行为对企业创新活动的效果评估 / 202
（四）中国科技创新税收优惠政策体系的特征与局限 / 203
（五）税收优惠政策的国际比较与借鉴 / 203
二、未来研究展望 / 204

参考文献 / 205

前　言

"十四五"时期是中国全面建设社会主义现代化国家新征程、向第二个百年奋斗目标进军的开局期，亦是中国从创新大国向创新强国迈进的关键期。在新一轮科技革命和产业变革的重大历史机遇期，世界各国都迫切希望抢占科技竞争制高点，围绕科技创新核心要素的争夺愈演愈烈。自党的十八大以来，中国科技创新事业取得历史性成就，重大创新成果竞相涌现，部分前沿领域逐渐进入"并跑""领跑"阶段，科技实力正在从量的积累迈向质的飞跃，从点的突破迈向系统能力提升。但是客观而言，中国科技创新水平与世界科技先进水平相比仍有较大差距，关键核心技术受制于人的局面尚未根本改变，这是影响中国经济高质量发展和国家安全的重大隐患。党的十九届五中全会强调，要坚持创新在我国现代化建设全局中的核心地位，把科技自立自强作为国家发展的战略支撑。《国民经济和社会发展第十四个五年规划和2035年远景目标纲要》明确要"强化企业创新主体地位，促进各类创新要素向企业集聚，形成以企业为主体、市场为导向、产学研用深度融合的技术创新体系"，并将"实施更大力度的研发费用加计扣除、高新技术企业税收优惠等普惠性政策……完善激励科技型中小企业创新的税收优惠政策"作为激励企业加大研发投入的重要举措。税收政策历来是稳定经济增长、推动产业转型升级和促进区域平衡发展的关键工具，也因其发力精准、结构性特征突出，运用税收优惠方式激发企业创新活力在全球范围内成为主流趋势。本书聚焦税收激励政策，探寻中国转型经济情境下税收激励影响企业创新活动的潜在路径及作用机理，并从企业微观视角评估税收激励政策的实施效果，回应了现有研究中对税收激励促进或抑制效应的论争，同时为政府部门制定和调整符合现实情况的优惠方案提供方向指导，有利于充分发挥政策引导作用，营造良好税收环境。

根据研究主题，本书综合运用文献研究法、内容分析法、统计分析法和比较研究法，从五个方面就税收优惠政策对企业创新活动的影响展开研究：（1）从来源、执行以及配置的交叉结构视角深入分析中国与主要创新型国家 R&D 经费的变化趋势，重点关注中国企业研发投资现状与结构特征，并将之与主要创新型国家的企业数据进行比对，以明晰中国企业研发活动在投资规模、投入强度和产业布局等方面存在的差距；（2）阐述政府干预企业创新活动的理论依据，并通过对税收优惠政策内在机制的论述，厘清其作用于企业创新活动的路径与机理；（3）运用统计方法构建模型，实证检验税收优惠对企业研发投资的政策效果，评估各项企业内部特征与外部环境因素对实施效果的异质性影响；（4）系统梳理中国现行有效的税收优惠政策，采用内容分析法对政策文本进行量化统计，实现对政策变动的动态分析，归纳中国税收激励政策体系的特点以及在政策设计科学性、布局合理性和动态适应性等方面的改进空间；（5）总结国外税收激励的经验与发展趋势，在国际比较的基础上结合实证分析结论，提出完善我国创新税收激励机制的具有应用价值的建议。

本书聚焦税收优惠政策，阐释其作用于企业创新活动内在机制的逻辑思路，并在考虑企业内外部因素的基础上考察优惠政策的实施效果。同时，系统梳理中国现行有效的税收优惠政策，归纳中国税收激励政策体系的特点，并关注主要创新型国家税收激励的经验与变化趋势。主要研究结论如下：

（1）中国与主要创新型国家高研发投资企业特征。以 2014—2019 年《欧盟产业研发投资记分牌》全球研发投资 2 500 强企业为样本，对比中国与美国、日本、德国、韩国、法国和英国等六个主要创新型国家的研发投资规模、研发投入强度和产业布局后发现：大型跨国公司全面引领世界企业研发，发达国家仍是全球研发活动的主要源头与载体这一趋势短期内不会改变；中国企业研发活跃度不断提升，对法、英、韩等国形成赶超之势，已成为推动全球创新不可忽视的重要力量；中国企业研发投资强度与创新型国家有一定程度的差距；中国产业分布逐渐向高技术领域聚集，有待形成世界领军的行业领域，但高研发投入企业在制药和生物科技产业的覆盖率相对较低，顶级制药与生物科技企业长期缺位。

(2) 税收优惠对企业创新活动的作用机理与路径选择。税收优惠政策能够通过提高创新活动的预期收益、降低创新活动的投资风险以及降低研发活动成本三个路径对企业创新行为产生影响。税收优惠政策能够降低企业的创新要素成本、提高各类要素贡献率，并对打通创新链条、优化创新生态环境具有积极作用；同时税收激励政策本身具有引导社会资源流向的功能，并且向外界传递出企业资源与财务安全信号，体现出税收优惠通过激励驱动机制、催化加速机制、资源配置机制和信号传递机制，协同作用于企业科技创新活动。

(3) 税收优惠政策与税收征管行为对企业创新活动的效果评估。中国税收优惠政策对企业创新活动具有积极的效应，稳定而持续的税收激励能够刺激企业增加研发投资，但在激励程度上仍有一定的政策空间。提升税收征管强度对企业研发投资具有正向影响，但是效果并不显著；同时，税收征管行为对税收优惠与企业研发活动的关系具有负向调节作用，税收征管力度增强会降低税收优惠的激励效果。企业内部特征与外部制度性环境因素会对政策效果产生异质性影响，相比于国有企业，税收征管对企业创新活动的正向影响在非国有企业中表现得更为明显，而在地方政府干预程度较低的地区，税收征管对企业研发投资的抑制效应也会相应减弱。经济政策不确定性对税收优惠的政策效应具有正向调节作用，政策不确定性提升时企业会加速研发投资以应对环境变化，税收优惠的激励效应得到增强。产权性质、行业特征与融资约束会对政策不确定性的调节作用带来异质性影响，在政策不确定性上升时，税收优惠对企业研发投资的正向影响程度在非国有企业、非高新技术产业以及融资约束程度较弱的企业中表现得更为显著。

(4) 中国科技创新税收优惠政策体系的特征与局限。构建"政策目标—政策设计—政策执行"三维框架,并采用内容分析法对税收优惠条款展开单维与多维量化分析,认为经过一系列税收优惠政策的出台与调整,我国促进科技创新的税收激励政策体系格局已基本形成,只是在政策设计科学性、布局合理性、动态适应性等方面尚有待加强与完善,具体表现在:优惠条款贯穿于创新价值链条全过程,但较为偏重后端产业化阶段,结果导向特征明显;税收优惠政策的特惠性质显著,企业是税收政策的重点激励对象,但条款多具有产业导向或资质认定限制;对最具创新活动的中小企业和创新核心要素人力资本的激励力度尚显不足;企业所得税优惠的主导地位进一步加强;优惠方式以直接优惠为主、间接优惠为辅;税收激励政策法规层级较低,与税收法定要求有较大差距。

(5) 税收优惠政策的国际比较与借鉴。梳理日本、美国、英国和新加坡的现行税收优惠政策,国际税收激励呈现出新的特征与趋势,表现为税收优惠由临时性制度逐步过渡为正式法案;税收激励政策聚焦企业创新行为,普惠性较强;税收政策激励形式多样,且更偏重间接优惠;政策优惠力度呈现增强趋势;对中小企业实施"加强优惠";关注创新链条前端,引导产学研深入合作。在前文实证研究结果的基础上,依托对国内现行税收优惠政策的梳理以及国际经验借鉴,从政策设计与税收征管视角提出如下建议:加强税收立法,提高政策规范性和稳定性;弱化税收优惠选择性,推进普惠性政策体系构建;优化税种与优惠方式搭配,增进对创新价值链上游环节的引导作用;设置针对中小企业的加强优惠措施;加大对科技人才的税收激励力度;优化税收服务环境,建立政策定期评估机制。

本书的主要贡献体现在以下三个方面:

(1) 将税收激励与企业研发投资关系的研究由政策设计层面拓展到政策执行层面。既有文献中税收优惠政策的作用效果呈现出多样性,学者们多聚焦于政策设计视角评估政策效用,但税务部门征管活动作为税收政策工具实施的重要环节，却鲜有文献关注其对企业研发投资可能产生的影响。本书在税收政策与企业研发投资关系的研究框架中纳入税收征管要素，将研究视角从政策设计层面延伸到政策执行层面，是对创新领域文献体系的有效补充，丰富了企业研发活动影响因素的研究。

(2) 综合考虑外部制度性环境特征和企业内部特征的差异对政策实施效果的影响。基于中国数据的研究文献对税收激励与企业创新活动关系的探讨并未达成一致结论，且过往研究更多聚焦于企业内部特征对税收优惠政策效果的异质性影响。本书则在依托微观企业样本实证检验税收激励对企业创新影响的基础上，关注政策不确定性、税收征管强度、地方政府干预等表征的外部制度性环境特征对税收激励和企业研发投资关系的调节效应，同时揭示所有制形式、融资约束、所属行业表征的企业内部特征差异对政策实施效果的影响，从而较为有效地将外部因素和内部特征与微观企业的创新活动联系起来。本书的尝试在一定程度上为税收激励政策的有效实施提供了理论依据，为政策效果评估提供了新的视角与经验证据，进一步丰富了该领域研究。

(3) 量化统计中国促进科技创新的税收激励政策，动态分析政策变动。既有研究对税收激励政策的特征与问题分析多采用定性研究，鲜少对政策文本展开频数统计与量化分析，使得研究结论缺乏数据支撑。本书系统梳理分散于各项法规和政策性文件中的现行有效税收优惠政策。为将定性问题定量化，本书构建"政策目标—政策设计—政策执行"三维框架，采用内容分析法对政策文本进行量化分析，并基于统计结果归纳中国税收激励政策的特点与局限性。结合对主要创新型国家税收优惠政策的变化趋势分析和国际比较，提出优化中国创新税收激励政策的相关建议，对拓展并深化关于税收激励政策的认识、充分发挥政策引导作用具有较好的借鉴意义。

第一章　绪　　论

一、研究背景与意义

"十四五"时期是中国全面建设社会主义现代化国家新征程、向第二个百年奋斗目标进军的开局期,亦是中国从创新大国向创新强国迈进的关键期。当今世界正经历百年未有之大变局,科技创新已成为影响和改变全球经济版图的关键变量。自近代科学诞生以来,五次科技革命对人类社会发展进程产生了具有革命性意义的深远影响,不但极大地推动生产方式的重大变革,而且由此引发大国实力消长与全球主导权更迭,深刻改变世界政治经济格局。科技创新能够提高技术进步对经济增长的贡献率,为全球经济发展注入持久的新动能。21世纪以来,科学技术加速进步,一场更大范围、更深层次的新科技革命和产业变革正在全球范围内蓬勃兴起,一批关键前沿技术呈现多点突破、交叉汇聚、群体跃进之势,同时也将伴随出现大量新业态、新生产方式与新商业模式。在新一轮科技革命和产业变革的重大历史机遇期,世界各国都迫切希望抢占科技竞争制高点,围绕科技创新核心要素的争夺愈演愈烈。发达国家积极部署面向未来的国家科技创新战略或规划,在新型基础设施建设和国际经贸规则重塑等方面提前布局,以保持全球领先地位。新兴经济体则大幅增加创新资源投入,力图实现"弯道超车",缩小与发达国家的实力差距。

自党的十八大以来，中国科技创新事业取得了历史性成就，重大创新成果竞相涌现，部分前沿领域逐渐进入"并跑""领跑"阶段，科技实力正在从量的积累迈向质的飞跃，从点的突破迈向系统能力提升。2019年，中国研发经费支出达到2.21万亿元，研发投入强度约为2.23%，超过欧盟平均水平2.18%；发明专利授权量居世界首位，国际科学论文数量和国际科学论文被引次数均位居世界第二，科技创新所需的各类要素充沛。在产业技术领域，中国涌现出一大批具有国际影响力的创新领军企业和科技型中小企业，33家企业入选2020年全球独角兽公司百强榜单，19家企业入围2020年全球最优价值的100大科技品牌，知识密集型产业增加值的全球份额超过20%（王昌林，2021）。中国科技创新事业的进展与成就，在国际上几个较有影响力的竞争力指数排名中也得到体现。《全球创新指数报告》(*The Global Innovation Index*，GII)的数据显示，近年来中国在GII的排名大幅攀升，由2012年的第34位跃升至2019年的第14位，是全球前30名中唯一的中等收入经济体。瑞士洛桑国际管理发展学院公布的《2019年世界竞争力年报》中，中国排在第14位；中国科学技术发展战略研究院发布的《国家创新指数报告》中，中国国家综合创新能力指数位列第15位。

尽管中国已成为全球科技创新的重要贡献者，但是客观而言，中国科技创新水平与世界科技先进水平相比仍有较大差距，关键核心技术受制于人的局面尚未根本改变，这是影响中国经济高质量发展和国家安全的重大隐患。科技创新既是各国综合国力的集中体现，也是优势国家制约其他经济体的利器。发达国家的大型跨国公司掌握关键核心技术，尤其是具有较高技术门槛的底层技术，使其能够在价值链中设置难以突破的"技术壁垒"，并且通过对价值链各环节在不同国家进行深度分解以及对全球资源的战略组合，成为全球价值链的治理者，进而有能力依托产业链实施打压或封锁行为。2018—2019年，中兴、华为、大疆等高科技企业被美国有针对性地采取一系列技术打压，便是其利用科技优势阻止中国领先技术的全球布局。工信部对30多家大型企业的130多种关键基础材料的调研结果显示，32%的关键材料在我国仍为空白，52%依赖进口，绝大多数计算机和服务器通用处理器95%的高端专用芯片、70%以上智能终端处理器以及绝大多数存储芯片依赖进口（樊纲等，2021）。由此可见，中国虽然已是创新资源投入的大国，但高研发投入带来的显著优势并未充分转化为与之相匹配的创新能力，陷入科技创新困境（叶祥松、刘敬，2018）。就研发经费投入的视角来看，一方面中国研发经费投入强度与经济发展水平和工业化发展阶段的要求相比仍旧偏低。中国历时13年将研发投入强度从1%提升至2%，所用时间与日本基本持平，并仍保持继续增长，但投入强度的增速显然不及研发经费的扩张速度。中国研发经费投入强度的年复合增长率从"十一五"时期的5.70%下滑至"十三五"时期的1.25%，处于持续下降的态势。与欧美和日韩等创新型国家相比，研发经费投入水平与经济发展不相适应，投入强度滞后于当前工业化程度。另一方面，中国研发经费配置结构"重试验发展，轻基础研究"，尤其是企业对基础研究的参与程度不足。基础研究作为扩展知识深度与宽度的重要渠道，能够通过知识积累效应提升企业消化和利用外部知识与技能的能力，有助于企业更有效地嵌入全球知识网络，因而被视为一国产业通向国际知识库的"门票"（孙早、许薛璐，2017；Pavitt，2001）。自2001年以来，尽管中国基础研究经费投入规模逐年增加，但其占研发经费支出总额的比重始终徘徊在5%左右，与欧美创新型国家15%以上的比重有相当程度的差距。企业作为世界各国研发经费最大的来源部门与执行部门，对研发活动的整体配置结构具有决定性影响。创新型国家呈现出企业深度嵌入创新链条前端活动的鲜明特征，由企业执行的基础研究经费比重均维持在15%以上，而中国近两年才略升至3%。正是由于未能正确理解基础研究对产业核心技术能力提升的关键作用，因此，在不断增加研发投资力度并进行高强度技术引进的努力下，中国企业的创新模式仍旧未能实现根本性转变（柳卸林、何郁冰，2011）。

世界已进入动荡变革期，为应对中美博弈下的"断供"风险和全球产业链转移的"断链"风险，科技突围成为关键一招，必须依靠科技创新打造中国经济提质增效的新引擎，以实现经济高质量发展。党的十九届五中全会强调，要坚持创新在我国现代化建设全局中的核心地位,把科技自立自强作为国家发展的战略支撑。《国民经济和社会发展第十四个五年规划和 2035 年远景目标纲要》明确要"强化企业创新主体地位,促进各类创新要素向企业集聚,形成以企业为主体、市场为导向、产学研用深度融合的技术创新体系",并将"实施更大力度的研发费用加计扣除、高新技术企业税收优惠等普惠性政策……完善激励科技型中小企业创新的税收优惠政策"作为激励企业加大研发投入的重要举措。税收政策历来是稳定经济增长、推动产业转型升级和促进区域平衡发展的关键工具(许伟、陈斌开,2016)。为了激发市场主体创新活力,加快企业新旧动能转换,近年来中国陆续实施了"营改增"税制改革、增值税税率下调并档、提高研发费用加计扣除比例、加大小微企业优惠力度等一系列减税措施。"十三五"期间中国新增减税降费规模累计将达 7.6 万亿元左右[①],特别是 2020 年我国新增减税降费超过 2.5 万亿元[②],有效减轻了市场主体的负担,这是在新冠疫情冲击下中国经济增速画出"V 型曲线"的关键动能之一。2021 年《政府工作报告》中科技创新仍旧是税收激励的重要方向,除了延续执行企业研发费用加计扣除 75% 政策外,更是将制造业企业这一实体经济的基础可享受的加计扣除比例提高至 100%。这与报告中设立的"全社会研发经费投入年均增长 7% 以上、力争投入强度高于'十三五'时期实际""坚持把发展经济着力点放在实体经济上,推进产业基础高级化、产业链现代化"等目标高度契合。

在前述研究背景之下,无论是从相关学术研究的发展进程出发,还是从构建新发展格局对税收政策性工具的现实需要出发,探索"普惠性企业创新支持的税收激励政策"都是一个重要而富有意义的课题。本书聚焦税收激励政策,探寻中国转型经济情境下税收激励影响企业创新活动的潜在路径及作用机理,评估税收激励政策的实施效果,回应了现有研究中对税收激励促进或抑制效应

---

① 《"十三五"期间新增减税降费累计将达 7.6 万亿元左右——为企业减负 为创新加油》,《人民日报》2020 年 12 月 8 日,第 7 版。
② 国家税务总局:《2020 年国民经济和社会发展统计公报》。

的论争，拓展并深化了关于税收激励政策的认识，也是以中国的实践数据丰富企业创新研究成果的努力，具有重要理论意义。本书综合考虑外部制度性环境特征与企业内部特征差异，定量评估税收工具可能产生的政策效果，为政府部门制定和调整符合现实情况的优惠方案提供方向指导，有利于充分发挥政策引导作用，营造良好税收环境，同时对有效发挥税收在深化供给侧结构性改革中助推经济转型升级的作用，对宏观层面国家创新体系建设、中观层面产业升级以及微观层面持续提高创新资源的配置和利用效率具有重要应用价值。

二、相关概念界定

税收优惠是国家通过采取与现行税制基本结构相背离的税收制度给予纳税人的各种优惠性税收待遇，对其税负进行调减，进而达到补贴特定纳税人及其活动的目的，是促进和扶持经济发展的一种特殊支出（柳光强，2016）。政府是税收优惠政策的实施主体，通过此种经济调控手段引导纳税人的行为，以实现既定的政策目标。税收优惠政策具有明显的高透明度和可预期性，是政府鼓励企业增强创新投资意愿的重要政策工具。本书关注的税收优惠政策主要聚焦于企业这一创新主体，特指政府为激励全生命周期的企业开展创新活动，增加对创新链条各环节的资金与人员投入，提升创新效率而实施的税收优惠政策，包括法律、行政法规及法规性文件、部门规章与规范性文件。

依据优惠方式的不同，税收优惠政策可以分为直接优惠和间接优惠。所谓直接优惠，即是对应纳税额、应纳税所得额和税率这三个因素进行直接减免，是初次分配后政府的利益让渡。其中，通过直接免除或减少纳税人的应纳税额的方式即为税额优惠。免税、减税、即征即退、先征后返、出口退税等均属于税额优惠的范畴。税率优惠则是通过减低税率的方式减轻纳税人的税收负担，通常择定某个行业或者产品进行使用。例如，《企业所得税法》中规定，国家需要重点扶持的高新技术企业，减按15%的税率征收企业所得税。所谓间接优惠，是指通过调减收入或调增成本费用的方式降低企业的应纳税所得额，进而降低企业应纳税额的优惠方式，税收优惠环节在初次分配之前。间接优惠方式多作用于纳税人的税基，适用范围最为广泛，起征点、加计扣除、亏损结转、税前扣除、加速折旧等均属于税基优惠的范畴。

三、研究思路、研究框架与研究方法

（一）研究思路

本书的总体研究思路是：首先，分析中国企业研发投资现状与结构特征，并将之与主要创新型国家的企业数据进行比对，以明晰中国企业研发活动在投资规模、投入强度和产业布局等方面存在的差距；其次，阐述政府干预企业创新活动的理论依据，并通过对税收优惠政策内在机制的论述，厘清其作用于企业创新活动的路径与机理；再次，运用统计方法构建模型，实证检验税收优惠对企业研发投资的政策效果，评估各项企业内部特征与外部环境因素对实施效果的异质性影响；随后，系统梳理中国现行有效的税收优惠政策，采用内容分析法对政策文本进行量化统计，实现对政策变动的动态分析，归纳中国税收激励政策体系的特点以及在政策设计科学性、布局合理性和动态适应性等方面的改进空间；最后，总结国外税收激励的经验与发展趋势，在国际比较的基础上结合实证分析结论，提出完善我国创新税收激励机制的具有应用价值的建议。

（二）研究内容及框架

本书包括八章内容：第一章为绪论，第二章为文献综述，第三章为中国与主要创新型国家企业研发投资结构国际比较，第四章为理论分析与研究假设，第五章为实证检验与结果分析，第六章为基于三维框架的科技创新税收优惠政策量化分析，第七章为完善中国科技创新税收优惠政策的初步建议，第八章为研究结论与展望。各部分主要内容如下：

第一章"绪论"。该章内容主要阐述本书的研究背景与意义，对相关概念进行界定，说明文章的研究思路、研究内容、逻辑框架与研究方法，并提出本书的主要创新点。

第二章"文献综述"。按照"政策效果—影响因素—政策设计"的逻辑思路，系统回顾国内外有关税收激励与企业创新活动的研究文献。该章内容主要从四个方面对既有文献进行整理：一是从创新投入、产出、具体政策类型以及与财政补贴的比较等不同视角梳理税收政策效果；二是关注导致政策效应变化的企业规模、产权性质、行业类型、所处地区、成本粘性与调整成本等企业内部特征以及制度环境、政治关联等外部制度性环境因素；三是税收激励政策的国际比较与问题分析；四是税收征管对企业行为的影响。在此基础上，依据研究焦点的变化对该领域学术历程分阶段归纳其趋势与特点，并展望未来研究方向，为本书研究寻找切入点与研究思路。

第三章"中国与主要创新型国家企业研发投资结构国际比较"。在该章中，先从宏观层面分析中国与主要创新型国家R&D经费总量的变化趋势，并从来源、执行以及配置的交叉结构视角展开深入探讨。随后，选取2014—2019年度《欧盟产业研发投资记分牌》中全球研发投资2 500强企业作为研究样本，并重点关注美国、日本、德国、韩国、法国和英国等六个主要创新型国家的数据，就中国与上述国家的企业研发投资规模、研发投入强度、产业布局等结构性特征展开国际比较。

第四章"理论分析与研究假设"。首先，该章内容从外部性与不确定性两个视角论述政府为矫正"市场失灵"而干预企业创新活动的必要性；其次，分析税收优惠政策如何通过提高创新活动的预期收益、降低创新活动的投资风险以及降低研发活动成本三个路径对企业创新行为产生影响；再次，阐述税收政策内在的激励驱动机制、催化加速机制、支撑保障机制、资源导向机制和信息传导机制的逻辑思路，综合分析税收优惠政策对企业科技创新活动的作用机理；最后，依据相关理论与既有文献研究，构建税收优惠政策、税收征管、政策不确定性与企业研发投入之间的概念框架，并提出相应的研究假设。

第五章"实证检验与结果分析"。该章依托上市公司微观数据，运用 Stata14.0 统计分析软件，检验各项研究假设。主要聚焦税收优惠政策激励效果的评估，识别对实施效果产生异质性影响的因素。首先，关注税收优惠政策与企业研发投资的关系，实证检验中国情景下税收激励是否实质性促进企业增加研发投入；其次，考察税收征管对企业研发投资的影响，以及税收征管和政策不确定性在税收优惠与企业研发投资关系中的调节效应；最后，进一步检验产权性质、行业特征、融资约束、地方政府干预等企业内部特征与外部制度性环境因素对关键变量之间的关系是否具有异质性影响。

第六章"基于三维框架的科技创新税收优惠政策量化分析"。该章内容系统梳理截至 2020 年 6 月 30 日中国出台的税收激励政策，构建"政策目标—政策工具—政策执行"三维研究框架，从原始税收优惠政策文本内容切入，采用内容分析法进行单维度与多维度量化统计，分析税收优惠政策支持的创新活动类型、政策布局与科学性、政策颁布机构及出台形式，明晰中国税收激励的特点与局限性。

第七章"完善中国科技创新税收优惠政策的初步建议"。日本与美国的税收激励具有一定的典型性，英国与新加坡的主要激励方式与中国类似。该章重点考察上述四国的现行税收优惠政策，总结国际税收激励的新特征与趋势，并与我国政策进行对比，分析国外经验对中国实践的启示，探索如何加大扶持创新优惠政策力度、降低企业实际税收负担与制度性交易成本，并从政策设计和税收征管视角提出完善我国税收激励政策的优化建议。

第八章"研究结论与展望"。将本书的主要研究结论进行归纳，并提出未来进一步研究的方向。

本书的研究技术路线图如图 1-1 所示：

第一章 绪 论

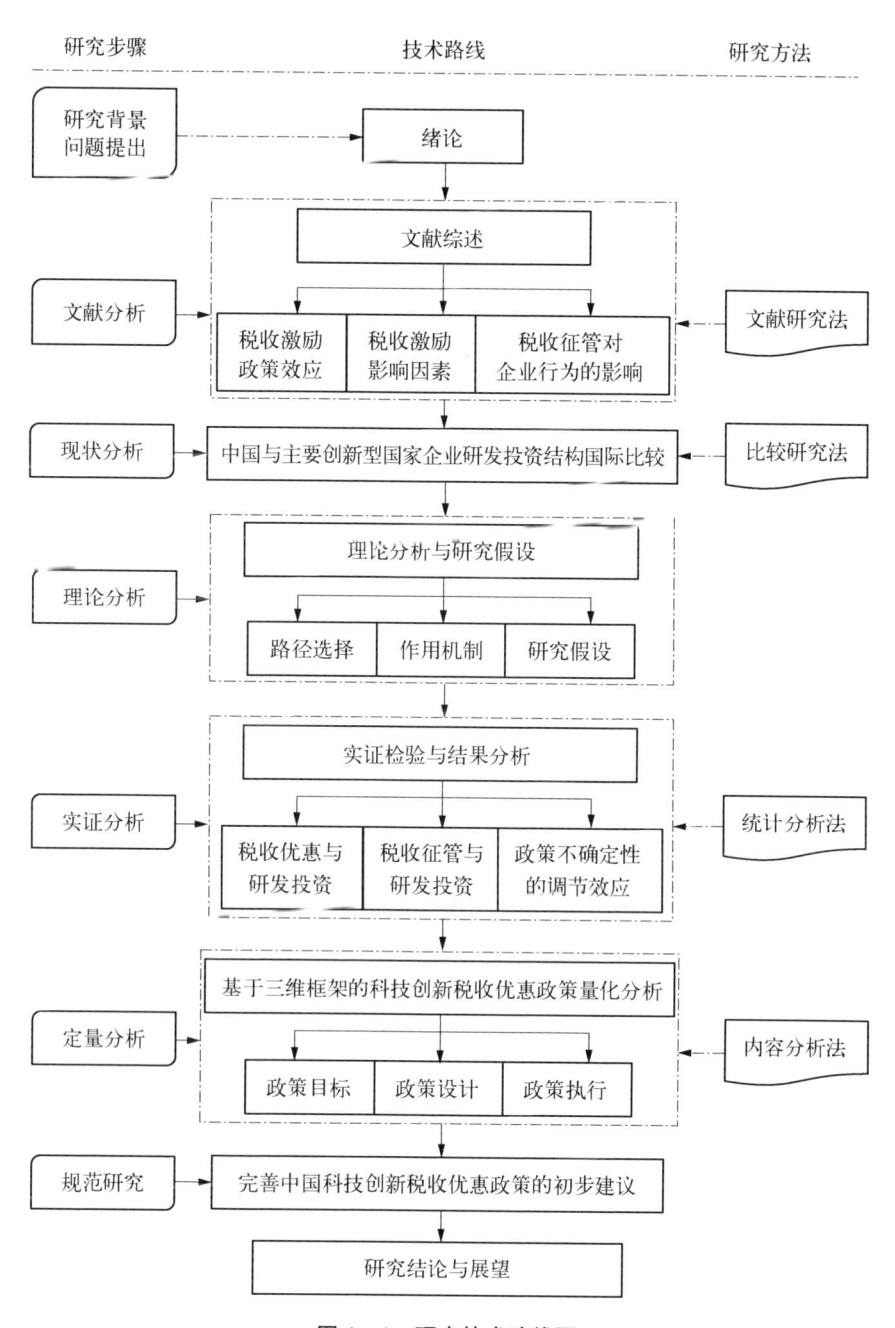

研究步骤	技术路线	研究方法
	研究背景 问题提出 → 绪论	
文献分析	文献综述 → 税收激励政策效应 / 税收激励影响因素 / 税收征管对企业行为的影响	文献研究法
现状分析	中国与主要创新型国家企业研发投资结构国际比较	比较研究法
理论分析	理论分析与研究假设 → 路径选择 / 作用机制 / 研究假设	
实证分析	实证检验与结果分析 → 税收优惠与研发投资 / 税收征管与研发投资 / 政策不确定性的调节效应	统计分析法
定量分析	基于三维框架的科技创新税收优惠政策量化分析 → 政策目标 / 政策设计 / 政策执行	内容分析法
规范研究	完善中国科技创新税收优惠政策的初步建议	
	研究结论与展望	

图 1-1 研究技术路线图

(三) 研究方法

本书综合运用实证研究与规范分析方法，将定量分析与定性分析相结合，在研究过程中具体采用了文献研究法、内容分析法、统计分析法和比较研究法，力图使论述过程更加系统与严谨。

(1) 文献研究法。广泛查阅与本书研究相关的各种文献材料、调查报告、学术论著和统计资料等，深入了解国内外税收激励机制和企业创新研究的现状。在充分借鉴已有研究成果的基础上，确立本书的研究起点与主题。

(2) 内容分析法。从国家税务总局税收法规库、财政部条法司财政法规数据库获取我国发布的税收优惠政策文本，并以此为内容分析样本，将政策内容从政策目标、政策工具和政策执行三个维度，对符合框架内容及时效的政策进行频数统计和量化分析，以期明晰我国税收优惠政策的特点。

(3) 统计分析法。对采集的沪深 A 股上市公司数据，借助 SPSS 和 Stata 统计软件进行描述性统计、多元回归分析和分组检验，将定性问题定量化，以评估税收激励政策对企业研发投入的影响程度，并检验税收征管、政策不确定性、产权性质、融资约束、行业特征、地方政府干预等外部制度性环境因素和企业内部特征对税收政策效果可能带来的异质性影响。

(4) 比较研究法。强化境内外比较，系统整理美国、英国、日本和新加坡激励企业创新的税收优惠政策，总结归纳国外政策趋势与特征，通过与我国政策的对比分析，指出我国优惠措施存在的问题并提出相应的完善建议。

四、主要创新点

本书预期创新点主要体现在以下几个方面：

(1) 将税收激励与企业研发投资关系的研究由政策设计层面拓展到政策执行层面。既有文献中税收优惠政策的作用效果呈现出多样性，学者们多聚焦于政策设计视角评估政策效用,但税务部门征管活动作为税收政策工具实施的重要环节,却鲜有文献关注其对企业研发投资可能产生的影响。本书在税收政策与企业研发投资关系的研究框架中纳入税收征管要素,将研究视角从政策设计层面延伸到政策执行层面,是对创新领域文献体系的有效补充,丰富了企业研发活动影响因素的研究。

(2)综合考虑外部制度性环境特征和企业内部特征的差异对政策实施效果的影响。基于中国数据的研究文献对税收激励与企业创新活动关系的探讨并未达成一致结论,且过往研究更多聚焦企业内部特征对税收优惠政策效果的异质性影响。本书则在依托微观企业样本实证检验税收激励对企业创新影响的基础上,关注政策不确定性、税收征管强度、地方政府干预等表征的外部制度性环境特征对税收激励和企业研发投资关系的调节效应,同时揭示所有制形式、融资约束、所属行业表征的企业内部特征差异对政策实施效果的影响,从而较为有效地将外部因素和内部特征与微观企业的创新活动联系起来。本书的尝试在一定程度上为税收激励政策的有效实施提供了理论依据,为政策效果评估提供了新的视角与经验证据,进一步丰富了该领域研究。

(3)量化统计中国促进科技创新的税收激励政策,动态分析政策变动。既有研究对税收激励政策的特征与问题分析多采用定性研究,鲜少对政策文本展开频数统计与量化分析,使得研究结论缺乏数据支撑。本书系统梳理分散于各项法规和政策性文件中的现行有效税收优惠政策。为将定性问题定量化,本书构建"政策目标—政策设计—政策执行"三维框架,采用内容分析法对政策文本进行量化分析,并基于统计结果归纳中国税收激励政策的特点与局限性。结合对主要创新型国家税收优惠政策的变化趋势分析和国际比较,提出优化中国创新税收激励政策的相关建议,对拓展并深化关于税收激励政策的认识、充分发挥政策引导作用具有较好的借鉴意义。

第二章 文献综述

党的十九大报告指出,"创新是建设现代化经济体系的战略支撑",要"建立以企业为主体、市场为导向、产学研深度融合的技术创新体系"。企业创新能力已成为国家与区域竞争优势的重要影响因素,而政府作为市场环境的塑造者与维护者应当与企业的创新行为形成良性互动,尤其是在经济结构调整与产业转型升级背景下,政府更需要向企业和市场提供高质量的制度供给来体现其宏观调控能力,正如《国家创新驱动发展战略纲要》所提出的"利用普惠性财税政策手段,降低企业创新成本"。这意味着税收激励政策因其发力精准、结构性特征突出,仍将持续成为引导企业成为技术创新投入主体的重要政策工具。

近年来,诸多学者致力于税收激励政策与企业创新行为的研究,早期成果更多聚焦于证明税收优惠对企业研发投资是否具有激励效应,以及对政策有效程度的评估。随着研究范围的拓展与研究内容的深入,学者们逐渐关注具有异质性的企业内部因素是否对政策效果产生影响,探究外部制度性环境差异对政策效应的调节作用。针对各类具体政策类型的效果检验也成为研究的焦点。本章内容在已有研究的基础上遵循"政策效果—影响因素—政策设计"的逻辑思路,尝试对国内外有关税收激励与企业创新行为的学术历程进行回顾与梳理,归纳研究成果的最新趋势与特点,并在此基础上展望未来研究方向,以期为后续理论探讨及其在中国情境下的实践发展提供启示。

一、不同视角下税收激励对企业创新的影响

(一) 税收激励与研发投入

长期以来,税收激励对企业研发投入的政策效用是学者们研究的焦点,学术界针对政策的整体效果展开了大量不同层面的实证检验,研究结果呈现多样化。

观点(1):促进效果。技术投资带来的价格溢出与知识溢出使得企业创新具有较强的外部性特征,导致企业研发投资与技术创新意愿降低,"促进论"观点认为税收优惠能够有效规避上述情况引致的风险与不确定性,对促进私人研发投资和创新活动具有重要作用(Tassey,2004)。丰富的实证研究成果支持税收优惠的激励效应这一论断。Yang等(2012)利用台湾576家上市公司2000—2005年的面板数据,PSM估计结果显示,享受税收减免的企业比未获得的企业研发支出高53.8%。Rao(2016)以美国企业为对象展开的研究表明,税收优惠带来的研发成本降低10%,短期内会促使企业研发投入强度提升19.8%。可见,税收优惠是能够显著提升研发投资水平与研发强度的政策工具,公共研发支持在私人研发领域没有"挤出效应"。

国内学者对我国税收政策的实证检验结果也证实了税收优惠促进企业研发投资的激励效应,并且从企业所处的生命周期阶段看,税收激励的作用集中体现于成熟期企业(刘诗源等,2020)。胡华夏等(2017)从资源配置视角探讨了税收优惠通过成本粘性实现对研发投入的调节作用,政策的实施会增强组织资源冗余对研发投资的积极影响。蒋建军、齐建国(2007)针对中关村科技园区高新技术企业的评估结果表明,政府提供1元的税收优惠能够刺激企业增加0.617元研发经费,税收激励政策的实际效果显著。周克清、景姣(2012)借助PSM回归模型检验企业所得税优惠对创业板上市公司的作用效果,结果表明每

1元的加计扣除优惠会促使企业增加0.47元的研发投入，实际所得税率降低1%会带来企业13.53万元的研发资金。肖鹏、黎一璇（2011）关注高新技术产业开发区企业所得税税率差异带来的税收减免对研发活动的影响，实证结果表明税率减免式的园区型优惠对企业研发活动具有持续而稳定的激励作用，税收减免强度增加1%会促使企业对研发创新的资金投入强度和人力资源投入强度分别增加29.6%和32.6%。Jia和Ma（2017）采用我国上市公司2007—2013年面板数据，研究发现10%研发成本的降低短期能够带来研发支出3.97%的提升，只是这一短期税收价格弹性比近期多数发达国家的系数都小。王俊（2011）以我国制造业1995—2008年数据为样本，虽证实了税收优惠对企业研发支出的显著激励效应，但是经过测算的税收优惠长期效应为-11.00，小于政策短期效应-15.2207，与国外学者的研究结论正好相反，反映出经济转型时期我国企业开展创新活动过程中存在短期化倾向。

观点（2）：效果不显著。持"抑制论"观点的学者认为税收优惠的政策成本相对较高，在解决创新外部性导致的市场失灵问题上是无效率的（Fazzari & Herzon，1996），加之政策在实施过程中可能产生激励扭曲，存在企业将节省的资金投向研发活动之外用途的情况，导致背离原定的政策目标（刘明慧、王静茹，2020），税收优惠对企业创新投入方面的激励作用十分有限（Eisner et al.，1984）。Thomson（2010）基于澳大利亚500家大型企业1990—1995年的非平衡面板数据研究，认为没有证据表明税收优惠是有效的政策工具。江希和、王水娟（2015）运用随机效用模型对江苏省2006—2010年连续5年披露研发投资的128家企业的问卷调查结果进行分析，发现研发费用税前扣除政策能够促进企业增加研发投入，但是影响程度并不大。李维安等（2016）对292家上市民营企业的检验结果表明，虽然政府对企业让渡的税收收益能够在一定程度上提升企业的创新投入水平，但是对强制度性环境中的高新技术企业而言，税收优惠并未形成有效的激励。部分文献估算出税收政策的R&D价格弹性系数相对较小，虽然对企业研发投资具有正向影响，但并未促使其具有实质性的增加，短期激励效应不是非常显著（McCutchen，1993；李丽青，2007；黄惠丹、吴松彬，2019）。如果税收激励措施选择不当，并且没有充分考虑税收管理能力限制，政府税收收入损失1元多半不能带来企业1元的投资，吴秀波（2003）的研究结果表明，免税期和企业所得税优惠税率在促进企业研发投资上并不具有成本效率，并且我国税收政策侧重于成果转化、应用技术研究及先进技术引进等方面，并不利于激励企业的研发行为（张济建、章祥，2010）。而信息不对称的存在使得政府通常只能围绕某一政策目标或针对特定行业采取"一刀切"式的激励政策，削弱了企业对税收政策的选择余地，加之税收优惠的激励目标并不必然与企业自身利益最大化目标相契合，进一步强化了政策效果的差异性，导致税收优惠在部分产业的实施效果并不理想，甚至会产生与政策初衷相违背的抑制影响（柳光强，2016）。

在研究税收优惠政策效应的学术历程中，众多学者采用价格弹性分析方法评价政策的实施效果。早期的研究样本多集中在美国（Hall，1993；Berger，1993；McCutchen，1993），后续研究则提供了许多国家的经验证据，包括英国（Dechezlepretre et al.，2016）、加拿大（Dagenais et al.，1997；Baghana & Mohnen，2009；Agrawal et al.，2014）、日本（Koga，2003）、荷兰（Lokshin & Mohnen，2012）、OECD国家（Bloom et al.，2002；Guellec & Van Pottelsberghe，2003）等。只是由于各项研究的时间跨度及选取的样本有所不同，各国的税收优惠政策效果表现出较大差异，其中尤以美国的政策作用效果最为显著，其短期价格弹性系数基本保持在－1.1～－1.5之间。上述结果支持了Hall和Reenen（2000）的观点，尽管不同研究对税收政策的价格弹性大小并未达成共识，但总体上税收优惠政策的长期激励效果优于短期激励效果（Hall，1993；Guellec & Van Pottelsberghe，2003；Mckenzie & Sershun，2010），在控制了国家特征、世界经济波动及其他政策性因素影响后这一激励效应依然稳健（Bloom et al.，2002）。

表 2-1 国内外税收激励政策效果评估汇总

研究者	研究时间	数据	研究时间跨度	R&D 价格弹性	
				短期	长期
Hall	1993 年	美国 800 家企业	1981—1991 年	-0.84~-1.5	-2.0~-2.7
Berger	1993 年	美国 263 家企业	1981—1988 年	-1.0~-1.5	
McCutchen	1993 年	美国 20 家大型制药企业	1982—1985 年	-0.28	
Dagenais et al.	1997 年	加拿大 434 家企业	1975—1992 年	-0.07	-1.09
Bloom et al.	2002 年	OECD9 国面板数据	1979—1997 年	-0.14	-1.10
Guellec & Van Pottelsberghe	2003 年	OECD17 国面板数据	1983—1996 年	-0.29	-0.33
Koga	2003 年	日本 904 家企业	1989—1998 年	-1.03	
Baghana & Mohnen	2009 年	加拿大制造业企业	1997—2003 年	-0.10	-0.14
Mckenzie & Sershun	2010 年	美国、英国、德国等 9 国	1979—1997 年	-0.12~-0.22	-0.46~-0.83
Lokshin & Mohnen	2012 年	荷兰企业数据	1996—2004 年	-0.25	-0.45
Agrawal et al.	2014 年	加拿大小型企业	2000—2007 年	-1.5	
Dechezlepretre et al.	2016 年	英国 CT600 数据	2006—2011 年	-2.6	
Jia & Ma	2017 年	中国上市公司	2007—2013 年	-0.4	
王俊	2011 年	中国制造业数据	1995—2008 年	-15.2207	-11.00
蒋建军、齐建国	2007 年	中关村高新技术企业	1992—2002 年	-0.671	

注：根据各文献结论汇总整理所得。

观点（3）：混合型效果。伴随税收优惠政策研究的深入，对其政策效果的争论仍在继续。学者们开始思考税收优惠与企业创新之间是否可能存在某种更为复杂的关系。税收优惠对企业创新的边际影响具有不确定性，政策实施效果依赖于企业享受激励的多寡,但激励强度的简单增加并不必然导致企业创新能力的提升(林洲钰等,2013)。林洲钰等(2013)通过对企业所得税改革这一外生事件的研究发现,研发费用抵扣与降低税率政策共同促进企业创新,并且税收激励幅度与企业创新水平之间呈现出显著的倒 U 型曲线关系。冯海红等(2015)采用制造业大中型工业企业面板数据,验证了税收优惠力度在最优的门限区间 [3.93%,12.00%] 时政策引导作用显著增强,每增加 1% 会促使企业研发投资 1.231% 的增幅。而政策力度小于第一门限值时激励作用较为微弱,超过第二门限值则抑制效应开始显现。

(二)税收激励与创新产出

税收激励政策对创新活动上游的投资行为具有一定刺激作用,但税收优惠的政策意图还是要落实到通过创新成果转化提升生产与经济效益,因此学者开始对税收优惠政策与企业创新产出的关系展开研究。这方面的证据虽不及研发投入的研究成果丰富,但也为后续科研提供了一些线索。

观点(1):税收优惠能够激励企业创新产出。税收政策能够促进企业专利数量增加,尤其是对以发明专利为代表的实质性创新具有显著的刺激作用,从而在数量增长与结构优化两个方面实现企业创新质量提升(陈玥卓,2020;郑婷婷等,2020)。Czarnitzki 等(2011)以加拿大制造业企业为样本,证实了研发税收抵免政策能够促进公司新产品和国家级新产品的产出,加速产业技术更新换代。石绍宾等(2017)采用倾向得分法和多元线性回归模型的测度结果证实了所得税优惠政策对企业创新产出的激励效应。张信东等(2014)也得出类似结论,发现被认定为国家级企业技术中心的上市公司中,享受税收优惠政策的企业拥有更多的专利、新产品和科技奖励。税收激励在促使企业更加有效地利用研发资源、提升研发效率的同时,对高技术产业的市场转化效率也有显著的正向效应(卢方元、李彦龙,2016)。

观点(2):税收优惠对创新产出的效果不显著。李林木、郭存芝(2014)以及胡凯、吴清（2018）的研究表明，企业享受税收优惠之后虽能有效促进企业增加研发投入，但该效应并未能将知识投资有效转化为技术产出，企业在享受税收优惠之后政策在短期对专利产出、产业发展速度与规模均没有显著效应，中国税收激励面临类似"欧洲悖论"的困境。Cappelen等（2012）运用倾向匹配得分（PSM）方法研究了挪威研发税收抵免对创新产出的影响，发现该项政策对新工艺有显著的正向影响，对公司层面的新产品有一定影响，而对市场层面新产品和专利没有影响。

（三）具体政策类型的作用效果

在实证研究聚焦于税收优惠政策整体效果检验的同时，部分学者对研究对象加以细化，并尝试探索具体的税收激励政策或激励方式的效用，形成了一定的学术积累。

1."自然实验"性质的检验

各国税收激励政策的修订或变革为有效识别政策的作用效果提供了难得的自然实验契机。英国将适用研发优惠税制的中小企业规模上限提升，Dechezlepretre等（2016）针对此项改革的检验结果显示，在2006—2011年每1英镑税收优惠能够诱导1.7英镑私人研发投资的增加，并且R&D投入的溢出效应能够促使技术领域企业的创新成果提升60%。Kasahara等（2014）对2003年日本税制改革中提出的总税收抵免制度的估算结果显示，在新体系下税收抵免额远超2002年之前实行的增量税收抵免制度，不采用此种抵免方式将使企业总体研发支出减少3%～3.4%。

我国也不断依据经济发展与政策实施情况逐步调整已有的优惠措施，比如2004—2009年增值税改革、2014年国务院部署完善固定资产加速折旧政策、历次研发费用加计扣除政策的调整等。李昊洋等（2017）认为固定资产加速折旧政策通过降低企业税负能够显著提升企业对高风险研发项目的投资能力与意愿，此种积极效应在研发活动的资产投入与人力资源投入方面均有所体现，而且这种影响在市场化程度较低地区的企业中更为明显。曹越、陈文瑞（2017）也持有类似的观点，认为固定资产加速折旧政策能够有效缓解内源融资约束较高的企业的融资压力，增加资金流动性，双重差分模型的检验结果表明该项政策能够显著增加企业的创新投入，只是企业的固定资产投资规模并未发生实质性变化。许伟、陈斌开（2016）对2004—2009年增值税转型改革的实施效果展开研究，基于固定效应模型加工具变量法的估计结果显示，增值税有效税率降低1%可增加企业投资约16%，从生产型增值税转向消费型增值税的改革对私人部门投资的促进效果显著。雷根强、孙红莉（2019）基于中国"十大产业振兴规划"自然实验的研究证实税收优惠是产业政策促进企业创新活动的有效途径，降低企业实际所得税率有助于提升企业创新水平。但是王春元（2017）运用双重差分模型检验2013年研发费用税前扣除政策调整的效果，发现尽管降低企业所得税率与提高研发费用扣除标准均有助于激励企业增加R&D投资，但在税前加计扣除率保持不变的条件下扩大研发费用扣除范围，适用高所得税率的企业拥有更高的研发投资，说明两种政策工具存在一定冲突，叠加使用使得政策效果减弱，甚至产生抑制作用。

2. 针对不同政策内容的检验

Finley等（2014）针对美国的选择性简化抵免（Alternative Simplified Credit, ASC）方式展开研究，该项政策与传统的OBRA方式不同，企业无须为了享受对增量支出的优惠而不断较以往增加研发投入，使得企业符合条件的研发投资大幅增加，同时1美元税收优惠可以诱导2.26美元的研发资金投入。研发费用加计扣除政策被视为鼓励企业开展创新活动的重要优惠手段，其政策效果成为我国学者们研究的重点。陈玲、杨文辉（2017）认为我国研发税收抵扣的分配机制更倾向于上市年限短、前期研发投入大、员工规模大和位于高市场化地区的企业，尽管该项政策整体而言能够激励企业增加研发投资，但政策效果仅在制造业较为显著，与原有预期有一定偏差。江希和、王水娟（2015）运用128家企业的问卷调查数据展开实证研究的结果也表明，研发支出税前扣除确实能够提高企业研发费用的密集度，只是从激励效果而言影响程度并不大。任海云、宋伟宸（2017）则认为加计扣除政策整体上能够实现促使企业增加研发投入的预期效果，但激励效应会受到不同生命周期、行业特征与外部市场环境等因素的影响。尤其是在信息不对称的情况下，该项政策会促使企业在未有效提高其创新能力时报告偏离真实水平的研发投入水平，扭曲企业研发投入强度报告行为（吴祖光等，2013）。研发费用加计扣除、税率优惠和固定资产加速折旧等三种优惠方式对企业研发投资的激励效应由强到弱，只是多种优惠方式叠加会导致激励效果相互抵减（韩仁月、马海涛，2019）。加计扣除政策同时也会对企业创新产出与创新效率产生积极影响，尤其是对非国有企业、非高新技术企业和高市场化地区企业的激励效果更好（贺康等，2020）。汪冲、江笑云（2018）则聚焦税收减免政策体系中的资格认定型减免，认为其内在的盈利约束机制会削弱企业下一年度继续保持研发强度并持续满足认定条件的能力，比例式门槛条件和年度持续性要求的双重制约造成资格认定型研发税收减免产生可持续性上的自我削弱影响。此外，也有学者关注孵化器优惠政策对其发展目标的引导与激励作用。程郁、崔静静（2016）基于调研数据，通过三阶段联立方程组模型考察孵化器税收政策的传导效应，结果表明税收优惠政策能够有效激励孵化器提供的场地与技术人员等基础服务，但对社会网络服务和投融资服务并未有显著的激励作用，同时地区的经济发展水平也会对孵化器税收优惠的执行效果产生影响。

3. 针对不同税制结构特征的检验

姜艳凤、姜艳芳（2014）对税收结构协整回归系数中的不同税种展开 M-VAR 建模分析，发现研发投入与增值税、消费税和个人所得税显著正相关，尤其是增值税和消费税对研发投入具有长期而持续的正向影响，但与营业税的正相关关系并不显著，企业所得税对其负向影响最为明显，应加大力度探索降低企业所得税的政策空间。李林木、汪冲（2017）的研究结论则与之相反，认为直接和间接税费负担都会对企业的创新能力与创新成果产生显著的负面影响，并且由于我国针对创新活动的税收优惠集中在直接税尤其是所得税上，间接税的激励政策相对较少且存在重复征税问题，造成间接税费的负面影响普遍大于直接税费。水会莉等（2015）认为增值税优惠政策适用性较窄，主要针对生产综合利用特定原料的少数产品，与研发投入关联度较低，因此企业所得税优惠能够更为有效地激励企业的研发信息披露与投入强度。

（四）税收激励与财政补贴的比较研究

税收优惠与财政补贴是各国在实践中广泛采用的科技创新支持政策工具。不同的政府支持方式对企业创新活动的作用方向与效果是否存在差异？基于这种疑惑，许多学者探讨了两种工具对企业创新的影响并对政策效果展开比较。

在过去的 20 年中，与政府的直接补贴相比，税收激励政策逐渐成为许多国家更为普遍的共同战略。产生此种趋势的原因在于，通过税收政策体系而非直接补贴来支持企业研发创新能够降低行政负担，并且减轻发生"挑选输家"（picking losers）的风险（Dechezlepretre et al.，2016）。尽管财政补贴具有针对性强、补贴效率高、反应迅速快捷等税收优惠不具备的特征，但是财政补贴可能会扭曲创新投入要素价格，尤其在短期财政补贴政策长期化时，更会削弱价格信号的调控功能，诱使企业实施"策略性创新"（黎文靖、郑曼妮，2016；柳光强，2016）。单纯使用财政补贴对企业创新活动并无显著驱动作用（唐书林等，2016），甚至对研发投入有明显的挤出效应（Wallsten，2000），而税收减免对创新活动的影响则具有长期性与稳定性，在企业同时适用于税收优惠和财政补贴时，税收优惠对企业研发投资具有更积极的促进作用（戴晨、刘怡，2008）。白旭云等（2019）以 505 家高新技术企业的调研数据为样本证实了前述观点，研究表明税收优惠政策对企业创新绩效和高质量创新产出有显著的促进作用，只是在技术能力越强的企业中表现越弱，而财政补贴对创新绩效和创新质量均具有挤出效应。马文聪等（2017）基于 2009—2014 年我国省级区域大中型工业企业数据的研究表明，政府直接补贴资助以及直接和间接税收优惠均会显著刺激企业增加研发资金投入，但就激励效果而言，高新技术企业减免税的直接税收优惠激励效应优于政府部门的财政补贴。黄宇虹（2018）以中国小微企业调查数据为研究样本的实证结果同样论证了财政补贴与税收优惠对创新活动的激励效应，但是政府补贴容易诱导小微企业寻租，并且会受到地区市场化程度影响，导致其对研发投入的正向效应较之税收优惠偏弱。朱云欢、张明喜（2010）认为财政补贴能够降低企业研发风险，其对 R&D 投入的诱导系数为 1.285，但仍远低于税收优惠诱导企业 R&D 支出的系数 5.248，政府应更多地采用税收方式引导企业的市场行为，而非使其依赖于政府的财政补贴。学者们认为此种现象可能的解释是，财政补贴对象具有任意性（朱云欢、张明喜，2010），在审批过程中政府表现出对企业年龄、性质和规模的严重政治偏好（唐书林等，2016），使政策扭曲创新领域的资源配置引致"政府失灵"，加之信息披露制度尚未完备，政府对获得补贴的企业缺乏有效监督，导致补贴政策激励创新有效性的下滑。相较之下，税收优惠强调政策的普惠性与公平性，将创新能力与创新成果作为认证前提，税收成本的减免程度则完全取决于企业自主决策（Wu，2005），因此其政策效果优于财政补贴。

前述成果多认为税收优惠比财政补贴对企业创新具有更强的激励效应，但也有学者对此持不同观点，认为税收优惠在市场干预、管理成本、灵活程度等方面虽有优势，但政府的直接补贴具有激励中性并且政策意图明确，能够缓解企业融资约束趋紧与研发投资不足的瓶颈，可以较有针对性地迅速作用于单个企业可预期的研发活动，税收优惠在公平性与有效性方面效果弱于财政补贴（Frascati，1994）。尤其是在创新异质性企业中，财政补贴的作用效果呈现出单调递增趋势，实质性创新程度越高的企业享受的政府补贴越多，创新能力也会相应增强，而税收优惠则会因其"非排除效应"导致创新的"收敛性"，激励效果明显弱于财政补贴（杨晓妹、刘文龙，2019）。郑春美、李佩（2015）以创业板 331 家高新技术企业为样本展开实证研究，财政补贴对企业创新的科技表现与经济表现均有显著的激励效应，而税收优惠不仅未能增加企业创新绩效，甚至对创新销售额与利润表现出反向抑制作用。鉴于物质资本较人力资本更为显性化，企业在实际投资决策中更易偏好于研发活动的物质资本投入，因而两项政策工具对研发资金投入的促进作用强于人力资本投入，但税收优惠对人力资本的激励效果并不显著（储德银等，2016）。Berube 和 Mohnen（2009）采用加拿大统计局 2005 年创新调查数据，发现同时享受税收抵免和政府补贴的企业比仅享受税收抵免的企业能创造出更多新产品，尤其是世界首创的新产品，并且在创新产品商业化的过程中也更容易取得成功。只是在税收优惠与财政补贴并行的情况下，税收优惠的作用效果会受到财政补贴强度的影响，过高的财政补贴会产生政策的挤出效应，相较之下，财政补贴的激励效果则会随着税收优惠幅度的增加而提高（陈东、法成迪，2019）。

尽管税收优惠与财政补贴均被证实能够对企业创新绩效产生激励作用，但是将企业异质性因素纳入考虑后，两者的政策效果也会表现出一定差异性。闫华红等（2019）认为，总体而言税收优惠的激励效果较之财政补贴更胜一筹，但是国有企业对财政补贴的敏感程度更高，其促进创新的效用也更为显著，税收优惠的激励作用则是在民营企业中的表现更为优异（王彦超等，2019）。就企业不同生命周期阶段而言，财政补贴更有利于激励成长期企业的开发性创新活动与成熟期企业的探索性创新活动，税收优惠更适用于成熟期企业的开发性与探索性创新活动（陈红等，2019）。

二、税收激励政策效应的影响因素

已有研究对税收优惠政策与企业研发投入、创新产出的关系以及与财政补贴的比较并未形成统一结论，加之世界经济体在制度、要素市场等方面逐步变革，税收优惠的政策效应变得更为复杂。差异化的研究结论意味着税收激励政策对企业创新活动的效用可能会受到来自企业内外部各种因素的异质性影响，近年来国内外涌现大量相关研究。为此，本节系统梳理企业内部特征与外部制度性环境因素对政策效果的影响。

（一）内部特征因素

1. 企业规模

企业规模是研发投资的重要决定性因素，规模较大的企业在风险分担、融资渠道、垄断利润和人才储备等方面拥有优势，加之其能够深入理解政府政策并加以利用，从而能够充分运用税收优惠引导研发投资的合理布局，有能力获得研发投资回报并从创新中获得动态溢出效应（Thomson，2010；冯海红等，2015）。因而，企业规模越大，税收优惠对创新投入与技术创新效率的激励效应就越为显著（Koga，2003；袁建国等，2016）。Crespi 等（2016）的研究结果也证实了上述观点，得益于其较易获得用于创新的社会资源、人力资本和技术基础设施等补充性资产，大型企业的调整成本相对小型企业更低，尽管从长期来看大型企业和小型企业的 R&D 价格弹性系数较为接近，但是短期内大企业能够快速响应税收激励的效应，其价格弹性系数（-1.679）高于小型企业（-1.188）。

但是，也有学者认为现有的税收制度更加注重扶持大型企业或明星企业引导主流创新，而忽视了零散销量的个性化创新需求，造成国家激励科技创新的资源配置扭曲现象。大型企业外部融资约束较弱，对税收优惠的依赖程度较低，因此税收政策对其研发投入的激励效果有限，促进作用在中小型企业中表现更为显著（刘明慧、王静茹，2020）。对大企业而言，单纯的税收优惠或财政补贴都不能激发其创新的积极性，只有同时采用两种政策手段才能促进创新投入（唐书林等，2016）。同时，有部分学者认为税收优惠对企业研发投入的正向激励效应并未表现出规模差异，仅是激励强度略有不同，而财政补贴对企业创新活动的影响会表现出显著的异质性（王俊，2011；马玉琪等，2017）。

2. 产权性质

国有企业和民营企业由于产权性质、股权结构不同，面临的市场环境、投融资政策待遇、资源条件等存在较大差异，因而研发创新行为上也存在一定差距。众多学者的研究均表明，国有企业的创新精神较弱，民营企业在创新投入与创新效率上居于领先地位（Choi et al.，2011；Lin et al.，2010）。由于国有企业缺乏对科技创新的有效激励与监督机制，加之可能存在的复杂的代理问题及管理者道德风险，可能对税收优惠条件下的创新活动产生负面影响（李文贵、余明桂，2015），从而在税收优惠与企业研发创新的关系中表现出异质性特征。

就产权性质角度而言，学者们的研究结论较为一致，与国有企业相比，税收优惠政策能够显著提升民营企业的创新投资（胡华夏等，2017；李万福、杜静，2016；黄志忠等，2015）。Jia 和 Ma（2017）认为国家所有权会极大地削弱税收激励的效力，税收优惠带来的成本降低对国有企业的研发投资没有产生影响，但研发成本降低 10% 短期内能够促使民营企业研发支出增加 4.63%。国有企业对研发成本降低并不敏感，一方面是由于它们在确保社会经济稳定方面面临巨大挑战，需要承担很多超出利润最大化目标的政治责任，这些责任会阻碍国有企业对创新成本变化的响应（Jia & Ma，2017）；另一方面，对于有着政治关联的国有企业而言，企业或许更有意向通过与政府建立特殊的关系来获取利润，而非通过提高企业创新水平获取发展，这最终会导致企业整体创新意愿不足，创新能力低下（党力等，2015）。因此，当国有产权比重超过门槛值时，税收优惠政策有可能成为企业规避纳税责任的"税盾"，导致政策实施效果不佳（潘孝珍，2019），而较低的国有产权比例意味着市场的基础性作用发挥更为充分，企业的经营管理方式更为灵活，更强调创新驱动发展的关键作用，更有利于企业充分利用税收优惠政策加大研发投资（冯海红等，2015），唐书林等（2016）则认为国有企业高管持股比例过低是造成政府扶持创新出现"南橘北枳"现象的深层次原因。与创新收益的长期性相比，国企高管的任期较短，因而会使其做出短视决策而放弃创新。而民营企业较高的高管持股比例则会产生"利益趋同效应"，使高管在实现自身价值增值的过程中同时实现企业长期价值最大化。支持科技创新的税收优惠政策效用的实现，还需要好的公司治理机制作为辅助。

3. 行业类型

许多学者的研究表明，税收激励的效果在不同的行业领域中具有差异。Castellacci 和 Lie（2015）认为研发强度较低的企业受制于市场计划或融资约束，更倾向于采用税收激励方案。这类公司往往会因为初期研发投入水平较低而体验到优惠政策更高的额外效应。因此，与高研发密集型的高科技产业相比，研发税收抵免政策对研发强度较低的行业具有更明显的激励效应。Crespi 等（2016）运用动态面板技术对阿根廷企业的研究也证实了上述观点，认为税收抵免对低技术领域的企业效果更为显著。

但仅靠大量的税收激励措施似乎不足以实现刺激额外研发投资的既定政策目标，行业内的创新机会可能会对税收激励政策效果起到更为重要的作用（Chen & Gupta，2017），表现为税收优惠对高技术领域的企业研发投入具有更显著的诱导效应（Yang et al.，2012）。Chen 和 Gupta（2017）对台湾企业的研究结果表明，抵免比率的提升可促使高科技企业研发支出增加 27%，相比之下非高科技企业仅增加 6.6%。

4. 所处地区

由于不同地区资源禀赋、发展基础及区位优势不同，经济水平存在一定差距，因而税收优惠政策对企业创新活动的激励效应也存在国别与地区差异（Hall & Reenen，2000）。中国东部地区拥有较强的研发投入与自行研发能力，并且具有先进的基础设施与人力资源优势，企业的创新驱动性更为明显，因此税收优惠对东部地区企业的促进效用更为显著，而对中部和西部地区的效应则呈递减趋势（袁建国等，2016；崔也光等，2017；梁俊娇、贾昱晞，2019）。珠三角地区产业集群的"多中心"特征为区域内企业发展提供便利,相比京津冀和长三角地区呈现出独特的市场化优势,税收优惠政策的吸收效果明显(崔也光等,2017)。

5. 成本粘性与调整成本

税收政策可以通过调节经济利益流向影响企业内部生产要素的合理配置,而成本粘性的存在表明企业存在资源冗余。胡华夏等(2017)引入成本粘性作为企业内部结构性变量,从企业资源配置视角探讨发现,适度的剩余资源引致成本调整决策滞后,带来的缓冲作用能够激励企业尝试高风险的创造性活动,从而显著提升税收优惠对研发投资的激励效应。因此,成本粘性可被视为一种应对环境变化的资源缓冲物,促使企业享受到稳健带来的长期成本降低与效率提升。

调整成本是影响企业投资与资本存量的重要因素,尤其是在小型企业应对研发成本变化的过程中扮演重要的角色(Agrawal et al., 2014)。研发税收激励政策与调整成本存在逆向效果,税收优惠对企业研发活动的激励效应随着调整成本的增加而逐渐减弱,企业需要在调整成本与研发投资之间进行权衡,当调整成本过大致使研发活动的收益无法弥补时,会导致企业放弃增加研发经费投入(李华,2018)。李万福、杜静(2016)研究发现,单位资本的调整成本临界值为0.012,即超过该数值税收优惠将丧失对创新的促进作用。目前93%公司的调整成本低于该临界值,意味着我国现行税收优惠力度已突破调整成本的制约,对研发投资具有显著的正向激励效应。

(二)外部制度性环境因素

1. 制度环境

产权保护、契约约束等能够为研发投资与创新成果提供必要的保护,政府支持与制度环境是促使企业开展创新活动的重要互补性因素(Lin et al., 2010)。Hellman 等(2003)提出的政府俘获理论认为,在制度不健全的转型期国家,政府官员掌握大量公共资源及其处置权，而特殊利益集团向其开展的寻租活动却难以受到制度的有效约束与监督。制度越落后、政府干预经济越严重的国家或地区，企业运用寻租手段扭曲社会稀缺资源有效配置的动机越强烈（Faccio，2006）。因此，在制度环境较差的地区，企业获得的税收优惠更有可能是寻租的结果，并不会为企业带来技术创新的增加，只有在法治较为健全的良好制度环境地区，税收优惠政策才会发挥激励作用（夏力，2016；Jia & Ma，2017）。刘放等（2016）对我国非金融类上市公司的研究也证实，税收优惠政策在要素市场扭曲程度较低、市场化进程程度较高的地区对企业研发活动具有更为显著的杠杆作用。

2. 政治关联

政治关联会强化企业所面临的制度性环境强度，与政府关系密切的公司可以享受到优惠待遇，比如有力的监管条件、更多的商业机会、外部融资和政府采购等，为企业突破各种管制和行业壁垒带来比较优势（Amore & Bennedsen，2013；Chan et al.，2012；Faccio，2010）。但有政治关联的公司更愿意追求短期寻租，也可能导致企业内部冲突影响其资源使用效率，从而干扰和削弱其在创新能力建设方面的努力（Amore & Bennedsen，2013；Faccio，2010；杨其静，2011）。具有政治关联的企业对研发成本降低并未表现出相应的研发支出水平提升（Jia & Ma，2017），反而表现出更强的避税行为，所得税优惠政策并未形成有效的创新激励，反而成为企业规避税收的"税盾"（李维安等，2016）。而当企业试图通过政治关联的建立获取发展所需的要素与机会时，产生的寻租成本会挤占企业研发资金投入。即使政治关联本身对企业的创新活动并未产生明显的抑制作用，但其对税收优惠与研发投入的关系起到了负向调节作用，削弱了税收政策的激励效果（韩庆兰、刘莉，2017）。因此，减少政府干预是发展中国家培育企业创新能力除税收激励手段之外的重要补充（Jia & Ma，2017）。

三、税收激励政策国际比较与问题分析

科技创新税收政策的国际竞争实质上已演变为各国对创新资源,特别是可跨国流动的高端创新资源的竞争(史昱,2017)。学者们对世界主要创新型国家和新兴国家(地区)的创新税收优惠政策进行持续的关注,如美国、英国、日本、韩国、新加坡、中国台湾地区等,通过政策梳理与经验总结,以期为我国的政策完善带来启示与借鉴。世界范围内的税收激励呈现出新的变化趋势与特征:价值取向从单纯的效率优先转而兼顾效率与公平;政策普惠性增强,并且伴随着优惠强度的持续增加,尤其是中小企业可享受"加强版"税收优惠;激励政策的着力点实现由物质资本到人力资本、从有形资本到无形资本的转变;直接优惠与间接优惠并重,与创新链紧密贴合,并且实现对创新价值链条主要环节的全覆盖(胡凯,2015;薛薇,2015;余宜珂等,2020),尤其是许多国家针对政策实施效果建立跟踪和严格的定期评估机制,成为政策能够不断完善的坚实基础(薛薇,2015)。

同时,也有许多学者将目光聚焦于对我国税收优惠问题与对策的研究。与国外的政策相比,尽管我国税收政策的激励范围呈现出扩大化与多元化趋势,并且已由区域优惠过渡为产业优惠为主的激励格局,但针对区域、企业资质认定等优惠措施仍旧偏多,聚焦企业具体创新行为,尤其是针对中小企业创新活动的税收支持不足(贾康、刘薇,2015),鲜明的特惠性质影响了税式支出的公平与效率,同时相关政策尚未能充分体现对人力资本的足够补偿与有效激励(李为人、陈燕清,2019)。优惠政策对创新链条前端关键阶段的支持力度尤显不足,而侧重事后奖励、轻事前引导的优惠方式组合,削弱了税收政策对企业长期创新活动的引导与扶持(韩灵丽、黄冠豪,2014)。此外,研发费用加计扣除、固定资产加速折旧、风险投资优惠、技术交易所得税优惠、技术人员股权奖励所得税优惠等具体措施在政策设计与执行过程中存在门槛偏高、口径偏窄、

实施效果不佳、落实难等问题（薛薇等，2015；王再进、方衍，2013；刘永涛，2018；李为人、陈燕清，2019）。针对政策中的上述缺陷，学者们也提出了相应的改进建议：扩大政策享受面，构建普惠与特惠相结合的优惠体系；强化所得税优惠力度，优化直接与间接优惠政策搭配方式，增进对创新价值链上游环节的引导作用；细化政策适用范围、条件、配套要求等细则，提高政策可操作性；加强政策执行效率与后续管理，关注政策效应分析。值得注意的是，在经济新常态下，移动互联等新技术的应用正迅速改变税源分布，应当以培育新兴产业为主线推动结构性减税，支持互联网时代以商品流通、物流配送等为表现的网络经济链条，推动相关产业"内生"的转型升级（贾康、刘薇，2015；许生、张霞，2017）。

四、税收征管对企业行为的影响

税收政策是一种市场化的支持创新的有效工具，能够影响企业创新行为的边际值（蒋丽丽、周丹，2015）。既有成果聚焦税收政策对企业研发投资的作用效果展开了大量不同层面的研究，但有关政策效用的争论持续存在。"促进论"观点将多元化的税收激励政策视作促进私人研发投资水平和创新活动的重要政策工具，而持"抑制论"观点的学者则认为税收优惠的激励作用十分有限。可见，税收优惠对企业创新的边际影响具有不确定性。

随着研究的深入，在税收优惠政策设计视角之外，学者们日渐关注政府税收征管对微观企业行为的经济效应。于文超等（2015）根据世界银行 2012 年中国企业问卷调查数据研究发现，严格的税收征管会显著提升企业的主观税负水平与非正规活动支出，税务检查的"征税效应"与"寻租效应"加重了税收负担，造成企业面临的融资约束加剧，并且这种影响在民营企业中表现得更为显著（于文超等，2018）。而面临较高的税收征管强度会促使国有企业减少采用账税差异避税策略，转而选择具有更强隐蔽性的账税一致避税策略（曾姝，2019）。

同时，税收征管力度的加强会导致企业削减生产性资源投入，张明（2017）以 2002—2007 年中国工业企业数据为样本的研究证实了税务部门的征管行为会降低企业的全要素生产率，而法制环境的改善将显著弱化这一负向影响（于文超等，2015）。也有部分学者从不同视角探索税收征管"治理效应"的作用路径，Hoopes 等（2012）认为较强的税收征管力度能够规范企业的纳税行为，有效抑制企业的税收激进程度，并且通过增加盈余管理的所得税成本抑制企业向上的盈余管理行为（叶康涛、刘行，2011）。李广众、贾凡胜（2019）在财政"省直管县"改革的自然实验背景下考察政府行为对公司治理的影响，发现政府税收征管动机变化会有效抑制辖区内企业盈余管理和逃税行为，从而提升县级政府财政收入。税收征管对公司治理水平的改善能够缓解企业内部潜在的利益侵占等代理问题，在税收征管力度强的地区较少出现控股股东占用上市公司资金或者关联交易等"掏空行为"（曾亚敏、张俊生，2009）。税收征管作为有效的公司外部治理机制，强化征管措施有助于降低企业的控制权私有收益，进一步提升企业价值（Dyck & Zingales，2004；Desai et al.，2007）。江轩宇（2013）和刘春、孙亮（2015）以我国上市公司股价暴跌风险为切入点，认为税收征管力度提升能够约束经理人在税收激进活动中的机会主义行为，促使企业打破隐性风险的连续囤积，及时释放负面消息，避免未来股价的暴跌风险，从而实现对投资者利益的有效保护。孙刚（2017）则探讨了税收征管对上市企业资本性投资效率的影响，研究结果表明征管活动能够增强企业的资本配置效率，显著提升企业的投资价值。

五、研究述评

本章依照"政策效果—影响因素—政策设计"的逻辑思路，对国内外有关税收激励与企业科技创新的文献进行了系统梳理与归纳。通过对国内外相关研究的学术史梳理发现,学者们的研究成果主要集中于对税收激励政策的效应检验、导致政策效应变化的内外部影响因素判别,以及税收优惠的国际比较与问题分析等三个方面(如图2-1所示)。

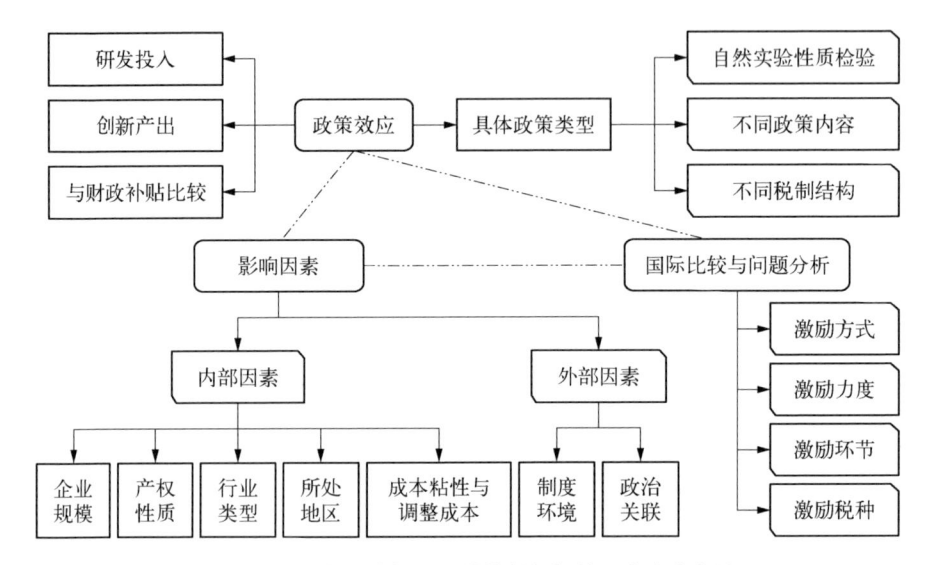

图2-1 税收激励与企业科技创新相关研究内容归纳

从研究内容视角看,税收优惠政策的国际比较与借鉴以及政策问题分析一直贯穿于我国学者的研究进程中,并伴随着各国政策内容的变化与更迭而逐步更新。而针对前述实证研究类文献,本节依据研究焦点的改变将其学术历程划分为三个阶段,具体如表2-2所示。

表2-2 税收激励实证研究发展阶段

	第一阶段	第二阶段	第三阶段
研究内容	(1)税收优惠对研发投入是否存在激励效应 (2)激励程度大小的评估	(1)税收优惠对研发投入激励程度大小的评估 (2)税收优惠对创新产出的影响 (3)与不同政府支持方式的比较	(1)导致激励程度变化的影响因素检验 (2)具体政策类型的效果检验

续 表

	第一阶段	第二阶段	第三阶段
主要观点	(1) 税收优惠能够促进企业增加研发投资 (2) 激励程度随样本选取的不同而表现出差异	(1) 税收优惠对创新产出的政策效果尚不明确 (2) 税收优惠与财政补贴孰优孰劣没有定论	(1) 企业规模、产权性质、制度环境等内外部因素会对激励程度产生影响 (2) 不同政策内容的效果迥异

第一阶段：学者们的研究焦点集中于税收优惠政策与研发投入之间是否存在激励效应以及对政策激励程度的评估。众多学者运用研发价格弹性分析方法对此进行检验，多数研究成果论证了税收优惠政策对研发投资的激励效应，并且其长期激励效果较短期激励效果更为明显。只是由于不同文献的研究样本选取、数据来源、研究方法等存在一定差异，使得学术界未能对税收政策的激励程度达成共识。

第二阶段：学者们在持续关注税收优惠对企业研发投资的效用及激励程度的同时，也开始探究税收优惠对企业创新产出的作用效果，并比较税收优惠与财政补贴等不同政府支持方式的政策效果。此类研究加深了学界对于税收优惠和创新活动关系的认识，但税收激励对创新产出的政策效果尚不明确，税收优惠对投资行为的刺激作用并没有必然转化为创新成果。同时，学者们对于税收优惠与财政补贴两种政策工具孰优孰劣并未形成统一的结论，有关两者之间的作用效果互为补充还是存在"系统失灵"的争论也一直贯穿于学术研究进程。无论是理论分析，还是实证检验，均表现出较大差异。但不可否认的是，稳定和持续的政府政策有助于增强其激励效果。

第三阶段：考虑到过往成果中税收优惠政策的作用效果呈现出多样性，学者们的后续研究则不再仅仅聚焦于对政策效果的简单评估，而是将各类复杂的企业内外部因素纳入分析框架中，考察其对政策效用变化可能的影响。前期多从企业规模、产权性质角度切入，现已逐渐扩展到对行业类型、所处地区、成本粘性与调整成本等内部因素和制度环境、政治关联等外部因素的研究，结论也体现出上述因素对政策效果带来的异质性影响。此外，学者们的研究内容不再局限于对政策整体效应的检验，而是着力于对不同具体政策内容、优惠方式等激励效应的探索，在很大程度上拓宽了有关税收激励的研究思路，这也成为该阶段的另一个鲜明趋势。

从研究方法视角看，既有成果主要采用以下三种方式：一是运用宏观层面（国家、州或省际）数据研究税收优惠政策对私人部门研发投资的影响；二是采用问卷调查方式获得企业相关数据，进而从微观角度剖析政策效果；三是搜集微观层面的企业财务数据，并结合税收政策代理变量构建模型，运用双重差分方法、倾向匹配得分（PSM）法、结构方程等统计手段进行检验。总体而言，微观数据因其可观的样本量与精细程度，日渐受到学者们的重视与推崇，也使得研究的广度与深度得到进一步提升。

已有研究从不同视角探讨了税收激励与企业科技创新的关系，在揭示税收政策工具对企业创新活动的有效程度、影响税收政策效应的内外部因素、比较有关国家税收优惠措施、明晰我国税收优惠政策应用现状等方面具有重要贡献，为进一步深化研究奠定了基础。当然，既有成果还有一些值得进一步思考与探索的问题，为本书研究提供了新的切入点与研究思路：

（1）税收激励对企业创新活动的作用机理。税收激励影响企业研发投资的内在机理错综复杂，其通过潜在的机制实现提升企业创新能力、优化创新环境的目的。但目前多数学者对税收优惠的研究还集中于从不同视角考察政策效果的阶段，鲜有文献在研究过程中深究政策的作用路径与机理。

（2）税收征管行为对企业研发投资活动效应的检验。众多学者的研究成果表明，税务部门的征管活动是影响税收政策工具实施效果的关键要素，强化税收征管行为在压缩企业内源融资空间、加剧创新活动面临的融资约束的同时，也会因其治理功能的发挥而促使企业做出高效的资源配置决策，增加对创新领域的资源投入。既有研究多从政策设计视角探讨税收激励与研发投资的关系，而忽略税收政策的激励效果在很大程度上也会受到政策执行过程中税务部门税收征管行为的影响。税收征管对企业研发投资具有激励效应抑或抑制效应尚有待进一步检验。

（3）税收优惠政策激励效应的内外部影响因素探索。税收优惠政策的作用效果受到企业异质性影响而表现出较大差异，现有文献已对此类现象展开研究，但针对各类因素的研究结论不尽相同，后续研究需要对相关因素进行更为深入的挖掘。同时，对影响因素的考察也应考虑到我国转型经济背景下特殊的政治文化环境，有关市场化程度、地方政府干预等外部制度环境要素对政策效应的影响，也是未来实证研究的重要方向。

（4）持续关注国外税收政策动态变化，量化统计分析我国税收优惠政策。主要创新型国家与新兴国家对税收激励的运用愈加重视，定期对相关政策进行修订或期限的延长，以更好发挥政策工具效果。我国学者对国外的政策变动趋势应予以持续关注，吸取并借鉴对中国实践的启示。此外，有关我国税收优惠政策的过往研究多以定性分析为主，对政策演进与特征分析缺乏数据支撑，因此可考虑采用内容分析法对税收政策文本进行频数统计与量化分析，将定性问题定量化。

第三章　中国与主要创新型国家企业研发投资结构国际比较

世界各国的经济发展与科技进步往往并驾齐驱，经济强弱的决定性因素在于科技水平。科技创新成为各国综合国力的集中体现，也成为优势国家制约其他经济体的利器。尽管中国已成为全球创新体系中不可忽视的中坚力量，但我们也注意到从2018年中兴事件、2019年华为事件再到媒体披露的美国阻拦荷兰ASML公司向中国出口光刻机事件，利用科技优势对中国进行技术打压与封锁的情况屡见不鲜。在大变局时代，核心技术与核心价值环节受制于人对企业的持续经营产生严重威胁，企业已无法单纯依赖制造链上的竞争优势维持长期生存。隐性技术链中包含大量具有较高技术门槛的底层技术，使得少数掌握核心技术的参与者能够在产业价值链上设置难以突破的"技术壁垒"。而在关乎国家安全与国民经济命脉的关键领域，"依赖进口"都成为奢望。可见，尽管就规模而言，中国可被称为具有全球影响力的创新资源投入大国，但尚未形成与投入水平足够匹配的创新能力，尤其是在许多技术革命频发的基础性行业，核心技术依然严重依赖国外（程鹏、柳卸林，2010）。关键核心技术对外依存度高已成为中国创新驱动与产业结构转型升级的掣肘。

中国高研发投入带来的显著优势并未有效转化为研发效率，在与OECD各国的比较中，创新效率和创新能力仍处于较低水平（钟祖昌，2011）。科学技术的发展已由量的增长转向质的跃升阶段，科技创新对国民经济发展的驱动作用更为凸显。因此，深入研究"为什么持续增长的R&D经费投入并未带来中国核心技术创新能力的同步增长"这个问题，对认识与把握全球重大发展机遇、应对国际科技创新挑战，显得尤为关键与紧迫。鉴于此，本章内容聚焦R&D经费这一创新要素，在宏观层面深入剖析中国R&D经费投入的变化趋势与配置结构，在微观层面以全球大型企业为切入点，关注创新活动主体的研发投资规模、研发投资强度、产业布局等内容，并选取世界典型的创新型国家与研发投资2 500强企业展开对比分析，在国际比较的基础上明晰我国创新活动与之存在的差距及问题，力图探寻提升我国整体研发效率的有效途径。

一、基于交叉结构视角的R&D经费投入趋势分析

（一）R&D经费投入规模与投入强度比较

掌握国际话语权的核心国家以科技创新为主要特征，各国围绕科技创新核心要素的竞争愈演愈烈。创新的全球化趋势凸显，北美洲、亚洲和欧洲是全球研发活动最为活跃的地区，呈现三足鼎立之势。美国、日本、德国、韩国、法国和英国等六国作为大型高收入经济体在绝对创新表现上拥有优势，和中国一道是2018年全球研发经费投入排名前7位的国家，同时在历年《全球创新指数报告》和《国家创新指数报告》排名中均名列前茅，是公认的创新型国家。选择上述六国与中国展开国际比较具有规模上的可比性，为探析我国与创新型国家创新能力的差距提供宏观层面的参考视角。

1. R&D经费支出规模

依据OECD《主要科学技术指标2019/2》（*Main Science and Technology Indicators 2019/2*）披露的数据，2018年中国按当前购买力平价美元计算的R&D经费支出总额达到5 543.27亿美元，高于欧盟28国的研发经费总和4 644.66亿美元，自2009年超越日本后全球排名稳居第二位。美国R&D经费为5 815.53亿美元，

继续位居世界首位，占全球R&D经费总量的比重为24.78%。日本排在第三位，R&D经费达到1 712.94亿美元，占全球总量的7.80%。中国R&D经费支出占全球总量的份额在2001年尚不足5%，到2017年已提升至22.77%，在逐年缩小与美国差距的同时，保持着对日、德、韩、法、英等国的绝对优势。值得注意的是，2017—2018年各国对研发活动的投入力度显著增强，日本摆脱负增长重回上升通道，增速为3.78%，德国的研发经费增长率也由2016年的2.61%提升至2017年的6.89%，韩国11.05%的增速甚至超过中国的8.11%。总体来看，在科技创新对经济社会发展的支撑与引领作用日益增强的时代背景下，各国对其的重视程度也达到前所未有的高度，不断加大研发投资力度将成为未来趋势。中国虽仍保有长期以来研发经费投入的高速增长优势，但优势在逐渐减弱。

2. R&D经费投入强度

R&D经费投入强度是各国发展科学技术努力程度的代表性指标，也能从侧面体现出国家经济结构调整与经济增长的内在驱动力。一国R&D投入力度若不能支撑经济与社会发展对科技创新的要求，会制约国家竞争力的提升（刘建生等，2015）。

从图3-1可以看出，创新型国家高度重视科技创新，R&D经费投入强度始终保持较高水平，近10年来除了英国之外，投入强度均在2%以上。在上述世界大型经济体中，美国的R&D经费投入强度长期保持在2.7%～2.8%之间，已处于基本稳定的时期。其他国家的投资强度则表现出不同程度的增长趋势，而此种态势最为显著的国家是韩国。韩国R&D经费投入强度自2010年完成对日本的超越后，于2014年起进入4%时代，仅耗时5年便完成投资强度从3%到4%的提升，此后投资强度仍保持快速增长，2018年已达到惊人的4.53%。随着中国研发经费支出规模的不断扩大，R&D经费投入强度也从2000年的0.89%到2013年首次突破2%，直至2018年实现2.19%，已远高于同为金砖国家的巴西（1.26%，2017年）、印度（0.60%，2018年）、俄罗斯（1.11%，2017年）、南非（0.82%，2016年），稳居发展中国家首位，而2016年中国研发强度已超越欧盟 15 国的平均水平（2.09%）。尽管中国研发投资强度保持强劲的增长势头，但与世界领先国家 3% 左右的平均水平相比仍有较大差距，尤其是对比同处亚洲的日本和韩国，差距更为显著。

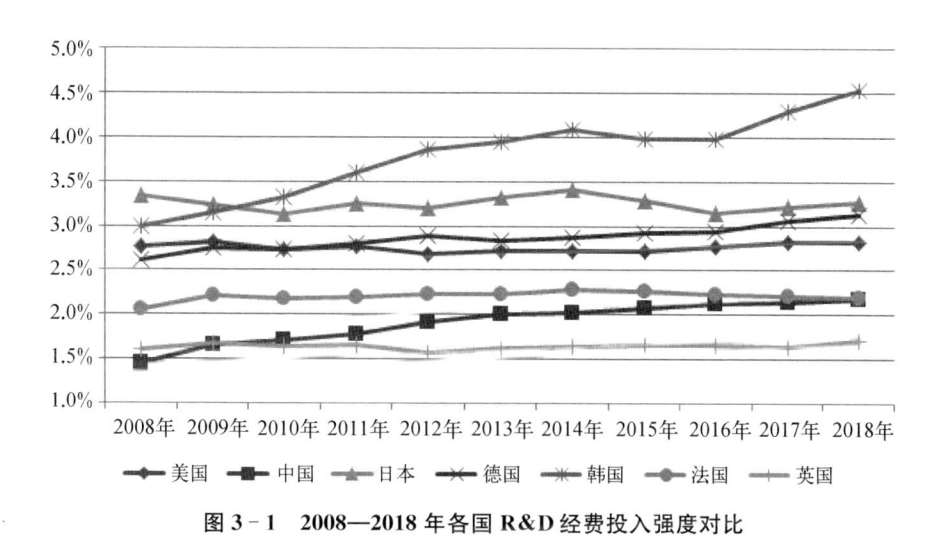

图 3-1　2008—2018 年各国 R&D 经费投入强度对比

（二）R&D 经费部门来源与执行结构比较

1. R&D 经费部门来源与执行单主体结构比较

在特定约束条件下，一国 R&D 经费总量中占据主导或支配地位的主体来源及其价值取向和行为方式所决定的投融资模式，能够反映出该经济体的 R&D 经费投入模式（刘建生等，2015）。在企业真正成为创新主体之前，R&D 经费通常来源于政府的资金扶持。经济发展伴随着企业创新意识与创新能力的提升，R&D 经费中源自政府的比重会逐渐减少，取而代之的是企业筹集金额的不断扩大，并在此过程中实现 R&D 经费来源主导者的转换。从图 3-2 可以看出，自 20 世纪 80 年代以来，各国来源于政府的资金在 R&D 经费中的比重经历了一个缓慢下降并逐渐趋于稳定的过程。此种趋势在美国表现得尤为显著，1981 年 R&D 经费中企业资金比重已超过政府资金，并在此后呈现此消彼长状态，

1981—1990年企业资金占比约为政府资金占比的1.03～1.31倍，"政企双主导型"的研发投入模式维持了近10年。20世纪90年代中后期开始两者的差距逐渐加大，进入21世纪后政府与企业来源资金比重虽有波动，但总体而言两者比例基本维持在1∶2。2012年后随着政府资助比重减少，企业科技创新主体地位愈加凸显，2018年企业资金比例达到政府资金的2.72倍。与美国相比，英国和法国的"政企双主导型"模式持续的时间更久，两国是1981—2018年仅有的R&D经费来源中企业资金与政府资金之比未超过2的国家，政府在科技创新进程中扮演着不可取代的重要角色，尤其是法国2017年政府资金比重仍在30%以上，而同年的企业资金比重为56.08%。与之相对的另一种情形是日本企业在研发活动中的绝对强势地位，R&D经费中的企业来源占比自1983年便超过了70%，之后在小幅波动中进一步提高，到2018年该比重已近80%，对应的政府资金占比长期位处创新型国家末位。有学者认为此种模式虽造就了日本战后"经济奇迹"，但这种模式也会因公共投入不足而制约原始性创新，尤其是当科技创新发展到与世界先进水平比肩时弊端更为明显（刘建生等，2015）。创新活动因其显著的外溢效应会抑制私人部门的投资意愿，因而政府的资金注入是化解

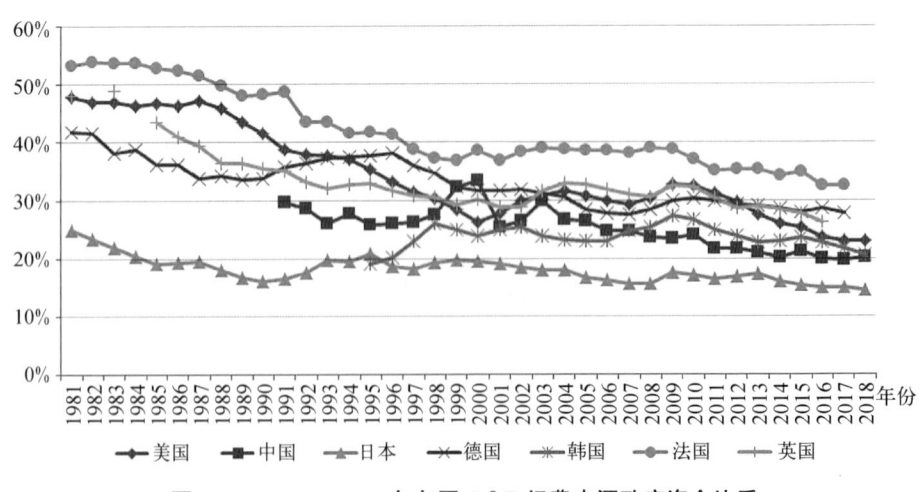

图 3-2　1981—2018 年各国 R&D 经费来源政府资金比重

市场失灵的关键支撑，对于溢出性较强且预期收益较低的基础研究和共性技术而言尤为重要。中国在 1992 年实现 R&D 经费的企业来源超越政府来源，并将"政企双主导型"模式保持至 1999 年。2000 年企业资金比重陡增，达到政府资金占比的 1.72 倍，此后增长趋势一直延续，2018 年该比例为 3.79，仅次于日本的 5.43。

从 R&D 经费在各执行主体间的配置情况来看，企业是创新实践中最为活跃的承担者，创新型国家 R&D 经费由企业执行的比重呈现小幅波动中缓慢上升的趋势，近年来其执行的经费占比多数在 70%～80%。中国的企业执行比重最初不足 40%，随着 2000 年 R&D 经费来源中企业资金激增，相应的由企业执行的经费比重也较上一年度增加了近 10 个百分点，达到 59.96%。而该比例从首次突破 60% 到提高至 70% 仅耗时 6 年，并在此后继续保持增长势头，近年来已与日本和韩国所差无几。

高等学校是创新型国家中 R&D 经费的第二大资金流向，其所占份额基本在 15%～20%（如图 3-3 所示），尽管各国略有差异，但总体而言高等学校比例超过政府属研究机构，这一点在欧洲国家表现得更为突出。英国、法国和德国聚集了一批历史悠久并且拥有良好科研传统和学术声誉的一流大学，加之高校对科研活动的大量资金支持，使得其科研实力与人才培养质量均位于世界前列，是新知识生产与创新成果培育的重要场所。英国自 2000 年起高等学校 R&D 经费占比超过 20%，甚至一度高达近 28%，近年来虽有所减弱，但 2018 年比重仍达到 22.54%。法国该比例总体呈稳步增长态势，是创新型国家中另一个高等学校 R&D 经费占比达到 20% 的国家。由此可见，欧美的创新型国家中高等学校是 R&D 经费不可忽视的关键执行主体。与多数创新型国家不同的是，中国高等学校 R&D 经费支出比重显著低于政府属研究机构，高等学校执行比重自 2005 年便低于 10%，且近年来有逐渐下降的趋势。中国政府属研究机构的执行比重近 10 年一直保持在 15%～20%，而创新型国家则多维持在 10%～15%。与之相比，中国高等学校与政府属研究机构在研发经费执行主体方面角色对调。虽然中国高等教育规模庞大，且得益于良好的经济社会发展态势，但从世界一流大学数量、高被引科学家数量、国际化水平等方面来看，中国高等教育的实力和全球影响力与欧美创新型国家还有很大距离。高等学校作为国家基础性研究与前沿性研究的主要承担者提供了巨大的知识贡献，是新思想、新知识的策源地与重要传播基地，同时还肩负着创新型人才培养与输送的重任，在国家创新体系中处于关键地位。但中国高等学校执行的R&D经费却长期位列三大主体之末，高等学校应有的创新活力与资源优势未能得到充分释放，势必会影响到国家原始创新能力的持续提升。

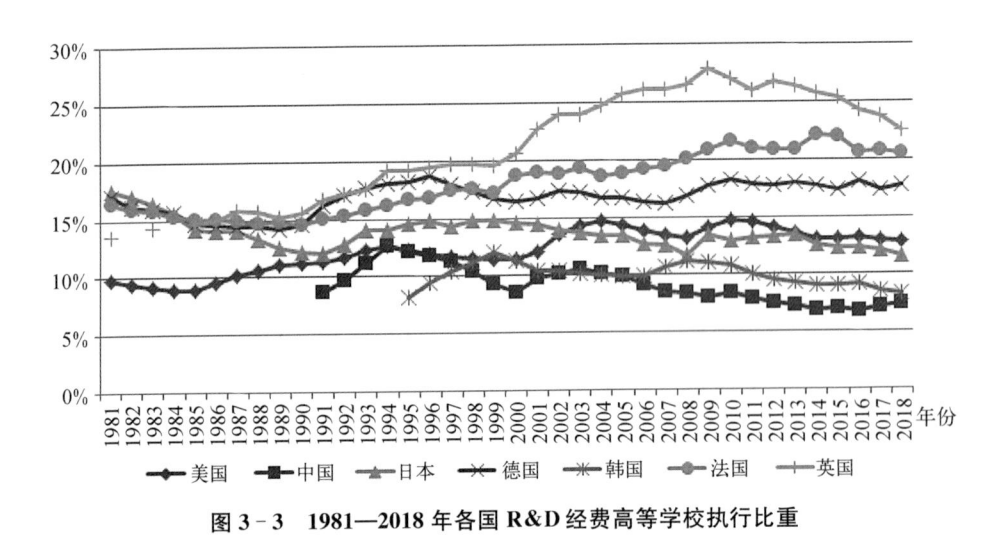

图 3-3　1981—2018 年各国 R&D 经费高等学校执行比重

2. R&D经费部门来源—执行交叉结构比较

企业不仅是R&D经费的最大来源部门，也是最大的经费执行部门，是国家创新体系中的关键一环。而政府除了作为第二大R&D经费来源部门之外，还承担着创新资源配置与创新制度设计的重要职能，是创新体系能够高效运行的保障。表3-1列示了中国和美国2018年R&D经费按照部门来源—执行交叉结构的分类统计结果。

表 3-1　2018 年中国和美国 R&D 经费来源—执行交叉结构

	中国（亿元）					美国（亿美元）				
	企业	政府属研究机构	高等学校	其他	合计	企业	政府属研究机构	高等学校	私人非营利机构	合计
政府资金	491.3	2 285.0	972.3	230.1	3 978.6	235.33	599.05	413.61	87.41	1 335.4
企业资金	14 560.4	102.6	387.2	29.1	15 079.3	3 566.61	2.00	40.47	18.11	3 627.19
高等学校	—	—	—	—	—	0	0	211.20	0	211.2
国外资金	5.2	5.8	0.4	71.4	5.2	412.09	0	12.58	0	424.67
私人非营利机构	—	—	—	—	—	6.66	1.61	69.35	139.44	217.06
其他资金	122.1	298.9	92.6	35.0	548.6	—	—	—	—	—
合计	15 233.7	2 691.7	1 457.9	294.6	19 677.9	4 220.69	602.66	747.21	244.96	5 815.52

从执行经费来源部门结构看，美国企业的 R&D 经费主要来自企业资金，但是随着国外资金流入的支持，其所占比重已经超过政府资金，2018 年达到 9.76%，而政府资金比例由 2005 年的 9.69% 下降至 2018 年的 5.58%，企业资金比重也有小幅度的下降，从 90.31% 降为 84.50%。美国联邦政府所属研究机构的研发经费基本上来自政府资金。美国高等学校的 R&D 经费来源渠道则较为多元化，涵盖政府、企业、高等学校、私人非营利机构以及国外资金。2005—2018 年，高等学校研发经费中来自企业、私人非营利机构和国外的资金比重变化幅度不大，高等学校自筹的 R&D 经费比例进一步提升，由不足 20% 增加到 28.27%，已成为其自身开展研发活动的关键支撑。政府资金占比虽从 68.24% 降至 55.35%，但不可否认政府依旧是高等学校 R&D 经费的最主要资金来源。中国高等学校 R&D 经费来源结构与美国有较大差异，2018 年高等学校 R&D 经费中源自政府的比例为 66.69%，其主导作用更为显著，而企业资金的比重也超过 25%，可见，除政府资金外，高等学校多依靠企业的资金支持。这也决定了中国高等学校的研发活动会受到企业需求影响，而美国、日本高等学校则具有更

大的自主权。

从来源经费执行部门结构看,美国企业资金的执行主体高度集中于企业,超过98%的企业资金均投入于企业自身的研发活动。美国联邦政府的资金流向则相对分散,覆盖了企业、政府属研究机构、高等学校和私人非营利机构,其中多数投入政府属研究机构和高等学校,2018年所占比重分别为44.86%和30.97%,还有17.62%的政府资金用于支持企业研发活动,上述比例较2005年并未有较大变化。而尽管中国高等学校的R&D经费主要源自政府,但从政府资金流向来看,研究与开发机构获得了更多支持,2018年占比达到57.43%,是高等学校比重的2.35倍,而美国的政府属研究机构与高等学校执行政府资金的比例差额在10%~15%。

综上所述,中国R&D经费的来源与执行部门和发达国家十分相似,企业已成为中国科技创新活动的绝对主体。R&D经费的部门来源—执行交叉结构表现出典型的"中国特色",企业资金主要用于自身的研发活动,政府来源资金重点支持研究与开发机构,其次是高等学校;研究与开发机构主要依赖政府的资金输入,而高等学校除了获取政府资金外,还要依靠企业的资金注入。

(三) R&D经费配置结构比较

1. R&D经费活动类型配置结构比较

新的科技革命催生产业变革,技术突破愈加依赖于科学进步,世界各国纷纷抢占新一轮科学与经济竞争的制高点。科学研究以创造新知识为目的,主要包括基础研究和应用研究,对其长期持续投入所累积的科学知识不仅能够决定国家科技知识存量水平和基础科技能力,作为新技术的源头,更可能引致关键核心技术的突破,从而带来全要素生产率的极大提升(Zeria,2011;叶祥松、刘敬,2018)。

从图3-4中可以看出,中国基础研究经费占R&D经费的比重远低于创新型国家。美国和英国一直将15%~20%的R&D经费投入基础研究,法国的比例则长期保持在20%以上，个别年份甚至超过25%。日本和韩国是基础研究经费投入相对较低的国家，但也能够维持在12%以上，2004年之后韩国的比重迅速增加至15%～20%。反观中国投资于基础研究的经费占比一直在5%附近徘徊，远远低于创新型国家的水平。基础研究不仅是显性信息的源泉，而且能够创造新的技术机会，是技术创新的根本驱动力，对一国国际产业话语权和国际竞争力的强弱具有决定性意义（柳卸林、何郁冰，2011；卫平等，2013）。无论是直接还是间接，基础研究都能够对经济发展做出显著贡献（Salter & Martin, 2001）。囿于特定的经济发展阶段，中国对技术进步的渴求造成对基础研究的短视，薄弱的基础研究可能是制约中国国家创新能力进一步提升的瓶颈因素（卫平等，2013）。

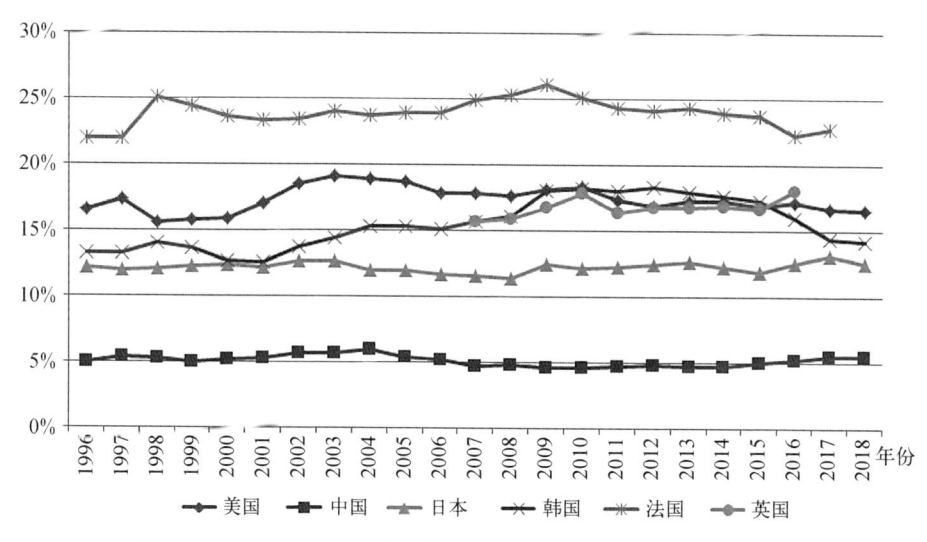

图 3-4 1996—2018 年中国和主要创新型国家基础研究经费占比

R&D经费在基础研究、应用研究和试验发展所占比重渐次提高是各国所共有的特征，只是由于所处经济社会与科技发展阶段的差异，不同国家在不同时期的配置结构有所起伏。R&D经费在三大研发活动之间保持合适的比例关系，对争夺科技主导权、增强科技对经济发展的支撑引领能力具有关键意义。从图 3-5 的对比可以清晰看出，与创新型国家相比，中国R&D经费中基础研究、应用研究和试验发展的投入结构比例失衡。美国在三项活动中的经费分配比例为1∶1.19∶3.82，英国为1∶2.43∶2.09，而中国的配置结构为1∶2.01∶15.04。当前，中国科技水平已从技术跟踪与追赶迈入"跟跑""并跑""领跑"的"三跑"并存阶段，战略重点从点的突破转向整体能力的提升。然而，中国R&D经费的持续快速增长并未带来全要素生产率和经济增长质量的同步提升，陷入科技创新困境（叶祥松、刘敬，2018）。究其根本则在于，中国的创新问题并非通过R&D经费的简单增加便能解决，还取决于R&D经费的配置结构。中国对试验发展的投入比例常年保持在70%以上并仍在提升，近年来已接近85%，而对科学研究领域分配的经费比例过少，尤其是基础研究资金长期不足。过分追求试验发展的短期技术效益而忽视对基础研究的持续投入，只会带来科技创新的"虚假繁荣"，长此以往势必对中国原始创新能力和产业核心技术突破产生影响，制约国际竞争力与全球价值链地位的提升（卫平等，2013）。

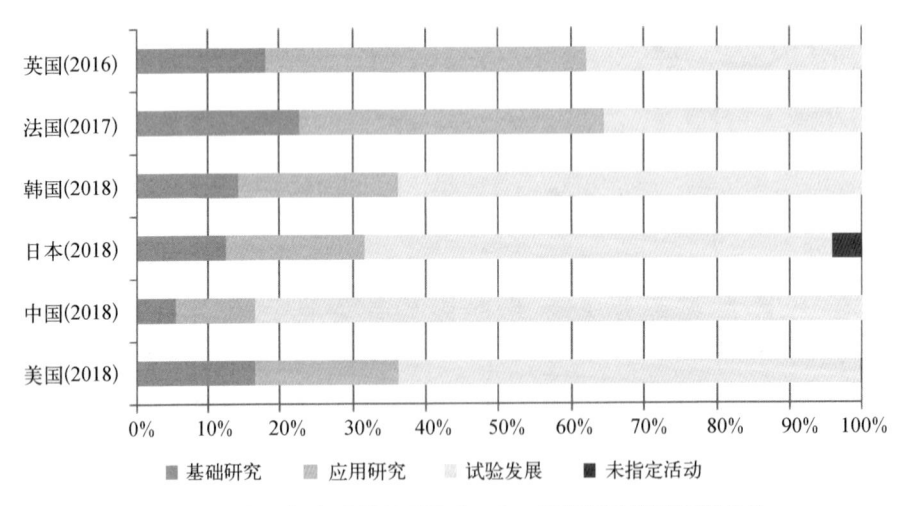

图3-5 中国与主要创新型国家R&D经费活动类型配置结构

2. R&D经费活动类型—执行部门交叉结构比较

（1）R&D活动类型的执行结构比较。由于各国的体制差异，企业、政府属研究机构和高等学校在不同的R&D活动中发挥的作用各异。如图3-6所示，多数创新型国家形成以高等学校为主要执行部门，企业、政府属研究机构和私人非营利机构共同支撑基础研究的多元化格局。欧美国家的高等学校拥有深厚的科学研究积淀，美国和英国约有45%的基础研究由高等学校承担，法国这一比例更是接近70%。同时，企业超越政府属研究机构成为基础研究活动中不可忽视的关键力量，这一点在力求实现经济追赶的日本和韩国体现得尤为明显。日本和韩国的企业在基础研究活动中具有举足轻重的作用，2018年基础研究经费占全国总量的比重分别达49.34%和59.88%，远高于高等学校的占比34.82%和20.80%。英国和美国企业执行的基础研究比重也分别达34.04%和27.17%。中国基础研究的执行部门结构与创新型国家有较大差异，高等学校和政府属研究机构占据了54.10%和42.83%的基础研究资源，而企业参与的基础研究比重仅略高于3%，即使与创新型国家中企业基础研究经费占比相对较低的法国（19.97%）相比，也有相当大程度的差距。

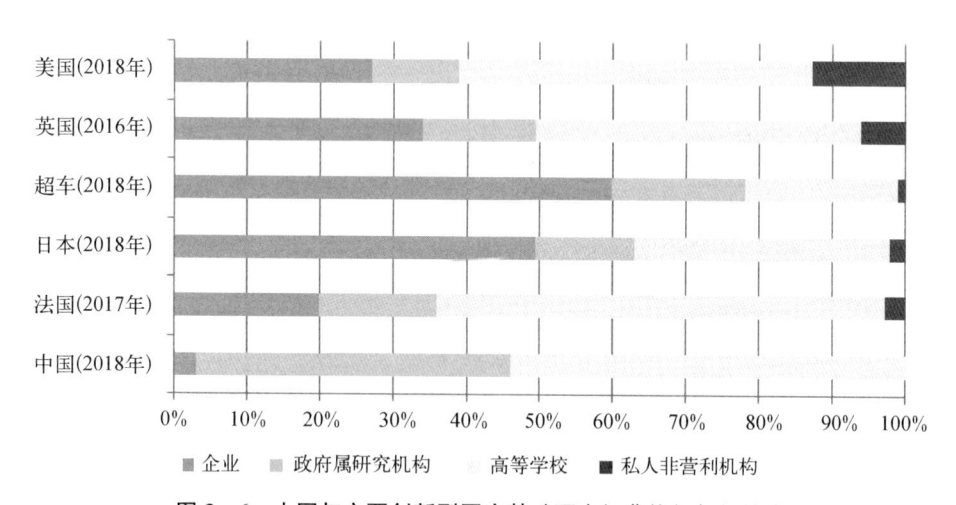

图 3-6　中国与主要创新型国家基础研究经费执行部门结构

高技术的发展日益体现科学研究的最新成就，技术中所蕴含的科学知识越密集，就越依赖于前沿科学的发展与突破（史丹、李晓斌，2004）。企业内部对基础研究的投入强度越高，构建的吸收能力就能使其更有效地频繁引用远离自身的公共研发成果，从外部知识溢出中获取收益（Beise & Stahl，1999）。近20年来，创新型国家由企业执行的基础研究经费比重整体上呈现增长态势（如图3-7所示）。日本和韩国的企业对基础研究的参与程度一直保持在高位，日本于2005年突破40%后继续增长，至2018年该比例已近50%，韩国自2003年后企业基础研究经费占比就稳定保持在50%~60%区间。企业对产业基础科学持续大量的投资，助力日本和韩国在技术追赶过程中实现了科学与产业竞争力的双赢。美国与英国的比例在2011年后的走势较为接近，在小幅波动中向30%迈进。法国企业的基础研究资金占比相对较低，但长期维持在10%以上，近年来已逐步增至近20%。中国的企业基础研究经费比例仅在2004年和2005年达到10%以上，此后便一路走低，2009—2015年在1.5%附近变动，近两年略升至3%。

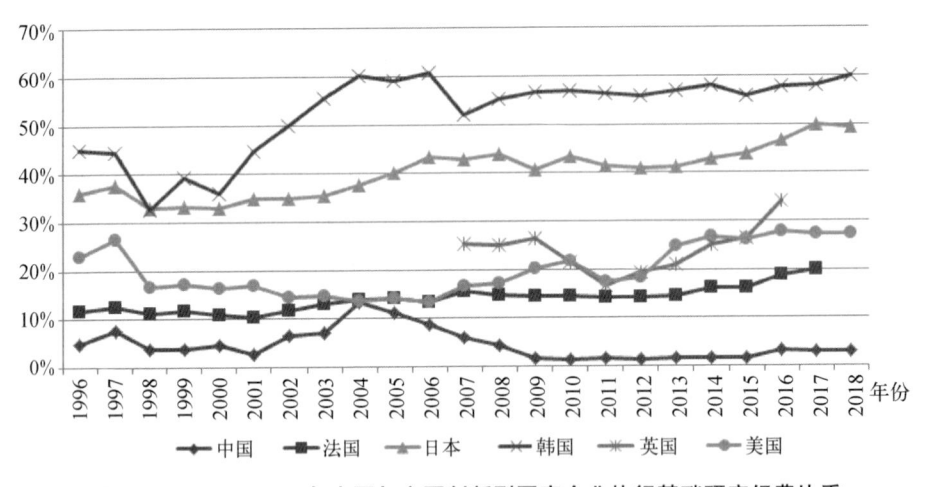

图3-7　1996—2018年中国与主要创新型国家企业执行基础研究经费比重

（2）R&D经费执行部门的活动类型结构比较。企业是各国R&D活动的核心执行主体，其对各项R&D活动的经费投入是影响国家R&D经费配置结构的决定性因素。

如图3-8所示，创新型国家企业多聚焦于试验发展活动，对三项活动的投入水平按照试验发展、应用研究、基础研究依次递减，依照投入比例又可具体分为两种类型：一类以美国、日本和韩国为代表，试验发展经费占企业全部经费的比重接近或超过70%，占据绝对多数，应用研究经费占比保持在15%～20%；另一类以法国和英国为代表，试验发展和应用研究的经费比例分别在50%和40%左右，配置较为均衡。同时值得关注的是，尽管创新型国家企业的R&D活动执行结构不尽相同，但企业均对基础研究给予足够重视，企业基础研究经费占其R&D经费的比重在6%～10%。相较之下，中国企业在技术追赶与跨越过程中过分强调市场导向，更偏重对具有明确商业化前景的新技术、新产品的投资，在短期收益的驱使下倾力投入于试验发展活动，试验发展经费占企业R&D经费比重接近96%，而忽视研发周期较长且存在较高不确定性和投资风险的基础研究，其经费占比仅为0.22%，远远不及创新型国家6%～11%的投入水平。企业对基础研究的投入匮乏是中国基础研究经费比重长期低迷的主要原因（朱迎春，2018）。

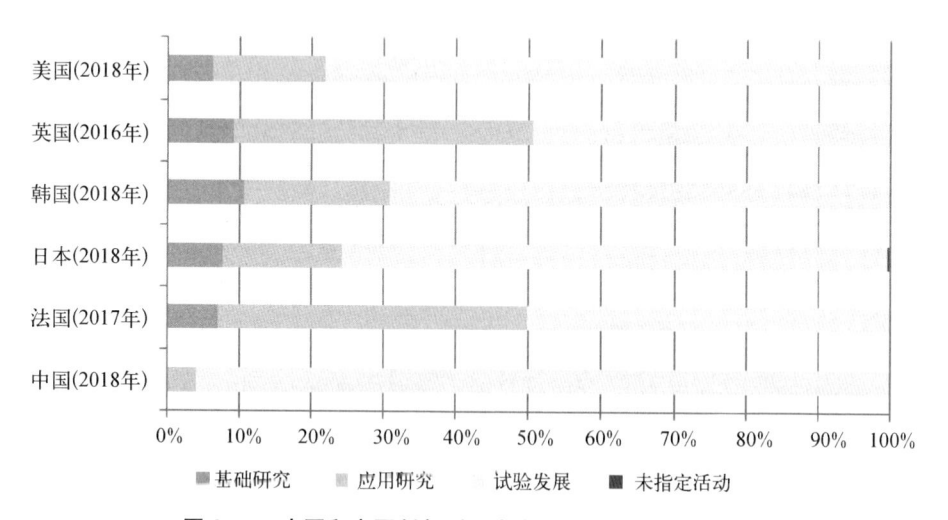

图3-8 中国和主要创新型国家企业R&D活动执行结构

创新型国家的政府研究机构以开展科学研究活动为主，科学研究经费占其R&D经费的比重均保持在50%以上，法国和英国甚至接近90%。英国和韩国的政府研究机构对基础研究和应用研究的配置比例较为均衡，其他创新型国家虽多偏重应用研究，但基础研究的经费比例也基本在20%以上。中国政府研究机构执行的科学研究经费比重为45.81%，其中基础研究和应用研究配比约为1∶2，基础研究比重15.64%在七国中为最低，应用研究比重30.18%也仅略高于韩国的27.05%，政府研究机构整体上更侧重试验发展活动。

与政府研究机构的执行结构类似，创新型国家的高等学校也以开展科学研究活动为主，科学研究经费占其R&D经费的比重均在60%以上，美国和法国甚至超过90%。与政府研究机构略有不同的是，多数国家的高等学校在配置结构中对基础研究的重视程度相较应用研究更高。各国基础研究经费比例均保持在30%以上，美国和法国是高等学校基础研究经费比重较高的国家，分别达到62.34%和67.34%。与创新型国家高等学校基础研究经费占比重于应用研究相比，中国高等学校R&D经费配置结构中更加偏重应用研究。2018年，中国高等学校基础研究经费比重为40.46%，虽高于日本、韩国和英国，但日韩两国的企业才是基础研究的主要承担者，英国的基础研究也有相当一部分是由企业执行，高等学校略低的基础研究经费比例未影响根本。而高等学校是中国基础研究活动的重要执行部门，与美国和法国高等学校较高的基础研究经费比例相比，中国仍有一定程度的距离。这种情况的出现很可能源于高等学校资金来源结构的差异。中国和美国高等学校R&D经费的第一来源都是政府，但是第二来源分别是企业和高等学校自身。经费来源的差异致使中国高等学校研发活动内容选择的自主性大大低于美国。中国高等学校执行R&D经费约1/4来自企业支持，势必会应企业需求更多投向应用研究与试验发展，而甚少用于开展基础研究。美国高等学校近30%的自筹经费比例决定其可用于资助研究周期长且探索性较强的项目。这应该也是美国高等学校基础研究经费的比例高于中国约20个百分点的重要原因。不过从创新型国家的经验与中国近年来高等学校R&D经费配置结构的变化趋势来看，中国是在向美国趋近（肖广岭，2020）。

(四) 中国 R&D 经费配置存在的问题

1. R&D 经费投入强度偏低，与中国经济发展水平和工业化发展阶段不相匹配

学者对典型发达国家和新兴工业化国家研发投资强度增长趋势的研究表明，尽管各国经历工业化发展阶段的时间不一致，且对研发活动的资金投入力度也不尽相同，但在社会经济正常运行和增长的情况下，R&D 经费投入强度的变化呈现出一定规律性，发展轨迹是一条类"S"曲线，其上存在 1% 和 2.5% 两个拐点（谭文华、曾国屏，2005；孙喜杰、曾国屏，2008）。R&D 投入强度的变化趋势则因此可划分为三个阶段，即缓慢增长阶段（小于 1%）、快速增长阶段（1%～2.5%）和基本稳定阶段（大于 2.5%）。同时，R&D 经费投入强度的演变趋势也在一定程度上与国家所处工业化发展阶段相契合（张玲等，2010）。综观前述各国 R&D 投入强度历年数据，美国、日本、德国均已走过快速增长阶段而步入基本稳定阶段。而韩国的投入强度在 2004 年达到 2.53% 后，仅用时 3 年便突破了 3%，5 年之后的 2012 年突破了 4%，及至 2017 年又突破了 4.5%，在该阶段表现出超常规的增速。中国 R&D 经费投入强度在经历长期缓慢的增长过程后于 2002 年跨越 1% 的拐点，同时期按汇率法换算的人均 GDP 介于 560～1 120 美元之间，说明中国位处工业化发展中级阶段，经济发展对科技支撑的需求强烈，R&D 投入强度进入快速增长阶段。实践中，中国历时 13 年将研发投入强度从 1% 提升至 2%，所用时间与日本基本持平，并仍保持继续增长，但投入强度的增速显然未跟上 R&D 经费的扩张速度，年增长率处于持续下降的态势，由"十五"期间年复合增长率 8.65% 降至"十三五"期间 2016—2018 年的 1.25%，投入强度的增长趋势偏离国际规律。与欧美和日韩等创新型国家相比，中国的 R&D 经费投入水平与经济发展不相适应，投入强度滞后于当前工业化程度。

2. "重试验发展、轻基础研究"，R&D 经费配置结构严重失衡

中国基础研究已逐步从点的突破转向系统能力提升，但是从整个科技创新链条上看，基础研究依旧是研发活动的短板。长期以来，中国科技战略过于强调以应用为导向，在 R&D 经费配置中则表现为政府与企业更倾向于投资应用研究和试验发展。自2001年以来，尽管中国基础研究经费投入规模逐年增加，但其占R&D经费支出总额的比重始终徘徊在5%左右，与欧美创新型国家15%以上的比重有相当程度的差距。宋吟秋等（2012）构建效用函数模型的实证结果表明，当试验发展经费是科学研究经费的2.23倍时，中国R&D经费的分配与使用结构是最优的。然而实践中，中国R&D经费在三项活动中的配置比例为1∶1.90∶15.15，试验发展经费投入相比于基础研究始终维持在较高水平，试验发展经费比重已接近85%，而同时期美国的经费配置结构为1∶1.20∶3.68，即使是试验发展比例较高的韩国配置结构也有1∶1.52∶4.40。"重试验发展、轻基础研究"的R&D经费配置结构性失衡显然已经对中国产业核心技术创新产生了消极影响。正是由于未能正确理解基础研究对产业核心技术能力提升的关键作用，因此，在不断增加研发投资力度并进行高强度技术引进的努力下，中国企业的创新模式仍旧未能实现根本性转变（柳卸林、何郁冰，2011）。与应用研究和试验发展相比，基础研究更有利于促进一国经济增长（严成樑、龚六堂，2013），客观上来讲，中国基础研究经费投入的绝对数额仍有较大的增长空间。

3. 政府公共投资不足，研究机构与高等学校科研布局更偏重创新链条后端

公共研发部门和私人研发部门执行的R&D经费对经济的贡献存在差异，在同等幅度研发资金冲击下，公共研发投资对经济拉动效果更为明显（郑钦月等，2018）。政府在国家创新体系构建中的主导作用以及对高水平科研机构和高等学校等创新主体的支持，是欧美发达国家位处全球科技前沿的根本原因（Zeira，2011）。科技知识较强的正外部性和科技创新从投入到形成技术进步的时滞性，决定了单纯依靠市场机制无法实现科研资源的最优化配置，对于科技基础相对薄弱的发展中国家而言更是如此。科学研究对提高全要素生产率的作用效果以政府的支持力度达到一定水平为前提（叶祥松、刘敬，2018），稳定、长期而充足的引导性与公益性投资，才有可能促使创新驱动从外生向内生转变。从各国实现研发经费的企业来源超越政府来源时点的国家经济实力来看，美国（1981）人均GDP为1.4万美元，英国（1985）人均GDP为8652美元，法国（1992）

人均 GDP 为 2.38 万美元，而中国（1992）的人均 GDP 仅为 366 美元，与主要创新型国家存在相当大的差距。尽管中国企业的研发资金投入大幅攀升，但规模以上工业企业的 R&D 投入强度直到 2017 年才刚刚突破 1%，说明企业的创新意愿与科技实力仍有较大的提升空间。虽然政府在研发活动中的主导地位会随着时间的推移开始下降，政府资金更多是发挥杠杆效应，引导其他渠道的资金进入科研领域（史欣向等，2012），但是与创新型国家相比，中国处于"政企双主导型"格局的时间较短，在企业尚未成为真正意义上的科技创新主体时政府的引导作用便逐渐弱化，政府资金投入滞后势必会对关系到原始创新能力的基础研究等产生负面影响。

在企业已成为创新型国家应用研究活动绝对执行主体并对基础研究参与程度日渐加深的新趋势下，中国的基础研究和应用研究仍旧主要是由研究与开发机构和高等学校承担。中国超过 80% 的政府来源资金均流向研究与开发机构和高等学校。两者掌握了大量科研资源，并能够依据国家重大战略需求进行配置，可有效弥补市场资源配置失灵。但从研究与开发机构和高等学校 R&D 经费的配置结构来看，其科研布局更加偏重创新链条后端。2017 年，研究与开发机构的 R&D 经费 80% 以上来源于政府资金，投入方向以试验发展为主，所占比重超过 55%，应用研究和基础研究活动占比分别为 28.72% 和 15.78%；高等学校的 R&D 经费接近 65% 是政府来源资金，约 50% 流向应用研究，超过 40% 用于基础研究。而创新型国家的政府研究机构和高等学校均以科学研究作为资金支持重点，尤其是高等学校对基础研究的经费配置比例更高。相较之下，现阶段中国 R&D 经费中政府资金的支持重点偏向应用研究和试验发展，作为突破关键核心技术重要支撑的基础研究反而没有得到差异性补偿。

4. 企业 R&D 经费投入强度滞后，对基础研究的参与程度不足

创新要素加速向企业集聚，R&D 经费规模与投入强度表现出显著的行业特性。2017 年，规模以上工业企业 R&D 经费支出达到 1.20 万亿元，但投入强度却是首次突破 1%，研发经费的投入力度与其投资规模不相匹配。

企业作为各国 R&D 经费最大的来源部门与执行部门，对研发活动的整体配置结构具有决定性影响。值得关注的是，创新型国家呈现出企业深度嵌入创新链条前端活动的鲜明特征，由企业执行的基础研究经费比重均维持在 15% 以上，日本和韩国甚至接近和超过 50%，而中国近两年才略升至 3%，企业对基础研究的投入比重相对偏低。企业创新能力在很大程度上取决于基础知识的积累水平（Martínez-Senra et al., 2015）。目前，高等学校和研究与开发机构仍然是中国基础研究的主要执行者，但绝大多数基础研究领域的科研工作缺少企业的深度参与，产学研合作相对较弱。科学基础知识虽然具有公共物品属性，但不是一种易于扩散的信息（Pavitt, 2001），对于符合产业发展方向和未来市场需求、经过前景预测的产业驱动型基础研究项目来说尤为如此，其潜在效应具有高度专用性和异质性（柳卸林、何郁冰，2011）。企业将基础研究的重任寄托于政府的公共研发投入，且不论高等学校和研究与开发机构是否能够满足产业基础研究的需求，即使能够实现对企业内部基础研究的有效替代，但企业若没有相应的知识储备与技能资源，公共研发的间接结果尤其是其中所包含的隐性知识无法轻易转移到产业部门，也难以内化为企业个体的创新能力。企业参与程度过低已成为制约中国基础研究成果转化效率的重要原因之一。

二、中国与主要创新型国家企业研发投资结构国际比较

全球创新环境与创新格局逐渐演变，世界进入高强度研发时代，经济增长对科技发展的依赖日渐加深，"加强研发、重视创新、投资未来"已成为各国提高竞争力的重要战略（马名杰，2016）。随着创新逐渐成为国家经济增长新动能，中国政府高度重视创新在国家经济发展中的核心地位，针对创新领域的人才与技术显著而持续的长期投入，使中国在短短几年时间内众多研发指标已对传统科技强国形成赶超之势。在我国研发经费支出快速增长的背景下，企业的

研发经费支出也呈现出持续增长的态势，中国企业的研发投入能力已经在国际上崭露头角。欧盟委员会旗下调研机构 IRI 每年发布的全球研发投资最多的 2 500 家企业中，上榜的中国企业数量保持稳步增长，在过去 10 年里研发投资增速远远高于世界平均水平。

企业是我国研发经费最大的来源部门与执行部门，然而高研发投入带来的显著优势并未有效转化为研发效率。由于企业逐利性本质，我国研发结构有所失衡（王海等，2016），在与 OECD 各国的比较中，中国创新效率和创新能力仍处于较低水平（钟祖昌，2011）。当前我国正处于三期叠加阶段，经济发展步入"新常态"。在经济增速放缓和产业结构转型挑战突出的背景下，科技创新逐渐成为国民经济发展的重要驱动力，企业又在其中具有主体地位与主导作用。企业研发投入与研发投资结构调整是我国产业结构实现转型与升级的关键要素。因此，深入探析创新型国家企业研发投资现状及其结构特征，对明晰我国企业研发活动与之存在的差距，促进我国经济增长模式有效转变具有重要的理论与现实意义。

（一）中国企业研发投资及结构特征分析

1. 样本选取与数据来源

欧盟自 2004 年首次发布《欧盟产业研发投资记分牌》(*The EU Industrial R&D Investment Scoreboard*)，区分欧盟企业与非欧盟企业的研发投资排名，其中中国仅有中国石油和中国石化 2 家企业进入非欧盟企业研发投资 500 强，分别排名第 147 位和第 241 位。随后记分牌不断扩充研究样本的数量，至 2011 年欧盟企业和非欧盟企业的入围数量均为 1 000 家。2012 年《欧盟产业研发投资记分牌》开始将欧盟和非欧盟企业合并进行全球研发投资 1 500 强排名，中国有 56 家企业入榜，其中 3 家企业排名进入前 100，研发投入最多的华为排在第 41 位。记分牌在 2013 年将样本数量提高到 2 000 家，在 2014 年进一步增至 2 500 家并延续至今。2019 年度记分牌中的 2 500 家入榜企业对研发活动的资金投入达到 8 234 亿欧元，相当于全球 R&D 支出总额（GERD）的 54%，约占全球商业部门研发资金的 90%。伴随着中国企业研发投资规模每年约 10% 的增速，中国入榜企业数量也不断增加，2019 年全球研发投资 2 500 强中，中国入榜企业数量已经达到 507 家。

本节研究数据均来自 2014—2019 年度《欧盟产业研发投资记分牌》。选取美国、日本、德国、韩国、法国和英国作为国际比较的研究对象，主要是考虑到上述六国与中国是 2018 年全球研发经费投入排名前 7 位的国家，同时也是 2019 年度研发投资 2 500 强中入围企业最多的 7 个国家。七国入榜企业数量所占比重达到 79.56%，研发投资总额占 2 500 强总额的比重也高达 84.12%，高研发投入的大型企业数据具有典型性。

2. 中国企业研发投资与结构特征

本节梳理入围 2014—2019 年全球研发投资 2 500 强[①]的中国企业名录，并从国际排名、研发投资强度、产业布局等视角展开分析。表 3-2 列示了 2019 年中国入榜企业研发投资活动的基本情况（由于篇幅所限，仅列出排名前 50 位的企业）。我国大型企业研发投资活动表现出如下特征：

表 3-2 2019 年中国研发投资 50 强基本情况

国内排名	企业名称	国际排名	所属行业	研发投入（百万欧元）	研发投入增长率（%）	研发强度（%）	盈利能力（%）
1	华为	5	技术硬件与设备	12 739.6	12.9	13.9	10.2
2	阿里巴巴	28	软件和计算机服务	4 770.8	64.5	9.9	15.1
3	腾讯	53	软件和计算机服务	2 923.0	31.4	7.3	26.5
4	上汽集团	71	汽车和零件	2 029.1	52.9	1.9	2.6
5	中国建筑	72	建筑及材料	2 027.8	28.5	1.3	7.7
6	百度	73	软件和计算机服务	2 010.0	21.8	15.4	15.2

---

① 《2019 年欧盟产业研发投资记分牌》中列示的企业数据为其 2018 财年研发投资相关数据，其他年份记分牌数据以此类推。

续 表

国内排名	企业名称	国际排名	所属行业	研发投入（百万欧元）	研发投入增长率（%）	研发强度（%）	盈利能力（%）
7	中国石油	81	石油和天然气生产商	1 796.0	14.4	0.6	5.9
8	中国铁路	84	建筑及材料	1 712.3	21.0	1.8	4.6
9	中国铁建	100	建筑及材料	1 474.7	11.3	1.6	4.1
10	中兴通讯	103	技术硬件与设备	1 460.1	-18.4	13.4	-3.0
11	中国中车	106	工业工程	1 424.7	6.5	5.2	6.8
12	中国交建	113	建筑及材料	1 286.2	19.6	2.1	6.8
13	美的集团	120	家庭用品与住宅建筑	1 250.3	15.4	4.1	10.1
14	携程网	126	旅游与休闲	1 226.0	16.5	31.1	8.4
15	中国电建	131	建筑及材料	1 180.3	21.9	3.2	7.2
16	比亚迪	147	电子和电器设备	1 046.4	38.4	6.7	4.6
17	中国中冶	148	一般工业	1 043.7	53.7	2.9	5.5
18	联想集团	154	技术硬件与设备	1 016.5	-0.3	2.3	2.3
19	中国石化	156	石油和天然气生产商	1 013.9	23.9	0.3	3.1
20	网易	160	软件和计算机服务	993.1	78.3	11.6	11.8
21	格力电器	170	建筑及材料	912.1	29.3	4.2	17.8
22	美团点评	177	一般零售商	896.0	94.5	10.8	-20.7
23	京东方	187	电子和电器设备	838.0	147.8	7.0	8.6
24	宝山钢铁	199	工业金属和矿业	752.6	49.3	2.0	9.3
25	TCL	206	电子和电器设备	722.7	20.1	5.1	3.7
26	吉利汽车	210	汽车和零件	711.1	65.3	5.2	13.5
27	海尔智家	217	家庭用品与住宅建筑	688.0	17.6	3.0	6.1
28	小米集团	219	技术硬件与设备	671.2	74.7	3.0	-1.9

续 表

国内排名	企业名称	国际排名	所属行业	研发投入（百万欧元）	研发投入增长率（%）	研发强度（%）	盈利能力（%）
29	上海建工	225	建筑及材料	653.5	11.5	3.1	3.4
30	广汽集团	234	汽车和零件	623.0	63.8	6.8	3.9
31	东风汽车	241	汽车和零件	605.9	11.4	4.5	-0.4
32	海康威视	257	电子和电器设备	551.9	35.6	8.9	25.0
33	百济神州	268	制药和生物科技	534.2	129.6	308.6	-356.1
34	潍柴动力	269	汽车和零件	533.3	234.5	2.7	8.7
35	中国能建	278	建筑及材料	510.2	14.5	1.8	6.1
36	长城汽车	280	汽车和零件	504.0	18.4	4.2	6.1
37	蔚来	283	汽车和零件	496.3	51.9	78.7	-193.8
38	上海电气	290	工业工程	474.1	23.8	3.7	5.9
39	中芯国际	292	技术硬件与设备	471.0	26.3	16.1	-0.5
40	均胜电子	293	汽车和零件	466.9	85.0	6.6	3.8
41	中国船舶	333	工业工程	391.1	7.9	7.1	0.0
42	搜狐	340	软件和计算机服务	385.3	7.0	23.4	-8.5
43	河钢集团	354	工业金属和矿业	372.0	44.1	2.5	8.4
44	三一重工	372	工业工程	349.1	43.0	5.1	16.3
45	清华紫光	377	技术硬件与设备	343.7	3.7	5.8	8.2
46	复星国际	404	制药和生物科技	317.3	164.7	2.3	3.8
47	烽火通信	419	固定线路电信服务	304.8	11.8	10.0	6.1
48	立讯精密	422	电子和电器设备	300.3	52.8	6.7	10.2
49	北汽福田	423	工业工程	298.8	0.5	6.3	-8.0
50	北京首钢	426	工业金属和矿业	296.5	1 516.3	3.7	8.6

（1）中国入围世界研发投资 2 500 强的企业数量及其研发投资金额逐年增加。2014 年起《欧盟产业研发投资记分牌》的企业样本数量扩充为 2 500 家，如图 3-9 所示，当年中国上榜企业数量为 199 家，而 2019 年已有 507 家企业成功入围，年均复合增长率达到 20.57%。中国入榜企业数量所占比重也已从 2014 年的 7.96% 提升至 2019 年的 20.28%。

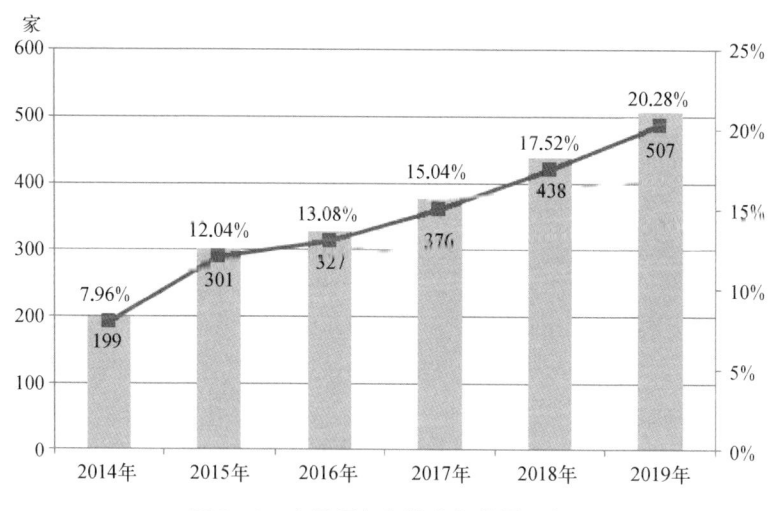

图 3-9 中国历年入榜企业数量及占比

与此同时，中国 507 家入榜企业研发投资金额达 963.87 亿欧元，较 2014 年增加近 4 倍，占全球研发投资总额 8 234.24 亿欧元的 11.71%，而 2014 年该比例仅为 3.78%（如图 3-10 所示）。中国企业正以不同的姿态逐步释放出创新的活力，我国研发投入和技术能力的快速增长已成为改变亚洲乃至全球创新格局的决定性因素（马名杰，2016）。

但是，在中国入榜企业数量与研发投资金额快速增长的趋势下，也应当关注到两者所占比重之间并不相匹配。以 2019 年为例，入围全球研发投资 2 500 强的中国企业数量占比为 20.28%，而与之对应的研发投资金额占 2 500 家企业研发投资总额的比重仅为 11.71%。入榜企业绝对数量的增多并未带来研发投资相应幅度的增长，且两者之间的差距近年来表现出逐步扩大的态势。

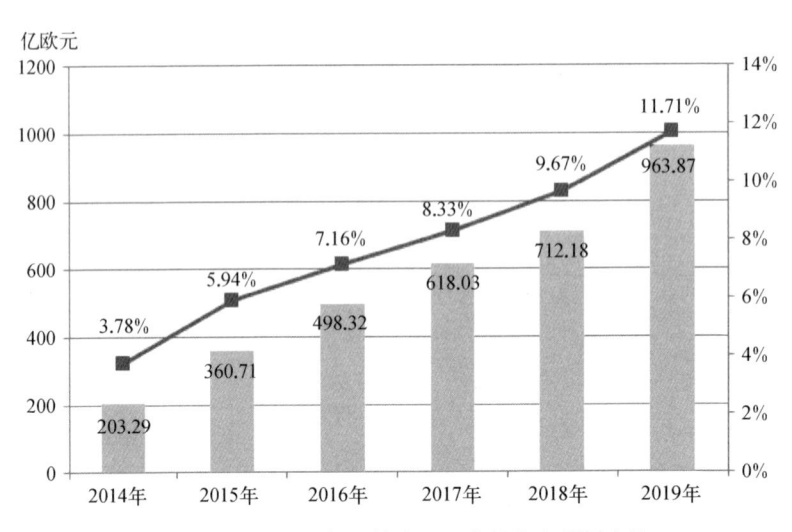

图 3-10 中国历年入榜企业研发投资金额及占比

（2）除部分顶级企业外，入榜企业的国际排名普遍不高。华为 2016 年首次跻身全球研发投资 2 500 强的前 10，排名第 8 位，至今中国仍仅有华为一家企业国际排名进入世界前 10。2019 年记分牌榜单研发投资 50 强中出现另一家中国企业的身影，阿里巴巴 2018 财年研发投资金额为 47.71 亿欧元，较上一财年增长近 65%，其国际排名也由第 51 位跃升至第 28 位。自 2015 年入围榜单排名第 132 位，近年来腾讯持续增加研发资金投入，世界排名也逐步提升至第 53 位，若继续保持此种增长趋势，进入全球研发投资 50 强指日可待。除了上述三家企业外，上汽集团、中国建筑、百度、中国石油、中国铁路和中国铁建也进入 2019 年记分牌研发投资 100 强。在 200 强中，中国共有 24 家企业入围，500 强中共有 61 家企业进入。而在 2014 年记分牌榜单中，中国仅有华为 1 家企业进入研发投资 50 强，入围研发投资 100 强、200 强和 500 强的企业数量分别为 2 家、8 家和 20 家。尽管研发投资高排位的企业数量呈倍数增加，但 2019 年 507 家上榜企业中，世界排名在前 500 位的企业占比仅为 12.03%（61 家），71.01%（360 家）的企业排名在世界 1 000 位之后，近 50%（247 家）的企业处于 1 500～2 500 名。与 2016 年记分牌榜单数据相比，排名 500～1 500 位的企业数量占比有所增长，而首尾两部分排名段的企业比重没有较大变化，入榜企业国际排名普遍不高的情况并未有实质性改变（图3-11）。

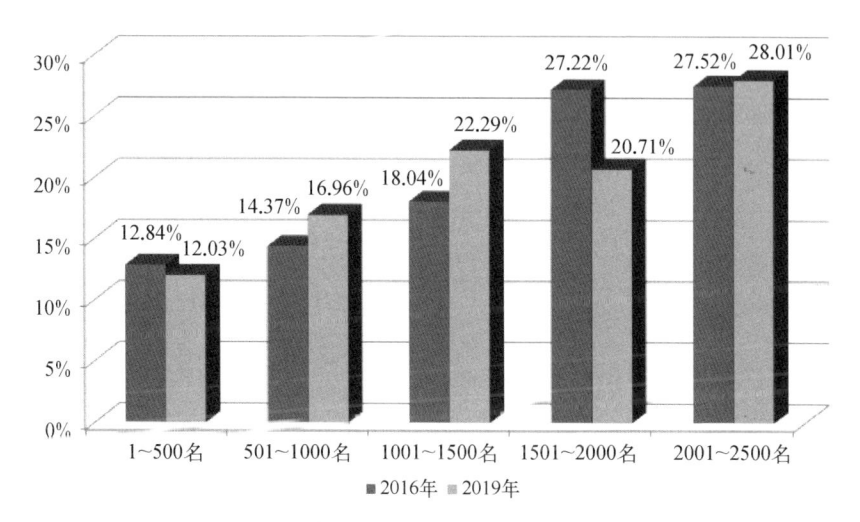

图3-11 2016年和2019年中国入榜企业排名占比分布

（3）中国入榜企业的研发投资强度普遍偏低。当研发投资强度超过10%时，研发活动才能够成为企业成长的重要驱动因素（Hernández et al., 2016）。2019年榜单中，中国有104家企业研发投资强度超过10%，占入榜企业数量的20.51%，44.77%（227家）的企业研发投资强度超过5%。中国研发投资规模排名前50的企业中，华为、百度、中兴通讯、携程网、网易、美团点评、百济神州、蔚来、中芯国际、搜狐、烽火通信等11家企业的研发投资强度超过10%。中国入榜企业平均研发投资强度为3.04%，与美国769家入榜企业的平均研发投资强度6.64%有较大程度差距，也低于全球研发投资2 500强的均值4.05%近1个百分点。中国507家入榜企业中接近45%（224家）的企业研发投资强度低于全球2 500强的均值，有132家企业的研发投资强度在中国企业均值之下。

（4）中国高研发投入企业的产业分布逐渐转向高技术领域，部分产业研发投资规模有待进一步提升。表3-3列示的数据形象地展现出近年来中国高研发投入企业所属产业的变化趋势。2012年入围世界研发投资1 500强的56家中国企业

表 3-3 中国入榜企业数量按所属行业分布表

序号	2012年			2014年			2016年			2019年		
	行业	数量	占比	行业	数量	占比	行业	数量	占比	行业	数量	占比
1	工业工程	13	23.21%	工业工程	28	14.07%	电子和电气设备	42	12.84%	电子和电气设备	67	13.21%
2	汽车和零件	11	19.64%	电子和电气设备	28	14.07%	技术硬件与设备	39	11.93%	软件和计算机服务	61	12.03%
3	建筑及材料	9	16.07%	技术硬件与设备	23	11.56%	软件和计算机服务	34	10.40%	技术硬件与设备	48	9.47%
4				汽车和零件	22	11.06%	工业工程	33	10.09%	制药和生物科技	44	8.68%
5				建筑及材料	16	8.04%	汽车和零件	31	9.48%	工业工程	38	7.50%
6				制药和生物科技	14	7.04%	制药和生物科技	28	8.56%	汽车和零件	36	7.10%
总计		58.92%			65.84%			63.30%			57.99%	

中，近60%隶属于工业工程、汽车和零件以及建筑及材料等三个传统行业。而上述三个行业的入榜企业数量占比在2014年记分牌中均有较大程度的下降，取而代之的是电子和电气设备、技术硬件与设备以及制药和生物科技行业企业数量的增长，6个行业合计占比超过65%。2016年记分牌中国入榜企业共分布在33个产业中，所属行业排名前六位的分别是电子和电气设备、技术硬件与设备、软件和计算机服务、工业工程、汽车和零件、制药和生物科技，涵盖超过60%的企业。在2019年榜单中，前述6个行业依旧占据企业所属行业排名前六位，只是各行业排位略有变动。统计结果表明，中国高研发投入企业的产业布局与全球研发投资产业布局趋势高度相似，而传统资本和劳动密集型行业入围企业数量增幅较小，所占比重也呈下降趋势。工业工程、汽车和零件行业由2012年的第一位和第二位滑落至2016年的第四位和第五位，并在2019年进一步下滑至第五位和第六位，两个行业所属企业数量合计占比不足15%。建筑及材料行业入围企业占比在2016年已经跌出前六位，至2019年更是仅有4.93%。"此消彼长"趋势之下，软件和计算机服务行业异军突起，在2016年以34家入榜企业排名第三位，电子和电气设备、技术硬件与设备、制药和生物科技等高技术领域的入围企业数量也逐年快速增加。而这与我国产业政策引导相匹配，也是我国产业结构正经历深刻转型与调整的佐证，企业逐步由价值链低端加速向中高端升级。

从研发投资金额在各产业的分布视角来看，2019年入榜企业所属的32个产业中研发投资总额超过100亿欧元的仅有技术硬件与设备、软件和计算机服务、建筑及材料三个行业，总额超过50亿欧元的产业依次为电子和电气设备、汽车和零件、工业工程，上述6个产业的研发投资规模占比达到72.02%。值得关注的是，上述排序与以企业数量为依据的产业排序有所差异（如表3-4所示），建筑及材料、工业工程等传统行业仍旧在研发资金分布中占据重要地位。25家建筑及材料企业研发投入达到112.80亿欧元，38家工业工程企业研发投入为51.62亿欧元，占比分别为11.70%和5.36%，对应的行业排名为第三位和第六位。高技术领域的技术硬件与设备以及软件和计算机服务的研发投资占比均远高于其企业数量比重。而数量最多的电子和电气设备企业研发投资金额为 85.51 亿欧元，与数量接近的软件和计算机服务行业相比，仅约为其研发投资金额 161.44 亿欧元的 1/2。此外，制药和生物科技企业数量占比达到 8.68%，但其研发投资金额占比仅为 4.38%。由此可见，部分高技术领域的企业研发投入有待进一步加强。

表 3-4 2019 年按企业数量与研发投资金额分布的行业排名

排序	按企业数量分布			按研发投资金额分布		
	所属行业	数量	占比	所属行业	研发投资（百万欧元）	占比
1	电子和电气设备	67	13.21%	技术硬件与设备	19 776.63	20.52%
2	软件和计算机服务	61	12.03%	软件和计算机服务	16 143.88	16.75%
3	技术硬件与设备	48	9.47%	建筑及材料	11 279.58	11.70%
4	制药和生物科技	44	8.68%	电子和电气设备	8 551.44	8.87%
5	工业工程	38	7.50%	汽车和零件	8 501.52	8.82%
6	汽车和零件	36	7.10%	工业工程	5 161.68	5.36%
7	工业金属和矿业	28	5.52%	制药和生物科技	4 223.32	4.38%

(二) 中国与主要国家研发投资国际比较

1. 中国与全球顶级企业对比

为进一步明晰中国企业研发投资在世界格局中的位置，本节选取 2017—2019 年记分牌企业研发投资数据，计算出近 3 年世界与中国年均研发投资排名前 10 的企业，具体如表 3-5 所示。可以看出：

(1) 发达国家大型跨国公司持续保持高研发投入，主导全球创新资源整合，中国顶级企业的研发投入规模和研发投入强度与之相比有较大差距。2017—2019 年世界年均研发投资金额排名前 10 的企业主要分布在欧美等全球领先的创新型国家，其中：美国 5 家、德国 2 家，韩国、中国和瑞士各有 1 家。中国年均

第三章　中国与主要创新型国家企业研发投资结构国际比较

表3-5　2017—2019年中国与世界年均研发投资10强企业对比

排名	世界年均研发投资10强企业					中国年均研发投资10强企业				印度年均研发投资10强企业			
	公司名称	注册国家	所属行业	年均研发投入	年均研发强度	公司名称	所属行业	年均研发投入	年均研发投入强度	公司名称	所属行业	年均研发投入	年均研发投入强度
1	ALPHABET	美国	(1)	14840.9	14.96%	华为	(4)	11478.3	15.43%	塔塔汽车	(2)	1991.1	5.32%
2	大众汽车	德国	(2)	13482.3	5.92%	阿里巴巴	(1)	3337.7	9.85%	太阳制药	(5)	276.6	7.29%
3	三星电子	韩国	(3)	13474.2	7.54%	腾讯	(1)	2258.4	7.44%	鲁宾公司	(5)	263.6	12.26%
4	微软公司	美国	(1)	13128.5	13.71%	中兴通讯	(4)	1706.4	13.24%	雷迪博士实验室	(5)	231.0	12.13%
5	英特尔	美国	(4)	11611.8	20.43%	中国建筑	(6)	1686.5	1.23%	马恒达公司	(2)	185.0	1.70%
6	华为	中国	(4)	11478.8	15.43%	百度	(1)	1686.0	15.39%	格伦马克制药	(5)	172.4	15.57%
7	苹果	美国	(4)	10539.7	5.04%	中国石油	(7)	1635.5	0.63%	信实工业	(8)	147.6	0.26%
8	罗氏制药	瑞士	(5)	9308.0	19.51%	上汽集团	(2)	1549.0	1.48%	西普拉	(5)	119.9	6.11%
9	强生公司	美国	(5)	8946.3	13.21%	中国铁路	(6)	1518.8	1.69%	印孚瑟斯技术	(1)	101.3	1.08%
10	戴勒姆	德国	(2)	8413.3	5.20%	中国铁建	(6)	1365.1	1.56%	塔塔钢铁	(9)	96.7	0.54%

注：1.所属行业为：(1) 软件和计算机服务；(2) 汽车和零件；(3) 电子和电气设备；(4) 技术硬件与设备；(5) 制药和生物科技；(6) 建筑及材料；(7) 石油和天然气生产商；(8) 化学制品；(9) 工业金属和矿业。
2.年均研发投入单位为百万欧元。

研发投入最多的企业是华为,近 3 年研发投入均值为 114.79 亿欧元,是中国顶级企业中唯一年均研发投资金额超过 100 亿欧元的企业,其世界排名也已跃升至第六位。而按照 2012—2016 年年均研发投入金额,华为 47.66 亿欧元还不足彼时世界首位大众汽车 110.39 亿欧元的 45%。与华为相比,其余 9 家中国企业年均研发投资金额有较大差距,其研发投入总额 166.47 亿欧元尚不及强生公司和戴勒姆研发投资之和。而中国 10 强企业年均研发投资总额仅为世界 10 强企业的 1/4。尽管中国企业研发投资规模与世界顶级企业相比仍有一定差距,但值得关注的是,随着我国企业愈加重视对研发能力的积累,企业对研发活动投入的资金大幅增长。中国 10 强企业中研发投资 3 年年均复合增长率超过 10% 的企业有 6 家,分别是华为(10.88%)、阿里巴巴(43.13%)、腾讯(34.45%)、中国建筑(18.42%)、百度(20.26%)、上汽集团(25.69%)。华为在高研发投资基数下仍旧保持 10% 以上的投资增速,百度和上汽集团的年均复合增长率超过 20%,腾讯和阿里巴巴的年均复合增长率甚至达到 34.45% 和 43.13%。而世界 10 强企业中除了华为之外,仅有 ALPHABET(19.18%)、三星电子(10.46%)和苹果(14.22%)实现了研发投入年均复合增长率超过 10%,大众汽车和英特尔还有小幅下降。

就研发投入强度而言,中国 10 强企业呈现出显著的"两极分化"态势。一方面,华为、阿里巴巴、腾讯、中兴通讯和百度等科技型企业具有较高的研发投入强度,华为(15.43%)、中兴通讯(13.24%)和百度(15.09%)的研发投入强度即使与同行业的世界顶级企业相比也毫不逊色;另一方面,中国建筑、中国石油、上汽集团、中国铁路和中国铁建等隶属于建筑及材料、汽车和零件、石油和天然气生产商等传统重型产业的企业,其研发投入强度多集中在 0.5%~1.5%,与其庞大的研发资金投入相比,研发投入强度较低。世界顶级企业的年均研发投入强度均在 5% 以上,包括大众汽车和戴勒姆此类汽车和零件领域企业也保持较高投入强度。有 6 家企业的研发投入强度在 10% 以上,英特尔的研发投入强度甚至超过 20%。对 2019 年记分牌研发投资金额超过 10 亿欧元的 159 家企业进行研究发现,超过 40%(64 家)的企业研发投入强度均在 10% 以上,投入强度最高的企业为因赛特医疗（INCYTE），高达62.6%。研发投入强度50强中，中国仅有3家企业入围，分别是第4位携程（31.1%）、第38位百度（15.4%）、第48位华为（13.9%）。中国与世界顶级企业在研发投资规模与强度上的较大差距，也从一定程度上体现出跨国公司在资金实力、技术储备与研发能力等方面综合优势明显，国内大型企业尚缺乏能够引领世界科技趋势的核心技术，同时显示出目前创新对中国经济增长的支撑能力有待进一步提升。

（2）研发资金向高技术产业集聚是全球趋势，中国经济主导产业进一步向技术密集型转变，但产业布局的政府主导性特点更为显著。2017—2019年世界年均研发投资规模排名前10的企业，其所属行业主要为软件和计算机服务、汽车和零件、电子和电气设备、技术硬件与设备、制药和生物科技等高技术产业领域，且数量分布相对均衡，尤其是技术硬件与设备类企业上榜数量达到3家，表现出高研发投入的行业性特征。中国年均研发投入规模排名前10的企业，有6家分布于软件和计算机服务、汽车和零件、技术硬件与设备等高附加值的技术密集型产业，其中中国互联网三巨头阿里巴巴、腾讯和百度均隶属于软件和计算机服务领域。其余企业则隶属于建筑及材料、石油和天然气生产等资本密集型和劳动密集型行业，其中3家企业归属建筑与材料产业。而2012—2016年中国年均研发投资10强依次为华为、中国石油、中兴通讯、中国中铁、中国铁建、上汽集团、中国中车、中国石化、联想集团和腾讯，半数企业属于石油天然气生产商、建筑及材料和工业工程等传统产业，BAT中也仅有腾讯进入10强。可见，中国经济步入工业化后期，企业发展模式从重化工业时代的要素扩张驱动逐步转向创新驱动，主导产业也从资本密集型工业向技术密集型产业转换（赵昌文等，2015）。我国研发投资10强企业与世界顶级企业的产业分布趋同性加强，充分说明了转型时期经济结构变化与增长动力转换的趋势，产业结构得到进一步优化的同时，软件和计算机服务领域的集聚性与长期布局优势得以凸显。

随着新兴经济体的持续崛起，以欧美等发达国家为主角的全球研发与创新版图已发生巨大变化，创新呈现出多极化趋势（马名杰，2016）。以中国、俄罗斯、巴西、印度、新加坡等为代表的新兴国家研发投资快速增加，优势技术领域逐渐增多，成为多极化格局形成的重要推动力量。上述国家（除中国外）中入围全球研发投入 2 500 强企业数量最多的是印度（32 家），因此本节选取同为发展中国家的印度作为对比研究对象。印度年均研发投资规模排名前 10 的企业中，除了位列榜首的塔塔汽车外，其他企业在研发资金投入上与世界顶级企业和中国企业存在数量级的差距。印度近 3 年研发投资排名第一的塔塔汽车（TATA MOTORS）年均研发投入为 19.91 亿欧元，而其他上榜企业的研发投入均未超过 5 亿欧元。排名第二的太阳制药（SUN PHARMACEUTICAL INDUSTRIES）年均研发投入 2.77 亿欧元，不足中国第二位阿里巴巴 33.38 亿欧元的 10%。但是印度顶级企业的产业主要分布在汽车和零件、制药和生物科技等领域，尤其是半数企业隶属于制药和生物科技产业，呈现出研发投资高度集中的产业化趋势，也与世界顶级企业的产业分布趋势重合度较高。而中国目前尚未培育出制药和生物科技领域的顶级企业。

尽管企业已成为中国 R&D 经费支出的主要活动主体，所占比重高达 77.42%[①]，但我国 R&D 经费筹资渠道存在与绝大多数国家不同的因素，便是我国较高的国有经济比重。有学者认为，若将国有企业中目前界定属于企业投资的 R&D 经费算作政府投入，中国企业与政府的 R&D 投入模式将发生根本性改变，中国仍处于政府企业双主导型阶段（陈实、章文娟，2013）。从中国与印度年均研发投入排名前 10 的企业对比中可以看出，中国顶级企业较多具有国资背景，研发投资的行业性更多表现为政府主导，资源、劳动力等要素投入和固定资产投资在一定程度上仍是我国经济快速增长的驱动力量，而印度企业的产业分布市场化特征更为显著。

2. 中国与创新型国家研发投资 50 强企业特征比较

考虑到进入《2019 年欧盟产业研发投资记分牌》研发投资 2 500 强企业最多

---

① 依据《2018 年全国科技经费投入统计公报》中数据计算所得。

的 7 个国家的具体入榜企业数量，为了更进一步挖掘中国与主要创新型国家研发投资情况，使各国研究数据更具可比性，本节选取中国与美国、法国、德国、英国、日本、韩国等六国的研发投资规模排名前 50 的企业进行综合比较。表 3-6 列示的数据显示，除美国和中国以外，各国 50 强企业的研发投资金额占各国入榜企业研发投资总额的比重均在 70% 以上，说明 50 强的样本企业数据具有良好的代表性，适合开展国际比较。

表 3-6　2019 年中国与创新型国家研发投资 50 强企业特征

企业特征		国家						
		中国	美国	德国	英国	法国	日本	韩国
入榜企业数量		507	769	130	127	68	318	70
全球前 100 数量		9	36	12	3	4	15	4
全球前 1000 数量		147	319	70	51	39	145	24
50 强全球排名均值		214	64	356	546	606	155	989
研发投资 （亿欧元）	入榜企业	963.87	3 125.20	829.20	292.92	308.66	1 094.44	312.66
	50 强企业	604.00	2 039.58	768.70	251.10	300.45	799.01	304.91
	占比	62.7%	65.3%	92.7%	85.7%	97.3%	71.2%	97.5%
研发投资增长率（%）	入榜企业	26.7	10.3	3.6	3.6	10.5	3.9	8.0
	50 强企业	27.44	9.64	3.60	12.83	10.50	3.47	8.14
研发投资强度（%）	入榜企业	3.04	6.64	4.51	2.31	2.78	3.47	3.13
	50 强企业	3.11	9.18	5.50	2.34	2.79	4.72	3.66
研发投资集中度（%）	入榜企业	49.65	84.66	115.01	104.96	91.16	97.51	58.22
	50 强企业	31.11	55.25	106.61	89.98	88.73	71.19	56.78
盈利能力（%）	50 强企业	6.06	17.56	7.75	12.22	9.21	7.66	11.23

注：1. 研发投资集中度：各国 50 强企业的研发投资总额与该国企业研发经费支出的比值，其中各国企业研发经费支出金额来源于 OECD：《主要科学技术指标 2019/2》，折算汇率来源于商务部财务司《各种货币对美元折算率表（2018 年 12 月 28 日）》，http://cws.mofcom.gov.cn/article/date/201901/20190102828089.shtml。

2. 英国和德国入榜企业、50 强企业研发投资集中度超过 100% 是由于统计口径差异所致。

本节从入榜企业数量与排名、研发投资金额、研发投资增长率、研发投资强度和研发投资集中度五个维度进行比较分析:

(1) 全球研发投资 2 500 强入榜企业数量和全球排名。图 3-12 显示 2014—2019 年各国入围全球研发投资 2 500 强的企业数量变化趋势。中国是近年来唯一实现入榜企业数量与占比一直保持增长的国家,逐渐扩大与英国、德国、法国和韩国距离的同时,在 2017 年以 376 家对 365 家实现对日本的超越。在中国企业愈加强烈的创新意愿冲击下,美国自 2016 年达到入榜企业数量峰值后呈下滑趋势,中国与美国的差距进一步缩小。

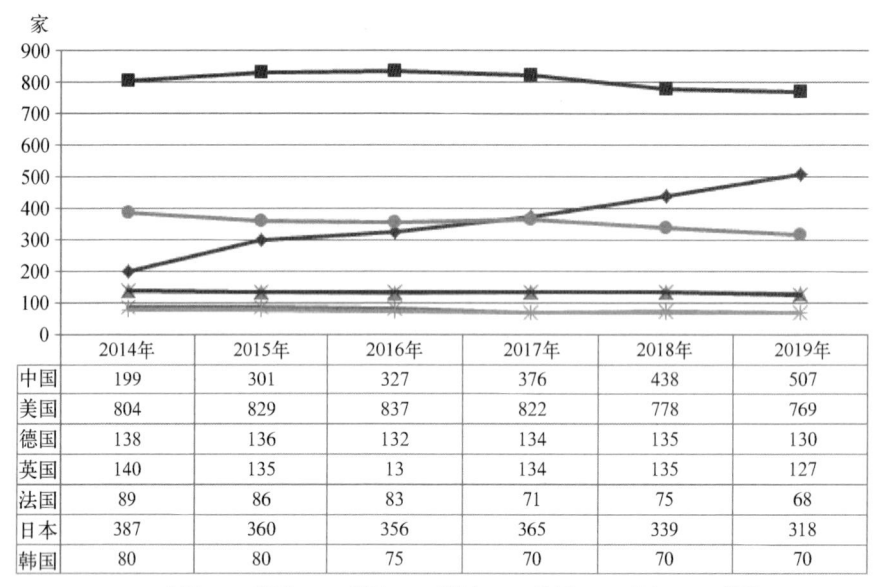

家	2014年	2015年	2016年	2017年	2018年	2019年
中国	199	301	327	376	438	507
美国	804	829	837	822	778	769
德国	138	136	132	134	135	130
英国	140	135	13	134	135	127
法国	89	86	83	71	75	68
日本	387	360	356	365	339	318
韩国	80	80	75	70	70	70

→中国 ─■─美国 ─▲─德国 ─✕─英国 ─✳─法国 ─●─日本 ─┼─韩国

图 3-12 2014—2019 年研发投资 2 500 强各国入榜企业数量对比

2019 年研发投资规模排名世界前 100 的企业中,美国和日本分别有 36 家和 15 家企业入围,德国占据 12 席,中国仅有 9 家企业入围。但是在研发投资规模全球 1 000 强中,中国企业数量为 147 家,较 2016 年的 89 家有大幅增加,虽仍远低于美国的 319 家,但首次超过日本位列第二。图 3-13 列示了各国入榜企业排名分布情况，中国进入前 1 000 名的企业占入围 2 500 强企业总数的比重仅为 28.99%，在 7 个国家中排名末位。美国、德国、英国、法国和日本该比重均在 40% 以上，德国 130 家入榜企业中超过 50% 位列研发投资规模 1 000 强，法国尽管入榜企业仅有 68 家，但接近 60% 排名世界前 1 000 位。中国企业的排名分布呈现"锥形结构"，研发投资仍有较大上行空间。

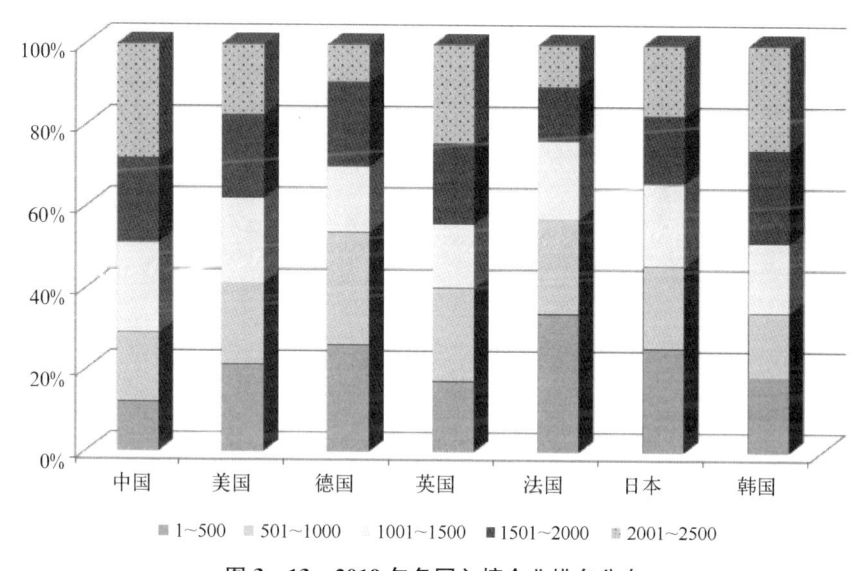

图 3－13　2019 年各国入榜企业排名分布

就各国研发投资 50 强企业在全球的排名均值而言，美国的平均排名为 64，日本为 155，虽然两国的均值远高于中国的 214，但对比 2012 年和 2016 年中国 50 强企业的排名均值 630 和 321，其在较短时间内飞速提升，实现了对德国、英国和法国的全面超越。相较之下，日本 50 强企业的排名均值则从 2012 年的 124 滑落至 2016 年的 150，并在 2019 年进一步降至 155。

(2) 研发投资金额。2019 年度中国、美国、德国等七国企业研发投资规模达到 6 926.94 亿欧元，占全球研发投资 2 500 强研发投入总额的 84.12%。图 3－14 列示的数据表明，2014—2019 年美国一国占据全球 2 500 强研发投资总额的近 2/5，绝对优势地位不可动摇。中国入榜企业研发投资金额占比逐年提升，显示出良好的增长势头。不过,中国的入榜企业数量虽然已于2017年超越日本,但就研发投资而言仍未能追赶上日本的规模。2019年中国入围企业数量已达到日本的1.5倍,可是研发投入963.87亿欧元不足日本1 094.44亿欧元的90%,与日本尚有一定程度的差距。

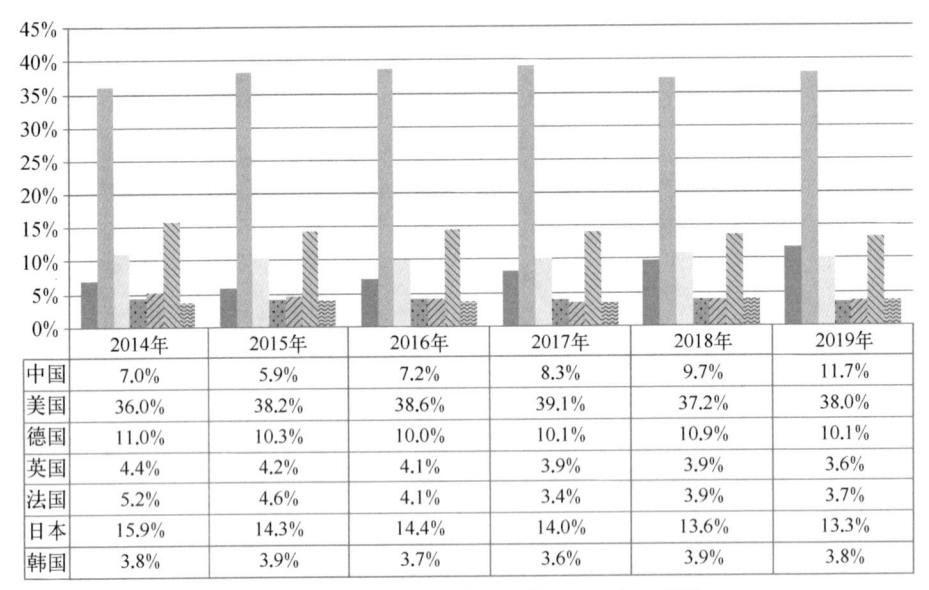

	2014年	2015年	2016年	2017年	2018年	2019年
中国	7.0%	5.9%	7.2%	8.3%	9.7%	11.7%
美国	36.0%	38.2%	38.6%	39.1%	37.2%	38.0%
德国	11.0%	10.3%	10.0%	10.1%	10.9%	10.1%
英国	4.4%	4.2%	4.1%	3.9%	3.9%	3.6%
法国	5.2%	4.6%	4.1%	3.4%	3.9%	3.7%
日本	15.9%	14.3%	14.4%	14.0%	13.6%	13.3%
韩国	3.8%	3.9%	3.7%	3.6%	3.9%	3.8%

图3-14　2014—2019年各国入榜企业研发投资占比

对比各国2019年研发投资50强企业数据,中国50强企业的研发投入总额为604亿欧元,该数额是美国50强企业研发投入总额的29.61%,是日本的75.59%和德国的78.57%。而2016年度中国50强企业的研发投资占美国、日本和德国的比重分别为21.09%、49.84%和55.32%。对比结果显示,尽管中国大型企业研发投入平均水平与上述三国有较大差距,但短短三年时间内差距在明显缩小,同时已对法国、英国和韩国形成一定优势。

(3)研发投资增长率。从图3-15中可以看出,2014—2019年中国入榜企业的研发投资增长率显著高于其他创新型国家,尤其是自2015年起中国企业研发投资基本保持20%以上的高增速，2019年研发投资增长率甚至达到26.7%。其余六国中只有美国始终保持了较为稳定的增长趋势，虽然增幅无法与中国相比，但鉴于其庞大的研发投资基数，维持每年5%~10%的增长充分体现出美国企业强大而持续的创新活力。中国50强企业的研发投资增长较入榜企业更快，2019年实现27.44%的增幅，创新型国家中只有英国和法国的增速超过10%。而2016年除了中国与德国外，其他国家50强企业研发投资的增速均在2%~5%。与之相比，2019年中国仍保持27%左右的增长，其他国家均有不同程度的提升。可见，不断加速创新领域的布局与投入已成为各国企业的共识。

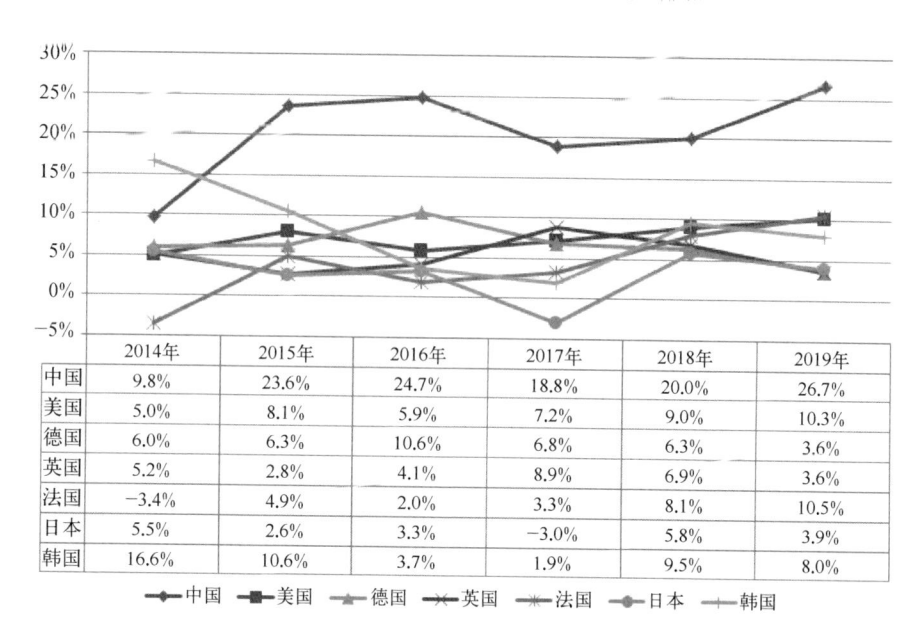

	2014年	2015年	2016年	2017年	2018年	2019年
中国	9.8%	23.6%	24.7%	18.8%	20.0%	26.7%
美国	5.0%	8.1%	5.9%	7.2%	9.0%	10.3%
德国	6.0%	6.3%	10.6%	6.8%	6.3%	3.6%
英国	5.2%	2.8%	4.1%	8.9%	6.9%	3.6%
法国	-3.4%	4.9%	2.0%	3.3%	8.1%	10.5%
日本	5.5%	2.6%	3.3%	-3.0%	5.8%	3.9%
韩国	16.6%	10.6%	3.7%	1.9%	9.5%	8.0%

图 3-15　2014—2019年各国入榜企业研发投资增长率对比

（4）研发投资强度。图3-16列示的数据显示，近年来中国入榜企业的平均研发投资强度快速增长，2014年仅以1.5%的投入强度位列末位，2017年和2018年便以2.8%的研发投资强度相继超越法国和英国，对创新型国家形成积极追赶之势。但目前中国企业大幅增加的研发投资规模却仍旧无法弥补与部分高研发投资强度国家的差距。2019年中国入榜企业研发投资强度首次突破3%，达到 3.04%，较 2014 年翻了一番，但仍远低于美国的 6.64% 和德国的 4.51%，与日本 3.47% 的投资强度也有一定差距，不过与韩国 3.13% 的投资强度已较为接近。中国入榜企业研发投资规模在七国中排名第三，但就研发投资强度而言未能与之相匹配，这种差距在 50 强企业中表现更为明显。2019 年七国 50 强企业平均研发投资强度均高于入榜企业的平均研发投资强度，中国的研发投资强度为 3.11%，排名第五，德国、日本和韩国的研发投资强度依次为 5.50%、4.72% 和 3.66%，美国的研发投资强度甚至高达 9.18%，50 强企业较上述四国入榜企业的差距进一步拉大，真实映照出中国高研发投入企业投资强度不足的现实。

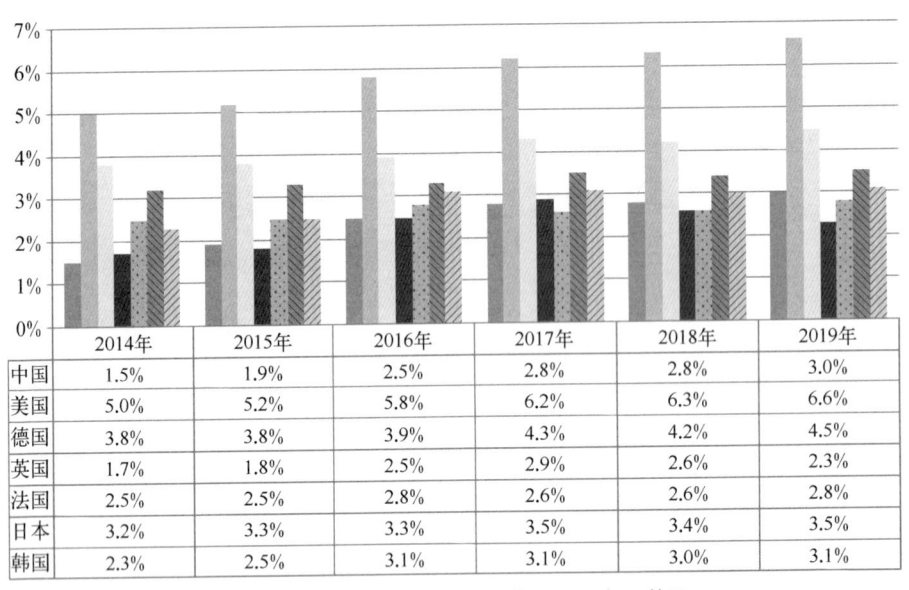

	2014年	2015年	2016年	2017年	2018年	2019年
中国	1.5%	1.9%	2.5%	2.8%	2.8%	3.0%
美国	5.0%	5.2%	5.8%	6.2%	6.3%	6.6%
德国	3.8%	3.8%	3.9%	4.3%	4.2%	4.5%
英国	1.7%	1.8%	2.5%	2.9%	2.6%	2.3%
法国	2.5%	2.5%	2.8%	2.6%	2.6%	2.8%
日本	3.2%	3.3%	3.3%	3.5%	3.4%	3.5%
韩国	2.3%	2.5%	3.1%	3.1%	3.0%	3.1%

图 3-16　2014—2019 年各国入榜企业研发投资强度对比

（5）研发投资集中度。研发投资集中度是指各国 50 强企业的研发投资总额与该国企业研发经费支出的比值，能够体现一国大型企业研发活动的资源分布集中情况。2019 年英国 50 强企业的研发投资集中度接近 90%，即英国的研发资源约 90% 掌握在 50 个各领域的大型企业手中。法国、日本、韩国和美国的该比例均超过了 55%，而中国 50 强企业的研发投资集中度为 31.11%。尽管与主要创新型国家仍有一定差距，但相较 2016 年 12.51% 的集中程度，已有了较大幅度的提升。结果表明，研发投资的相对集中为发达国家的大型企业带来巨大的存量知识资产，从而有助于其在研发全球化趋势中掌握主动权。而中国企业的研发资金投入分散程度远超主流创新型国家，这或许也是造成中国企业研发效率低下的一个因素。

3. 中国与创新型国家产业分布比较

本节对全球研发投资 2 500 强的数据按照产业领域进行梳理，结果如表 3-7 所示，可以看出在涉及的 38 个产业中，企业研发投资主要集中在制药和生物科技、技术硬件与设备、汽车和零件、软件和计算机服务、电子和电气设备等五大产业，其所占比重分别为 18.68%、15.52%、15.52%、14.30% 和 7.79%，合计约占全部产业研发投资总额的 70%，其中排名前四位的行业研发投资金额均超过 1 000 亿欧元，全球研发投资分布表现出产业高度集中的现象。

表 3-7 2019 年研发投资 2 500 强与七国 50 强企业产业分布

排序	2 500 强					350 强				
	行业	企业数量	研发投资（亿欧元）	占比	研发投资强度	行业	企业数量	研发投资（亿欧元）	占比	研发投资强度
1	制药和生物科技	429	1 538.20	18.68%	15.89%	汽车和零件	49	1 104.28	21.88%	5.01%
2	技术硬件与设备	250	1 278.26	15.52%	8.40%	制药和生物科技	44	933.19	18.49%	16.44%
3	汽车和零件	150	1 277.92	15.52%	4.72%	软件和计算机服务	33	812.91	16.10%	10.81%
4	软件和计算机服务	285	1 177.11	14.30%	10.84%	技术硬件与设备	32	797.55	15.80%	8.98%
5	电子和电气设备	227	641.58	7.79%	5.00%	电子和电气设备	28	379.16	7.51%	6.26%

进一步分析七国研发投资50强的数据,结果显示,汽车和零件、制药和生物科技、软件和计算机服务、技术硬件与设备、电子和电气设备仍旧是研发投入最为集中的五大产业,各领域的研发投资规模均在350亿欧元之上,五大领域研发投资规模合计占比近80%。与全球2500强企业产业分布的差异在于汽车和零件行业超越制药和生物科技,排名第一位,其占350家企业研发投资总额的21.88%;软件和计算机服务、技术硬件与设备、电子和电气设备分列第三至第五位,研发投资所占比重依次为16.10%、15.80%和7.51%。研发经费表现出高度集中特征,同时上述五个产业的研发投资强度在所有产业中也位居前列,是各国创新布局与争夺的焦点领域。

通过与6个创新型国家的对比可以看出,中国研发投资50强企业的产业分布有如下特征:

(1) 产业分布集中度相对较高,但高研发投入企业在制药和生物科技产业的覆盖率相对较低。表3-8的数据显示,中国研发投资50强企业共分布在14个行业内,其中技术硬件与设备(6家)、软件和计算机服务(5家)、建筑及材料(8家)、汽车和零件(8家)、电子和电气设备(5家)、工业工程(5家)六个行业的企业数量占比74%,研发投资金额占比达到82.63%,产业分布集中度相对较高,这一点与美国和日本颇为相似。日本研发投资50强企业涵盖13个行业,主要布局汽车和零件(11家)、电子和电气设备(9家)、制药和生物科技(7家)、技术硬件与设备(4家)以及化学制品(4家),五大领域企业数量占比达到70%。而以研发投资金额来衡量,汽车和零件、电子和电气设备、制药和生物科技、休闲用品是投入最多的行业,金额合计占比超过75%。美国的产业分布更是高度集中,研发投资50强企业涵盖11个行业,主要布局软件和计算机服务(11家)、制药和生物科技(12家)、技术硬件与设备(13家),三大领域企业数量与研发投资金额占比分别达到72%和82%。相较之下,德国、英国、法国和韩国的产业分布则较为分散,德国的50强企业覆盖17个产业,英国、法国和韩国的企业则分别在23、22和20个领域内布局,但这也从另一个角度说明上述四国产业覆盖面宽。

第三章 中国与主要创新型国家企业研发投资结构国际比较

表3-3 2019年中国与创新型国家研发投资50强产业分布

产　业	产业研发投资强度	中　国	美　国	德　国	英　国	法　国	日　本	韩　国
汽车和零件	5.01%	3.23% (8)	5.31% (3)	6.21% (12)	9.65% (3)	5.67% (4)	4.41% (11)	2.66% (8)
制药和生物科技	16.44%	6.04% (2)	17.02% (12)	14.69% (4)	16.73% (6)	16.71% (6)	18.26% (7)	10.74% (7)
软件和计算机服务	10.81%	9.97% (5)	13.28% (11)	14.62% (1)	13.68% (7)	8.02% (4)	2.49% (3)	8.26% (2)
技术硬件与设备	8.98%	9.36% (6)	9.07% (13)	12.88% (1)	11.74% (2)	7.89% (1)	7.19% (4)	7.36% (5)
电子和电气设备	6.26%	6.60% (5)		7.21% (2)	4.21% (2)	4.18% (5)	4.89% (9)	7.67% (5)
一般工业	3.28%	2.86% (1)	3.64% (2)	5.40% (5)	4.21% (1)	2.72% (1)	3.39% (3)	2.09% (4)
休闲用品	5.96%						6.11% (3)	5.51% (1)
建筑及材料	1.75%	1.92% (8)				0.78% (2)		0.92% (2)
航空航天与国防	3.58%		3.07% (3)	2.72% (6)	4.41% (4)	4.88% (4)		4.85% (2)
化学制品	3.09%		3.56% (1)	4.45% (4)	1.64% (1)	1.54% (2)	4.26% (4)	0.86% (2)
工业工程	3.98%	5.12% (5)	3.81% (2)		2.64% (1)	3.78% (1)	3.54% (2)	1.19% (2)
石油和天然气生产者	0.35%	0.42% (2)			0.23% (3)	0.54% (1)		0.43% (1)
银行	3.54%			4.73% (2)	3.17% (4)			
家庭用品与住宅建筑	3.08%	3.61% (2)	2.75% (1)	3.79% (1)	1.77% (1)	2.02% (1)		
固定线路电信服务	1.47%	10.02% (1)		0.45% (1)	2.28% (1)	1.69% (1)	1.78% (1)	1.22% (2)
医疗保健设备与服务	4.43%			3.97% (4)	6.71% (2)	1.76% (1)	10.65% (1)	
工业金属和矿业	1.33%	2.32% (3)		0.90% (2)			1.17% (1)	0.81% (1)

续表

产业	产业研发投资强度	中国	美国	德国	英国	法国	日本	韩国
一般零售商	3.00%	10.78% (1)	13.33% (1)		1.52% (1)	0.16% (1)		
食品生产商	2.01%			18.51% (1)	1.77% (1)	2.76% (2)		0.33% (1)
旅游与休闲	2.39%	31.07% (1)		0.72% (1)	5.45% (1)			0.25% (1)
个人消费品	1.48%			2.92% (1)	1.11% (1)	1.42% (2)		1.07% (1)
金融服务	8.92%		8.88% (1)		9.16% (1)			
媒体	2.26%				2.92% (3)	2.13% (3)		0.59% (1)
电力	0.99%					0.79% (1)		1.30% (1)
烟草	1.71%						2.95% (1)	
天然气、水和多用途设施	0.34%			0.33% (1)	0.92% (1)	0.36% (3)		0.23% (1)
工业运输	0.55%					0.55% (3)		
辅助服务	3.70%				3.70% (2)			
非人寿保险	1.89%				1.89% (1)			
新能源	2.95%					2.95% (1)		
共涉及行业	30	14	11	17	23	22	13	20
隶属高研发投入强度产业的企业数量	18	36	8	17	16	26	20
隶属中高研发投入强度产业的企业数量	17	13	36	24	18	21	20

注：1. 表内百分比为依据 2 500 强企业数据计算出的各国产业研发投资强度，括号内数字为该产业的企业数量。
2. 依据研发投资 2 500 强数据划分，高研发强度投资产业≥5%；中高研发强度投资产业：2%≤产业平均研发投资强度<5%；中低研发强度投资产业：1%≤产业平均研发投资强度<2%；低研发强度投资产业：产业平均研发投资强度<1%。

值得关注的是，制药和生物科技作为全球高研发投资企业重点布局的产业，全球 2 500 强的数据显示，2019 年该产业研发投资规模高达 1 538.20 亿欧元，占研发投入总额近 1/5，是研发投资占比最高的产业，也是企业数量（429 家）最多的产业。七国 50 强企业中共有 44 家制药和生物科技企业，其研发投资已达到 933.19 亿欧元，所占比例亦接近 20%。6 个创新型国家中，德国有 4 家企业，英国、法国各有 6 家企业，日本和韩国均有 7 家企业分布在该产业，美国甚至有 12 家制药和生物科技领域的企业进入 50 强，而中国研发投资 50 强中仅有 2 家该行业的企业入围。这是有统计数据以来首次有制药和生物科技产业的企业进入中国研发投资 50 强，打破了中国制药和生物科技领域高研发投入企业的缺位状态。但就研发投资金额而言，虽然超越了 7 家韩国企业的投资总额，但与其他五国对制药和生物科技产业的投入相比，仍有巨大的数量级差距，美国的研发投入甚至超过其他六国在该领域研发投入的总和。在将研究对象扩展至各国进入全球 2 500 强的企业发现，中国入围的制药和生物科技企业有 44 家，仅次于美国的 221 家。但中国 44 家企业的研发投入为 42.23 亿欧元，只高于入围 7 家企业的韩国 6.41 亿欧元，仅是入围 9 家企业的法国 76.22 亿欧元的 55%，与德国、英国和日本百亿欧元以上的投入仍有相当一段距离。从研发投资强度的视角来看，创新型国家的制药和生物科技产业研发投资强度均在 10% 以上，英国和法国的投资强度超过 15%，美国的投资强度甚至高达 20.78%，而中国该指标仅为 4.25%。中国 50 强中制药和生物科技企业的研发投资强度相比入榜企业略有提高，为 6.04%，但仍不及各创新型国家 50 强企业 10% 以上的研发投资强度。中国企业研发投入近年来保持强劲的增长势头，但高研发投入企业在制药和生物科技产业的覆盖率相对较低，在研发投资规模和研发强度上面对美国、日本等国家的企业还缺乏竞争力。制药和生物科技产业还是被美国、日本和欧盟国家所统治，中国该领域的全面落后状况仍未得到实质性改善，顶尖企业的缺位问题亟待解决。

（2）企业主要分布在高研发投资强度和中高研发投资强度行业。以 2 500 强企业数据计算的产业研发投资强度为依据进行划分，制药和生物科技、软件和计算机服务、技术硬件与设备、休闲用品、电子和电气设备等 5 个产业为高研发强度产业。中国研发投资 50 强中 18 家企业分布在技术硬件与设备、软件和计算机服务、电子和电气设备以及制药和生物科技等 4 个产业中。整体而言，七国 50 强企业所属行业主要是高研发投资强度和中高研发投资强度行业。德国、英国和韩国在高强度和中高强度产业中的企业比重均超过 80%，美国和日本更是达到惊人的 98% 和 94%。美国和日本均没有企业分布在低强度产业中，在中低强度产业中分别仅有 1 家和 3 家企业，尤其是美国分布在高研发强度的企业占比高达 72%，超越中国高强度和中高强度产业的企业数量之和。中国 70% 的企业处于高强度和中高强度产业中，分布情况与法国和韩国类似，在高强度和中高强度产业的企业数量相对均衡。尽管与美国和日本仍有一定差距，但较之 2012 年 50 强企业主要分布在中高强度和低强度产业的情况，已有长足进步，中国企业创新活跃程度显著提升。

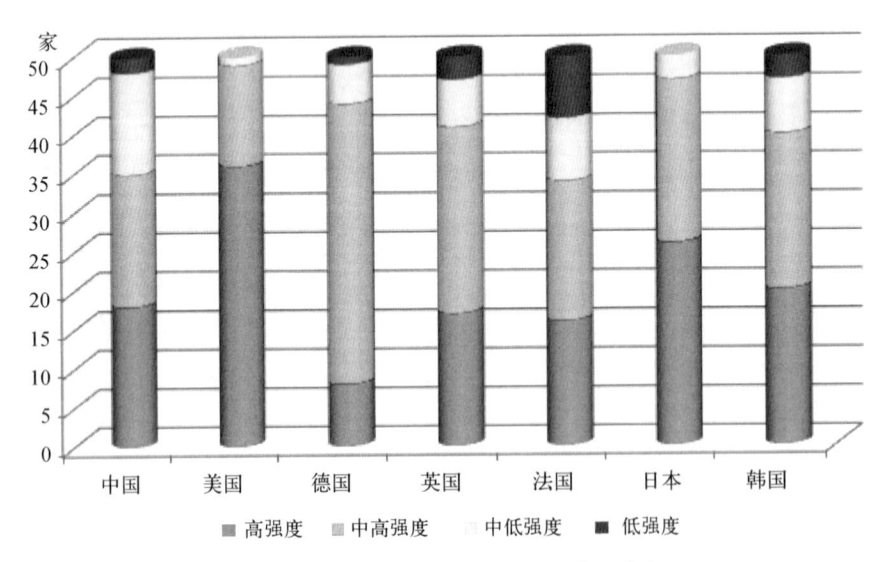

图 3-17　2019 年各国 50 强企业产业分布

（三）中国与创新型国家高研发投入企业特征

1. 大型跨国公司全面引领世界企业研发，发达国家仍是全球研发活动的主要源头与载体这一趋势短期内不会改变

仅美国一国进入全球研发投资 2 500 强的企业研发资金投入占比就高达 37.95%。世界研发投资排名前 10 的企业对研发活动的投入就占到 2 500 家企业总和的 15.39%，排名前 100 的企业研发投资占比即超过 2 500 强的 50%，大型跨国公司综合优势明显。以美国和日本为代表的创新型国家依靠持续高强度的研发投入，使企业在技术和人才储备、研发能力等方面拥有深厚积淀，从而在全球创新资源整合过程中能够掌握主动权，奠定其对国际高端价值链的控制地位。

2. 中国企业研发活跃度不断提升，对法、英、韩等国形成赶超趋势，已成为推动全球创新不可忽视的重要力量

近年来，中国企业对研发活动的投资以令人惊叹的高速增长，在研发投资规模、入围全球 2 500 强企业数量、进入全球前 1 000 企业数量、50 强全球排名均值等指标上，已经全面超越法国、英国和韩国，并对美、日、德加紧追赶之势，我国企业国际影响力显著提升。

3. 中国企业研发投资强度与创新型国家有一定差距

中国企业高额的研发投入与较低的投入强度形成了鲜明反差，进入全球研发投资 2 500 强的企业平均研发强度为 3.04%，与 2 500 强的均值 4.05% 仍有不小的差距，更遑论美国 6.64% 的研发强度。发达国家的企业研发投资总体上表现出较强的集中性，相较之下中国的研发投资则相对分散，对投资强度的提升也会产生一定影响。

4. 中国产业分布逐渐向高技术领域聚集，有待形成世界领军的行业领域，但高研发投入企业在制药和生物科技产业的覆盖率相对较低，顶级制药和生物科技企业长期缺位

中国大型企业的产业布局与全球产业分布高度相似，涵盖电子和电气设备、技术硬件与设备、软件和计算机服务等领域，逐步实现由传统资本和劳动密集型行业向高技术领域的产业转型与调整，产业科技含量显著提升。只是在全球2 500强研发投资金额最多与研发强度最高的制药和生物科技产业中，中国尚未出现具有代表性的企业。中国制药和生物科技入榜企业数量虽逐年增长，但该领域的研发投资规模与投资强度缺乏与创新型国家竞争的实力，尤其是中国顶级企业中该产业的缺位值得反思。

本章内容以科技创新关键要素 R&D 经费为切入点，从国家层面深入分析中国与主要创新型国家 R&D 经费总量的变化趋势、来源和执行结构以及配置结构，并重点关注全球大型企业与中国上市公司等微观主体的研发投资情况，研究发现：

(1) 中国 R&D 经费支出规模稳居世界第二位且长期保持良好的增长态势，但 R&D 经费投入强度偏低，与中国经济发展水平和当前工业化程度不相匹配。政府公共投资滞后致使其引导作用逐渐弱化，而政府资金重点支持的研究机构和高等学校科研布局更偏重创新链条后端，加之企业作为 R&D 经费最大的来源和执行部门，对基础研究参与程度严重不足，致使中国 R&D 经费配置结构呈现出"重试验发展、轻基础研究"的失衡状态。

(2) 中国大型企业研发活跃度与国际影响力显著提升，已成为推动全球创新不可忽视的重要力量。中国高研发投资的企业产业分布逐渐向高技术领域集聚，但在全球激烈布局与争夺的制药和生物科技产业覆盖率相对较低，顶级制药和生物科技企业长期缺位。总体而言，企业对研发活动的投资意愿增强，只是目前研发投资强度与创新型国家仍有一定程度的差距，尤其是多数高新技术领域企业并未表现出显著的行业集聚与辐射效应。

第四章 理论分析与研究假设

中国经济社会发展步入"新常态"阶段,面临经济结构变化与增长动能转换的考验,经济增长模式正由重化工时代的要素投入拉动型向科技创新驱动型过渡,研发创新日渐成为推动经济高质量发展的决定性因素(赵昌文等,2015;刘诗源等,2020)。为改善知识溢出造成的创新投资不足问题,以及降低融资约束对企业创新投入的影响,需要政府干预以补偿外溢差距,将创新私人收益率提升至社会最优水平,矫正"市场失灵",同时缓解研发投资的融资约束,将投资规模提升至社会最优水平,实现促进企业创新的政策目标。政府的扶持方式由早期向承载特定政策意图的行业或企业直接投资逐渐转向税收优惠、财政补贴等政府性支出,以期间接引导企业投融资与市场策略选择,最终实现企业创新效益与政府调控目标协同发展的双赢结果(柳光强,2016)。本章将从创新活动的外部性与不确定性两个角度论述政府干预企业创新的必要性,并深入分析税收激励政策影响企业研发投资的作用路径与内在机理。在此基础上,本章将聚焦税收优惠和税收征管与企业研发投资的交互规则与逻辑关系,构建包含政策设计和征管行为在内的基本概念模型,并提出相应的研究假设。

一、政府干预企业创新的理论基础

(一) 外部性

科技创新可提高经济的动态效率，被视为经济增长的根本动力（吴祖光等，2013）。创新活动提供的主要是科学技术知识产品（Romer，1990），以专利、论文、程序、工艺、概念模型等为主要表现形式。知识产品具有公共产品属性（Arrow，1962；Nelson，1959），一方面其消费具有非竞争性，使用知识产品的消费者增加并不会影响任何其他消费者从该产品中获得的效用，即增加的知识产品的消费者带来的边际成本为零；另一方面，知识产品的收益非排他性决定其生产者无法完全排除未对知识产品付款的消费者对知识产品的享用。知识产品一经创造，发明人便很难完全独占创新成果或控制其扩散，非所有者复制、传播与使用知识产品的成本与其生产成本相比可以忽略不计，该类产品的高度外溢性导致排他成本极高，因此即使是产品非所有者依旧能够分享其中的一部分收益。

1. 正外部性

创新成果的公共产品属性使创新活动具有典型的外部性特征，集中体现为"溢出效应"。知识溢出是指不同创新主体在直接或间接的互动交流过程中会发生无意识的知识传播（Caniels & Verspagen，2001）。研发信息与创新成果的非市场性扩散内嵌于创新活动全过程，所引致的溢出效应集中表现为对模仿者、上下游产业链以及消费者剩余的溢出。这种外部效应能够促使新知识在不同群体间的价值创造，带来其他创新主体的经济效率提升与社会效益增加（杜斌等，2017；孙永波、丁沂昕，2018），但知识的创造者并未获得相应的市场价值补偿或给予的补偿小于成果的价值。源企业的知识溢出效应有助于知识的接受者或需求者获取多样化的知识要素与专业性的技术资源，刺激相关企业通过外界的知识流动与转移加速实现知识向创造性成果产出的转化，对于内部知识禀赋较弱的企业来说尤为如此（Jaffe & Lerner，2001；Block et al.，2013；Malerba et al.，2013；孙永波、丁沂昕，2018）。而大学与科研机构作为知识溢出的重要来源，其产生的积极外部效应同样能够激发企业创新行为，优化知识创造与商业化之间的资源配置，实现企业价值提升（赵勇、白永秀，2009；Yasar & Paul，2012）。

高素质的知识员工流动在促进知识创造的同时能够加速其所拥有的专业知识与技能在不同群体与区域之间的持续扩散，进而带动产业内整体创新水平的提升。而产学研交流与研发合作、企业家创业以及贸易投资也是技术信息与创新成果知识溢出的重要传递渠道（赵勇、白永秀，2009）。正是知识产品的特殊性质，使得企业开展创新活动产生的知识溢出能够增加其他企业的研发资本存量，并为其带来收益。而且，非所有者对知识产品的享用不仅不会引起知识的损耗，反而有可能会进一步增加知识产出。研发成果的非自愿扩散能够有效促进其他企业与区域的技术水平和生产力水平的提升（代明等，2014）。

2. **负外部性**

溢出效应与创新活动相伴而生，此种被动性扩散既不可控制又无法避免，在带动经济效率提升和社会效益增加的同时，也产生负外部性问题。一方面，知识溢出效应越强，意味着企业从外部获取低成本且具有价值的创新信息与研发成果就越多（曹勇等，2016）。而能够轻易获取外部创新资源的企业往往对内部知识和自身研发实力的积累不甚重视（Lavie，2005）。这可能造成企业过度依赖于外部低成本资源带来的收益，对其创新意愿产生消极影响（Laursen & Salter，2006），诱发创新主体的"短视化"行为，阻滞技术进步。另一方面，知识接受者或需求者的低成本模仿问题会导致社会创新投入不足。知识溢出的存在使得包括竞争者在内的其他企业以较低的成本便可通过模仿行为获得知识共享与研发创新能力提升的"搭便车"利益（Klette & Moen，2012）。就企业竞争层面而言，模仿者可以将市场结构由垄断型变为竞争型从而压缩创新者的利润空间并分割其市场收益（杜斌等，2017），在一定程度上增加了企业的研发成本与投资风险（王俊，2011）。尽管知识产权保护制度能够从范围与期限两个维度较好地维护生产者权益，有效延迟创新的溢出速率，但专利申请费用、审批时间、资料公开、时效限制及覆盖范围等还是在一定程度上削弱了其保护力度。创新投资者难以完全占有自身创造的知识溢出和消费剩余（Grossman & Helpman，1991；Guellec & Pottelsberghe，2003），极大地抑制了企业增加创新投入的意愿，导致有效创新投资不足，创新活动存在"市场失灵"（Arrow，1962）。

此外，在高成本、复杂系统的生产过程中，一项完整的研发任务通常会因细密的分工而被切割为"碎片"，研发产品的最终完成需要产业链条上各生产环节及相应的研发投入具有密切的配合，从而能够成功串联起诸多研发环节并整合大量研发成果碎片（代明等，2014）。在研发碎片化趋势下，随着资金投入的增加与研发活动复杂性提升，研发任务未能得到有效执行或研发投资失败致使无法获得有效研发产品产出的概率在逐步递增。

（二）不确定性

不确定性是创新活动的基本特征与固有属性，正是不确定性的存在，使得创新机会的发生与创新结果的成败不可预知。企业内外部的多种因素构成不确定性的重要来源，集中体现在技术、组织、市场与政策的不确定性。

1. 技术不确定性

企业在创新过程中会面临技术研究发展方向、技术效果、技术寿命、技术成果转化、配套技术等诸多方面的不确定性（杜伟、魏勇，2001）。在基础研究阶段，研发人员无法预判技术突破的方向、速度以及这种变革对现有技术结构产生的影响。即使前期研究阶段取得成功，在创新产品从概念形成到原型试制再到规模化生产的实际转化过程中，也可能存在因技术成熟程度不足而难以直接用于生产、新技术与现有技术的不兼容等问题而引致的技术无法顺利转化并投入生产的不确定性。尤其是对于技术轨道发生转换或跳跃的不连续创新而言，企业尚难预测技术曲线的具体走向，加之不连续技术的新市场标准和体系结构背后蕴藏着巨大的商业利益争夺，导致新兴技术的高度不确定性（任静，2012）。若企业采用技术引入方式，自身科研实力不足、技术基础无法匹配创新要求、信息不对称等原因同样会导致企业在搜索、识别、开发技术的过程中存在一定程度的不确定性（张耀辉，2000）。

2. 组织不确定性

身处日渐复杂且多元化趋向的环境之中，组织必须维持一定的创新速度以适应环境的快速变迁并维持竞争优势（吴爱华、苏敬勤，2012）。然而在创新活动开展伊始，组织对创新的前景及其能否创造价值并没有清晰的认知，调动全组织范围内的各项资源支持创新活动无疑面临巨大风险。创新活动的有序推进需要组织内部研发、生产、营销等跨越部门的高效协作，不同来源与不同层面的不确定性也由此相伴而生（董静等，2010）。同时，组织深层结构的内在特性、组织文化和价值观、组织流程等均是围绕原有的产品和服务而建立，能否适应创新需求仍存在疑问。因此，企业现有的组织结构或组织能力是否能够接纳和承载创造性项目便成为重要的不确定性因素。

3. 市场不确定性

创新的最终成果是要实现商业化，但创新产品能否通过市场需求的检验仍存在较大不确定性。新产品初入市场需要接受消费者对其认同的考验，然而企业并无法依据经验曲线充分预见产品是否在预期的时间和费用内为市场所接受。消费者偏好、市场接受能力、市场接受时间、新产品扩散速度等因素均会影响创新产品进入市场的结果（杜伟、魏勇，2001）。此外，擅于进行技术模仿的竞争对手能够在短时间内以低成本迅速形成市场势力，企业在市场容量被侵蚀的情况下无法确保有足够的利润空间能够收回初始创新投资，从而动摇企业开展创新活动的意愿。

4. 政策不确定性

任何创新活动都是在一定的政策环境中进行的。由于政府经常会做出改变微观经济主体外部运营环境的决策,企业往往面临着与政府政策变化的时间和内容相关的大量不确定性,以及这些政策对企业行为的潜在影响(Gulen & Ion, 2016)。政策不确定性能够改变"等待的价值",致使企业为等待更多信息披露而暂缓研发投入决策(郝威亚等,2016);同时,政策不确定性会削弱金融市场信贷资源配置功能,抑制企业创新活动(陈德球等,2016)。但也有研究认为,政策不确定性能够显著提升企业风险承担,敦促企业通过增加研发投资谋求自我发展(孟庆斌、师倩,2017;Atanassov et al., 2015),其"机遇预期效应"在企业中发挥主导作用(刘志远等,2017)。可见,无论是推动或是抑制创新,政策不确定性的预期会对企业创新的方向、速度及最终成果产生深刻影响。

二、税收优惠激励企业创新的路径选择

(一) 税收激励提高创新活动预期收益

企业创新活动决策需要充分考虑其回报率,较高的税收负担会降低企业经营利润率与研发项目的投资回报率(余永泽等,2017),加之创新活动的外部性使得企业的创新成果在没有市场交易的情况下部分或全部被他人无偿使用,造成私人边际收益率与社会边际收益率间存在巨大的外溢差距(Mansfield, 1986),企业管理者的理性决策是停止创新活动或削减研发支出,采取保守的经营策略。政府通过税负在企业经营结算过程中发挥调节功能,税收净利润留成直接影响企业创新的预期收益率与资本再投资循环(张晖明等,2017)。税收激励政策包含对企业创新成果预期收益的部分利益让渡,通过直接与间接方式减少企业各项应缴纳税费的金额,可以提升企业科技创新项目的税后利润率(Klassen et al., 2004),从而弥补创新"溢出效应"导致的私人收益与社会收益的差额,促使企业增加创新投入。

税收负担较重以及税收征管弹性执法空间的存在，会促使理性的企业管理者在时间精力有限的预算约束下，耗费更多的资源与精力回报率更高的避税活动中。而税收优惠则能显著降低避税活动的边际收益，使管理者的关注焦点从寻租性行为转向生产性的研发创新活动（林志帆、刘诗源，2017；范子英、田彬彬，2013）。此外，税收激励政策可间接影响外部投资者的创业投资行为，通过改变对外部投资的预期收益率，以此刺激其对创新活动的资金投入。

（二）税收激励降低创新活动投资风险

高风险性是制约创新投入的重要影响因素，尤其是创新活动的不确定性进一步放大了研发投资风险（Eberhart et al.，2008）。一方面，企业难以准确预测技术发展趋势、发展速度和最终成果，研究过程中"走弯路"现象和研发失败在所难免，致使研发投资无法实现预期效果，研发活动的时滞性也使得企业要面对不确定的市场需求与政策变化，因此极高的风险与不确定性会构成企业创新活动的阻碍，企业在创新投资上的风险厌恶会经常发生并在一定时间内持续（Tassey，1997）。税收优惠政策相当于政府给予企业的无息贷款，能够直接分担技术创新风险、降低企业风险损失，并且税收优惠能够降低企业未来自由现金流的不确定性，减轻企业对创新风险的顾虑（李维安等，2016），从而有效引导与激励企业加大创新投资力度。

另一方面，企业内源性融资无法满足创新投资需求时，需要借助外部投资者的资金支持。研发投资的资本密集度高且回报周期较长，商业银行类投资者与企业间却具有只"共苦"不"同甘"的风险——收益错配（林志帆、龙晓旋，2015），风险资本类投资机构也会因"有期限"的参与而倾向于选择短期性、低风险的投资项目（代明等，2014）。与此同时，企业内外部间本就具有天然的信息不对称，企业为了维持竞争优势不愿对外界透露研发技术相关信息，会进一步加剧投资者与企业间的信息不对称问题。外部投资者为规避资金风险而缺乏为创新项目提供支持的激励。税收激励政策通过减少企业现金流出的方式扩张企业内源性融资空间，增强其内部筹集研发资金的能力，降低企业对外部融资的依赖。税收激励政策具有一定的信号发送作用，可缓解银行等金融机构或风险投资者与企业间的信息不对称，降低外部投资者对创新的风险感知，有助于提高金融市场对企业创新活动的支持力度，协助企业突破研发资金瓶颈（刘放等，2016）。

(三) 税收激励降低研发成本

较高的税收负担会增加创新活动的资本使用成本，不利于企业扩大投资规模。尤其是对于从引进购买式技术赶超路径转向自主技术创新的企业，其创新资本投入起点被技术赶超路径的"双重成本"锁定，因而需要利用税收调节手段帮助企业积累可覆盖创新"双重成本"的资金实力，缓解成本压力（张晖明等，2017）。税收激励政策对研发投入具有"成本效应"，可以通过降低成本促进企业增加研发投资（Bloom et al., 2002）。一方面，税收政策针对创新活动所需的各项生产要素提供优惠，减低税率、研发费用加计扣除等措施能有效缓解原材料、资本与人才等创新要素带来的成本压力（林洲钰等，2013），并利用相对价格下降产生的替代效应和鼓励要素流入产生的技术进步提升产业增加值率（张同斌、高铁梅，2012），激发企业开展创新的积极性，凸显政策的导向性作用。另一方面，研发项目较多的企业研发边际成本会随研发投入的增加而增加，直至边际成本达到企业不能承受的临界点时，企业会停止研发投入（David et al., 2000）。而税收优惠能够降低研发活动的边际成本，只要研发投入的真实成本不增加便不会产生挤出效应（Hall & Reenen, 2000）。

综上所述，税收优惠政策可通过提高创新活动的预期收益、降低创新活动的投资风险以及降低研发活动成本三个路径，对企业创新行为产生影响，具体如图4-1所示：

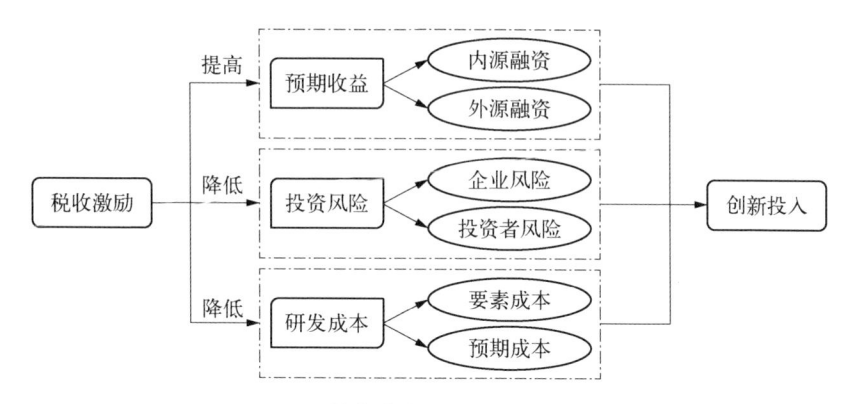

图 4-1 税收优惠激励企业创新的路径选择

三、税收优惠激励企业创新的作用机制

(一) 激励驱动机制

1. 资金供给

研发项目的独特性与项目信息不对称使得企业创新活动筹资面临的金融摩擦与融资约束问题更为突出。而相较普通的投资活动，企业为创新所投入的劳动力雇用与培训成本、设备购置费用以及防止创新成果外泄发生的保护支出，构成了创新投资高昂的调整成本（李万福、杜静，2016）。不完美的金融市场以及调整成本的存在决定了企业创新活动更依赖于持续性的内部融资（Petersen & Brown，2010）。企业支付税收费用造成税后现金流减少，会直接降低投资研发活动的可用资金。而税收负担在时间与金额上的刚性约束致使其对企业内部融资的制约较一般债务更大。税收优惠可以通过政策的信号作用对企业研发投资决策产生直接影响，也可以通过对企业资金供给的影响间接促成研发决策（邵诚、王胜光，2010）。现金流是税收政策影响企业创新活动的潜在重要渠道，融资约束会对研发投资产生显著的负面影响（Ogawa，2007；Kasahara et al.，2014）。

不同的税收政策通过改变税负进而影响企业融资行为。多元化的税收激励政策可为企业内源性融资保留充足的自由现金流与留存收益，为企业创新活动资金提供保障的同时，还可作为研发失败的"风险准备金"（Manso，2011），使企业在遭遇失败后仍得以维系生存并开展后续研发。

2. 人力资本

人力资本是企业形成和保持持久竞争优势的重要战略资源。企业引进优秀人才，并强化对员工的教育与在岗培训，可使组织成员有价值的知识与经验不断积累和更新，进而在与物质资本优化配合、良性互动的过程中持续增强创新能力，创造出数倍于自身价值的经济效益。对员工教育与培训费用的税前扣除以及知识产权转让收入、股权激励等所得税优惠，对于提升人才素质与能力、激发其创新主动性具有积极意义。同时，税负高低会直接影响企业对人力资本投入的意愿与能力。以人力资本形式进行的创新投入不易被调整，更倾向于保持长期稳定的状态。肖鹏、黎一璇（2011）的研究表明，所得税税率差异带来的税收减免对企业人力资本投入强度有显著的正向激励作用。

3. 物质资源

政府出台并不断完善固定资产加速折旧政策方案，旨在通过税收优惠促使企业加大对设备的投资与更新改造，提升参与创新活动的积极性。允许计征企业所得税时对新购置固定资产采用更低的折旧年限、对原有固定资产缩短折旧年限，并允许采用加速折旧方法进行处理，能够更加真实地反映技术更新导致的固定资产损耗。折旧的税盾效应会带来企业当期应纳税所得额的减少，从而降低所得税费用支出，增加内部资金。同时，加速折旧的税收递延效果会进一步减少公司的现金流出，有效缓解企业的内源融资约束。财务状况的改善有利于企业把握投资机会，做出扩大固定资产投资规模、加速固定资产改造升级的投资决策。加速折旧政策对企业的投资行为具有明显的促进效应（陈煜、方军雄，2018）。

（二）催化加速机制

1. 科技企业孵化器

科技企业孵化器是国家科技创新体系的重要组成部分，孵化器筛选具有发展前景的创业企业入孵，凝聚政策、场地设施、资金、管理、服务等要素资源，并通过整合服务能力、链接与运营资源网络能力，降低科技型企业的创新成本与经营风险，提高其成活率和创新能力（冯金余，2017；Hackett & Dilts, 2004）。相比其他创新企业，孵化器中的在孵企业拥有更多的资金获取渠道，尤其是伴随孵化器盈利模式逐步转向分享孵化企业股权收入，这类股权投资为企业获取市场先发优势提供重要的资金支撑（吴瑶等，2017）。同时，孵化器基于自身拥有的战略资源和链接资源的潜力，可以为企业提供孵化场地等基础设施之外的社会网络服务、业务支持与创业辅导等高附加值的增值服务，涉及业务规划、管理咨询、法律顾问、技术转让与投融资服务等方面（Bergek & Norrman, 2008），提高创业企业的成功概率。孵化器作为间接性政策工具，对孵化服务环节给予税收优惠，可以弥补税收支出造成的现金流出，降低孵化器的运行和服务成本，有助于其增强孵化服务供给与提升孵化服务质量，对孵化器强化创新孵化服务能力具有激励与引导作用（程郁、崔静静，2016；孙启新等，2020）。

2. 风险投资

风险投资作为金融体系的一种延展，具有"金融资本"和"知识资本"的双重特征（Pahnke et al., 2014）。一方面，风险投资通过向筛选出的拥有高成长性与巨大创新潜力的企业提供股权融资，能够缓解创新型企业面临的融资约束困境，对于初创企业而言甚至是融资的唯一有效途径。另一方面，风险投资在其领域积累的行业经验与行业资源使其在管理咨询、资源连结以及监督治理等方面拥有比较优势（温军、冯根福，2018），通过参与企业管理能够帮助企业实现非资本价值增值，有效减低研发活动的不确定性。此外，风险投资持股向市场传递出有关企业质量的积极信号，引导外部投资者将更多资金投入创新活动

(陈思等,2017)。只是,风险投资在与研发创新融合的过程中会遭遇资金短缺的制约,不同风险投资主体承担的股权转让收益、股息红利、管理与咨询服务收入等的实际税负将直接影响其投资决策。因而,对其提供税收优惠可有效激励社会资本的风险投资行为(薛薇等,2016)。

3. 产学研协同创新

当技术的复杂程度较低时,企业可以依靠自身的资源积累与内部研发推进技术创新。但是当技术开发呈现出的时空范围、投资规模与复杂性都超越了传统模式时,受到创新资源与技术能力的多重束缚,企业进行产学研协同创新成为必然选择(李盛竹、付小红,2014)。产学研合作将高校与科研机构纳入创新体系,在一定程度上分担了企业内部创新活动的风险,同时在各领域存在优势差的合作主体具有互补的知识结构,协同创新能够促使知识、技术与信息资源在合作各方间交流共享,实现知识创新与价值创造,进而提升企业内部研发效率。作为产学研协同创新重要的激励性工具,税收优惠通过给予产学研发展阶段中的关键技术或重要领域的企业、机构与个人赋税上的减免,能直接影响各创新主体的经济利益与合作意愿,推动协同各方更加自愿地分享创新优势资源(武学超,徐雅婷,2018)。

(三) 信号传递机制

创新活动的外部性与不确定性要求投资者承担较大的风险溢价,而企业与投资者之间的信息不对称更会加剧筹资过程中的外源融资约束。创新活动中涉及的技术通常较为新颖,多数外部投资者受限于专业知识领域,难以评价创新项目的未来潜在收益。企业为了防止技术外溢也缺乏向投资者透露项目详尽细节的意愿,双方信息掌握程度的差异造成逆向选择问题。同时,由于研发成果以及形成的无形资产难以准确衡量,外部投资者对企业的有效监管程度有限,会导致道德风险问题。信息不对称引发的道德风险与逆向选择会阻碍创新活动从企业外部获得融资(Arrow,1962),进而形成融资约束,显著提高企业的投资—现金流敏感度。

在严重的信息不对称背景下，税收优惠恰好能够起到信号传递媒介的作用，尤其是包含对受助企业质量认定内容的政策，可以向市场传递出积极的研发投资信号（Kleer，2010），缓解信息不对称和由此导致的融资约束。我国资质认定类税收优惠集中体现在高新技术企业认定政策。企业须满足《高新技术企业认定管理办法》中有关产品或服务领域、自主知识产权、研发经费投入等严格规定，并通过认证管理机构抽取的行业技术专家对其开展的技术评审，方有资格获得高新技术企业认定。政府还会通过定期检查、复审以及重新认定等方式引导和规范企业持续从事创新活动。可见，高新技术企业资质认定包含了很多对市场具有重要价值的信息（Takalo & Tanayama，2010）。政府机构通过对企业研发能力的审查认证和对创新项目的执行以及企业持续创新情况的动态监管向外释放信号，引导外部资金流入企业研发项目（Kleer，2010；Takalo & Tanayama，2010）。一方面，获得该认定的企业3年内能够享受15%的企业所得税优惠税率，使得企业的实际税收负担大为降低，并且该资质还是企业享受其他政策性资金扶持的基本门槛，能够确保企业拥有较为稳定的资金来源，从而向市场投资者传递出正向的财务安全信号（李健等，2016）；另一方面，高新技术资质认定是政府对企业技术水平释放出的权威认可信号，相当于政府无形中为企业的创新能力以及能够获取丰富创新资源的能力提供信誉担保，有助于吸引多元化的外部资金支持。同时，这种高质量的外部有效认证传递出企业与政府维持良好关系的资源信号（雷根强、郭玥，2018；许玲玲，2017），有利于降低企业与其他企业、高校和科研机构、风险投资、行业协会等合作过程中的不确定性（Lee et al.，2001），促进外部技术合作与外部信贷融资。除了高新技术企业资质认定外，生物药品制造业等六个行业、轻工等四个领域重点行业的固定资产加速折旧政策，以及软件和集成电路产业所得税与增值税减免等具有选择性优惠特征的政策同样可向外部投资者发送积极信号，提高金融市场对企业研发创新活动的支持力度（曹越、陈文瑞，2017）。

(四) 资源配置机制

资源基础理论将企业视为资源的集合，创造和维持资源的差异是企业竞争优势的主要来源（李婧等，2010），而创新活动便是组织获取和转化资源以及塑造资源差异的有效途径。企业资源配置会受到税收负担与税收成本大小的影响，税收优惠政策具有资源配置导向功能，是解决市场失灵引致的资源配置次优问题的重要调控工具（胡华夏等，2017）。税收优惠政策向企业传递有效的价格机制，通过调节经济利益流向调配内部创新要素的使用方向（林洲钰等，2013）。对企业研发创新实施优惠而节约的税收支出充盈了企业可用于投资的内部资金，而增加对创新的投资又可进一步获取税收优惠，如此便形成创新投资与税收激励的良性循环。对创业投资企业与天使投资个人的所得税优惠，将社会风险资本引入企业创新领域，拓宽了企业融资渠道。针对企业给予高层次技术人才的股权激励和技术入股的个人所得税优惠，有利于吸引和留住优秀人才与团队持续从事创新活动。税收优惠的偏向性使得不同性质的企业具有不同的资源禀赋，进而导致资源配置效应的差异。税收优惠的存在使得企业的投资行为更倾向于存在优惠的领域。可见，税收激励引导企业在追逐自身利益的同时能够按照政府的调控预期开展经营，将更多的资源配置于创新活动。

综合前述分析并结合图 4-2 所示，税收优惠政策能够降低企业的资金、人力资本以及物质资源等创新要素的成本，提高各类要素贡献率，对科技企业孵化器、风险投资和产学研合作等具有针对性的优惠，则对贯通创新链条、优化创新生态环境具有积极意义，加之税收政策本身所具有的引导社会资源流向的资源配置功能，以及税收激励能够向外界传递出的企业资源与财务安全信号，税收优惠政策通过激励驱动机制、催化加速机制、资源配置机制和信号传递机制，协同作用于企业科技创新活动。

值得关注的是，尽管税收优惠促进创新活动具有充足的理论支撑，但部分既有研究对税收优惠政策实践的论证表明政策施行会对企业创新活动产生挤出效应，国内外学者对于税收优惠政策有效性的争论仍在持续。鉴于此，下文便

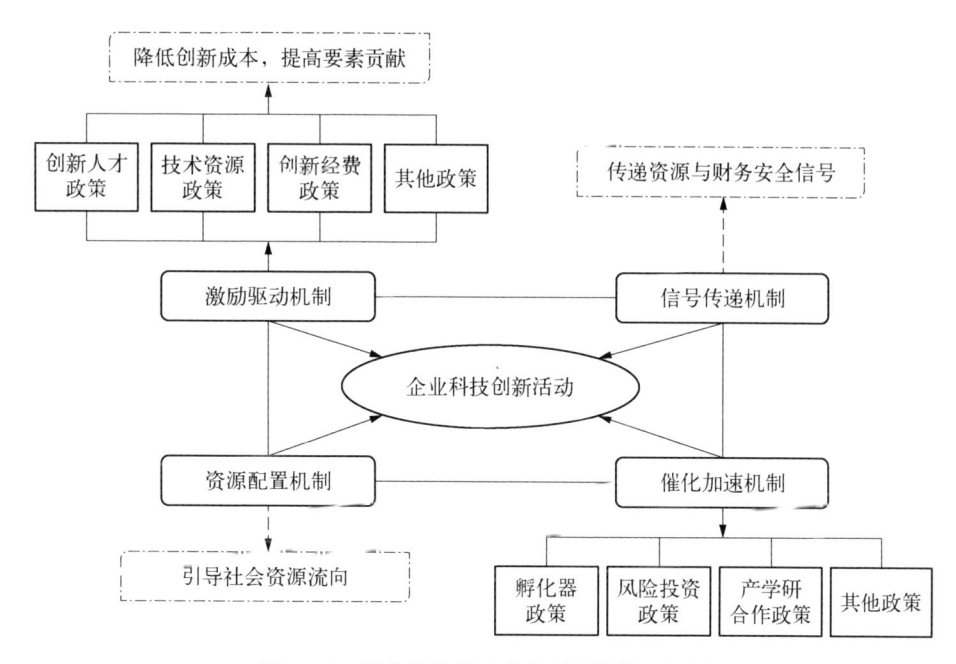

图 4-2　税收优惠激励企业创新的作用机制

从竞争性视角提出税收优惠与企业创新的研究假设，并将税收征管与政策不确定性要素纳入研究框架中，探析外部因素对税收政策实施效果可能产生的影响。

四、研究假设

（一）税收优惠与企业创新

企业是税收负担的最终承担者，税负水平高低会对企业行为产生影响。与常规生产经营和固定资产投资不同，创新活动具有显著的外部性与不确定性，投资风险高、项目周期长并且回报不可预知（Holmstrom，1989）。企业创新投资决策通常要充分考虑其投资收益率，而税收负担对企业研发创新的广延与集约边际决策均有负面影响，尤其是以增值税为代表的间接税相对于以企业所得税为代表的直接税的"非中性"特征更为明显,其扭曲企业面对的价格信号和边际决策会引致效率损失,对企业创新能力与创新成果的负效应更甚(林志帆、刘诗源,2017;李林木、汪冲,2017)。较高的税负可能减少企业内部现金流、压缩内源性融资空间,直接加重企业创新活动成本,降低私人部门经营利润率与研发投资的预期回报水平,在一定程度上会制约企业的创新努力,累进性的税收更是会抑制风险较高的创新项目,导致企业的研发投入往往低于社会福利的理想水平(Arrow,1962;Howell,2016)。除了通过上述"显性效应"直接影响企业创新水平,税收负担还会通过寻租、政府效能等"隐性效应"间接影响创新行为。税负高在一定程度上会增强企业利用寻租手段减免税收的动机,企业更倾向于通过建立良好的政府关系获取更多的资源、保护或特权,以减低高税负造成的高成本,而非通过提升创新能力获取利润(Faccio,2006;党力等,2015)。寻租行为会增加公共服务部门的腐败滋生,导致市场的创新精神与企业创新意愿受到明显的压制,同时与过高税负相伴而生的权利滥用会造成"行政壁垒"或"审批障碍",抵消政府效能水平,严重影响企业的创新热情(余永泽等,2017)。

税收优惠政策是政府对微观市场主体一部分经济利益的直接让渡,其作为一种市场化的支持创新的有效工具,能够积极发挥政府对研发创新活动的反哺作用,并影响企业创新行为的边际值(蒋丽丽、周丹,2015)。第一,税收优惠政策对创新投入具有"成本效应",激励企业加强研发资源配置。创新活动投资周期长、收益高度不确定的特征决定了企业需要具备较强的资金实力,加之目前知识产权保护制度不健全,企业的创新成果较易被模仿替代,会进一步降低其对研发投资的预期收益,从而导致企业缺乏自主研发的意愿与动力(史宇鹏、顾全林,2013)。针对创新活动的间接税收优惠可以降低企业研发的边际成本,给予企业主体的直接税收优惠则可以使投资高复杂性与高风险的研发行为获取一定的风险补偿(马文聪等,2017)。企业内部资源配置会受到税负水平的影响,税收优惠直接弥补企业部分研发资金支出,通过降低创新过程的投资成本与投资风险、提升创新收益水平，尽可能平滑创新活动外部性的影响以平衡成本与收益，激励企业增加研发资金投入。第二，税收优惠政策能够有效缓解企业内源融资约束压力，提高创新主体积极性。创新活动蕴含的不确定性与风险增加了企业获得外部市场资金的难度。信息不对称问题和缺乏担保品更是加剧了企业研发活动面临的金融摩擦与融资约束（Petersen & Brown，2010）。为降低创新的资本成本及其高昂的调整成本，并考虑创新成果或专有技术的信息保护，企业通常会选择具有一定持续性的内源融资作为创新活动的主要资金来源。享受税收优惠政策能够减少企业纳税额，增加公司留存收益与经营现金流，从而间接增强创新主体资金供给，有效缓解融资约束程度高的企业的资金短缺压力，提升企业研发活动投入水平与创新效率。第三，税收优惠政策具有"风向标"作用，可向企业内部和外部传递出积极信号。一方面，税收优惠是政府支持科技创新的意志体现，向企业释放引导与鼓励其创新的积极信号，提升决策者对未来现金流增加的预期，在一定程度上激励企业综合创新行为（王明海、李晓静，2017）。另一方面，税收优惠可被视为政府认可的隐形"标签"，有利于企业吸引潜在客户、提升创新产品市场效应，从而促使企业将更多资源投入创新活动中（Kleer，2010）。第四，税收优惠具有覆盖面广、公平性强的特点，留给企业较大的自主决策空间，可以降低政府干预扭曲程度（刘明慧、王静茹，2020）。税收优惠政策能够减轻行政负担，降低政府"挑选输家"或被企业"制度套利"的风险，同时享受优惠可能会降低企业寻租的动机和用于避税的成本，而将资源用于研发创新（Dechezlepretre et al.，2016；Cai et al.，2018）。

已有研究采用不同国别、不同时段的多样化企业样本数据均验证了税收优惠对研发投入的激励效应。Lach（2002）考察以色列企业 1990—1995 年间的数据，发现税收优惠的价格弹性为 -0.141，能够有效促使企业增加研发投资。Mukherjee 等（2017）研究州一级 1990—2006 年公司所得税率的交错变化对美国上市企业创新行为的影响，证实较高的税负确实会减少对创新者的激励。Dechezlepretre 等（2016）采用回归间断法对英国中小企业数据的实证结果显示，税收抵免增加1倍会引致研发投资提高70%。徐伟民（2009）以上海市125家高新技术企业为研究对象，采用动态面板数据分析模型验证了所得税减免优惠对企业提高研发投入强度决策的激励效应，并且政策稳定性有助于增强政策实施效果。程瑶、闫慧慧（2018）将未享受税收优惠的企业作为享受税收优惠企业的"反事实"结果，研究结果证实税收优惠政策对企业研发投入量及企业研发投入强度具有激励作用，享受税收优惠可以使企业上年度营业收入中用于研发投入的比例最多增加3.5%，最少也可增加2.6%。胡凯、吴清（2018）以中国制造业上市公司2009—2013年数据为基础，采用倾向评分匹配法的估计结果验证了税收激励政策对企业的研发支出具有显著的挤入效应，该效应占企业研发支出的比重达到11.39%，并且良好的制度环境会进一步强化税收激励的挤入效应。

基于前述分析，本书提出如下假设：

假设H1a：企业享受税收优惠能够促进其研发投资。

税收优惠政策可能引致的逆向选择、道德风险与激励错位等问题，对政策效应会带来负面影响，尤其是在税收激励强度较大的情况下更有可能发生（Bloom et al.，2002；柳光强，2016）。首先，经济活动的复杂性与获取信息的高昂成本决定了政府在设计具体税收优惠政策时无法完整掌握市场主体的信息链条，而不同产业间的巨大差异更是加剧了有效信息的"稀缺"与决策难度，致使政府往往只能针对特定行业或围绕某一政策目标采取简单化的"一刀切"式的激励政策，在一定程度上限制了企业对政策的选择余地。同时，信息不对称的客观条件会增强市场主体"逆向选择"的可能性。企业得益于信息获取优势，可依据自身需求与偏好调整策略以迎合政策标准，或通过刻意隐瞒、粉饰经营绩效、虚假申报等行为寻求税收套利和逃税以降低实际税率。吴祖光等（2013）、杨国超等（2017）的研究证实，税收优惠政策在一定程度上会刺激企业进行研发操纵，通过增加其报告的研发投入以利用加计扣除政策或高新技术企业减税政策降低自身税负，尽管企业报告了较高的研发投入水平，但可能并未有效提高其创新能力和研发绩效。企业释放的虚假创新类型信号最终造成税收优惠政策效果的偏离与扭曲。其次，在信息不对称的市场格局中，由于政府税收优惠的政策意图并非必然与市场主体利益最大化的目标相一致（林洲钰等，2013），企业有动机将享受的政策资源与节省下的资金投向研发创新活动之外的其他用途而非用于政策激励目标的实现，从而产生"道德风险"问题。隐蔽性强和预算约束不硬导致税收优惠管理实践较易滋生寻租机会，增大市场扭曲（高培勇、毛捷，2013），中国部分税收优惠措施对市场主体设置"门槛型"认定标准更是增强了企业面临的制度性环境（李维安等，2016），企业的机会主义行为和"政企合谋"可能性的存在会进一步阻碍政策目标的实现。再次，中国税收优惠缺乏激励约束机制作为缓解信息不对称的替代性策略，使得企业享受的权益与承担的责任不相匹配（柳光强，2016），激励错位会加剧市场主体的逆向选择与道德风险。最后，从长期视角来看，税负的降低未必对创新水平起到促进作用（Herbig et al.，1994）。税收优惠将一部分经济利益让渡使得政府财政收入缩减，进而可能减少政府对教育、基础设施、研究等社会公共产品与服务的支出（Cai et al.，2018），不利于营造良好的创新环境。以上因素导致税收优惠在部分产业或企业的实施效果并不理想，甚至会产生与政策初衷相违背的抑制效应（Wallsten，2000；柳光强，2016）。

鉴于前述分析，本书提出如下假设：

假设H1b：企业享受税收优惠会抑制其研发投资。

（二）税收征管与研发投入

税收优惠对企业创新的边际影响具有不确定性，政策实施效果依赖于企业享受激励的多寡，但激励强度的简单增加并不必然实现企业创新能力的提升（林洲钰等，2013）。有关政策效果的争论是否意味着税收优惠与企业研发创新水平之间可能存在其他复杂的影响因素？既有文献以优惠税率等作为衡量指标从政策设计视角提供了有关税收激励与研发投资关系的丰富研究，但政策执行过程中税务部门的税收征管行为也是影响税收政策激励效果的关键因素。

创新成果典型的外部性特征致使创新主体难以完全占有自身创造的知识溢出与消费剩余，极大地抑制了源企业增加创新投资的意愿。而投资者与企业间信息不对称引发的道德风险与逆向选择会阻碍创新活动从企业外部获得融资（Arrow，1962），加之研发项目固有的高技术复杂度、高资本密集度以及较长回报周期等不确定性风险进一步加剧了创新活动筹资面临的金融摩擦与融资约束。因此，不完美的金融市场以及创新投资高昂的调整成本决定了企业研发创新更依赖于持续性的内源融资（Petersen & Brown，2010；李万福、杜静，2016）。然而，税收征管"征税效应"与"寻租效应"的存在会在一定程度上压缩企业内源性融资空间。

现金流是税收政策影响企业创新活动的潜在渠道，融资约束会对研发投资产生显著的负面影响（Ogawa，2007；Kasahara et al.，2014）。企业支付税收费用造成税后现金流减少，会直接降低投资研发活动的可用资金。而税收负担在时间与金额上的刚性约束致使其对企业内部融资的制约与一般债务相比更大。税收征管行为的征税效应对企业融资约束的影响主要表现在以下三个方面：(1) 税收的强制性致使增加税收征管强度会直接提高企业实际税负。税收具有法律所赋予的无偿性与固定性，是政府对企业经营收益的"强制性"分享。我国现行税制在初始设计时就预留了巨大的"征管空间"（高培勇，2006），并且部分税种税收规避空间的存在使得其缴税金额依赖于征管力度。同时税务机关在税收征管环节掌握着自由裁量权，执行过程的选择性和弹性使其在一定程度上成为"谈判式"征管，征管尺度与深度较易受到人为因素干扰（赵纯祥等，2019）。征税能力的提升与税收努力程度的增加不可避免会造成企业实际税负的增长。有研究表明，接受税务检查的企业其经营遭遇融资障碍的可能性上升14%（于文超等，2015）。可见，税收征管强度的提升会使企业承受较高的税收负担，从而挤占企业留存收益与现金流，削弱企业内源融资能力。(2) 税收征管抑制企业的避税活动。我国较低的金融发展程度难以充分满足企业的融资需求，有限的融资渠道与较高的融资成本使企业为获取更多资金以确保自身的市场竞争优势时，会将税收规避作为其他融资方式的有效替代，以期通过避税行为充盈企业内部可用于投资的资金、缓解融资约束（刘行、叶康涛，2014；陈德球等，2016）。税收规避动机随着融资约束程度的提高而愈加强烈（Edwards et al.，2013）。然而，税收征管力度加强会显著提升税收规避成本，抑制企业的税收激进程度，并且碍于纳税违法违规进入"黑名单"而受到更严厉监管的威慑（孙雪娇等，2019），企业试图利用复杂的避税技术减少现金流出的可能性也会降低，势必增加对外源性融资的依赖（江轩宇，2013；Lim，2011）。(3) 税收征管弹性带来的行政负担会增强企业感知的实际税负。税务机关的征管行为对企业研发投资的影响不仅限于资金的转移，征收过程的规范性不足也会提高企业的纳税遵从成本。面临较大征税压力的地区为完成既定税收任务，倾向于在征管过程中采取"过头税"或"预缴税"等正式和非正式手段，甚至将查税、罚没收入等作为遏制财税收入下滑的突破点与增长点（于文超等，2018），致使企业陷入融资瓶颈。而税务部门的罚款、摊派和腐败成本等一系列隐性费用，以及控制抵扣进度、纳税稽查、约谈和实地核查导致的高昂时间成本与交易成本，都会增强企业感知的实际税负。非正规的活动支出造成的行政负担加剧了企业的内源融资约束（Moynihan et al.，2014）。此外，尽管较强的税收征管力度能有效约束企业滥用税收激励政策（Hoopes et al.，2012），但过于严格的征管也会给企业享受研发投入加计扣除等优惠造成困难，对旨在促进企业增加研发投资的政策效果产生负面影响（李艳艳，2018）。

值得关注的是，税收征管弹性执法空间的存在可能引致较重的税收负担，会促使理性的企业管理者在时间精力有限的预算约束下，耗费更多的资源与精力投入到回报率更高的"寻租活动"中，以使税务机关能够减弱征管力度。寻租行为虽然能够降低企业的名义税负，但可能会导致企业隐形的非生产性支出增加，反而会提高企业承受的实际税负水平（于文超等，2015），进而造成可投入研发创新活动的资金减少。

基于上述分析，本书提出如下研究假设：

假设 H2a：税收征管强度的提升对企业研发投资具有负向影响。

政府对企业税前利润享有强制性的征收权，就这个视角而言，政府可被任何企业视为"特殊的股东"（Desia et al.，2007），因而也就成为公司治理机制的一部分。为避免税收收入流失，法律赋予税务机关税务检查与处置权，使其相较其他股东具有更强的监督能力，加之其较少的"搭便车"考虑从而表现出强烈的监督意愿（刘春、孙亮，2015）。尽管税收征管的初衷在于确保政府税收收入，但也因此成为公司治理机制的一部分，体现出显著的"治理效应"。首先，高强度的税收征管能够有效缓解股东与管理层之间以及大股东与中小股东之间的委托代理问题。税收征管的外部治理机制能减轻大股东对中小股东的潜在利益侵占（曾亚敏、张俊生，2009），抑制管理层的私有收益，降低代理成本（Desai et al.，2007），实现企业经营效率与投资效率的提升，带来较高的会计收益与股东回报，为研发投资扩张内源性融资空间。同时，企业委托人与代理人之间利益冲突的缓和，有助于增强两者价值最大化目标的一致性（李彬等，2017），使企业倾向于增加对创新领域的投资。其次，税收征管能够约束企业的税收激进程度（Hoopes et al.，2012）。税收征管强度的提升会增加企业向上盈余管理的所得税成本，抑制企业税收激进行为以及在税收规避过程中可能出现的关联交易、内幕交易、在职消费等机会主义行为（叶康涛、刘行，2011；江轩宇，2013），在减少由此衍生而来的直接与间接代理成本的同时，能协助利益相关者对企业资源配置决策实施有效监督，引导管理者将企业要素资源投入更具价值的生产性研发创新项目（孙刚，2017），削弱企业实际税负对研发支出资本化率的负面效应（王亮亮，2016）。最后，税收征管力度增强能够降低债权融资成本，有助于提高外部金融市场对企业创新活动的支持。税收征管的治理功能在调节控股股东与债权人之间的代理冲突时也有所体现，Guedhami 和 Pittman（2008）的研究表明，在较高的税收征管强度下，私有企业发行债券的成本相对更低，因而能够有效缓解企业的融资约束，协助企业突破研发资金瓶颈。

基于上述分析，本书提出如下假设：

假设 H2b：税收征管强度的提升对企业研发投资具有正向影响。

假设 H3：税收征管在税收激励与研发投资的关系中表现出相应的调节效应。

(三) 政策不确定性与研发投入

研发创新需要企业对自身资源禀赋、发展需求和外部环境做综合评估后进行审慎决策 (刘诗源等，2020)。由于政府经常会做出改变微观经济主体外部运营环境的决策，企业往往面临着与政府政策变化的时间和内容相关的大量不确定性，以及这些政策对企业盈利能力的潜在影响 (Gulen & Ion, 2016)。各国经济政策不确定性自 2008 年全球金融危机之后不断加剧 (Baker et al., 2016)，学者们将其视为经济不确定性的重要来源，甚至是造成经济衰退的驱动因素 (Bloom, 2009)。外部宏观政策环境的频繁变动无疑提升了企业面临的风险水平。政策不确定性对企业经营决策的影响更为隐蔽，不确定性上升会对企业投资产生抑制作用 (Julio & Yook, 2012; Gulen & Ion, 2016; An et al., 2016; 李凤羽、杨墨竹, 2015)，其传导机制中实物期权渠道占据主导地位，其对资本流动性价值产生冲击 (谭小芬、张文婧, 2017)，所引致的融资约束预期 (靳光辉等, 2016; 才国伟等, 2018)、管理者风险规避 (Panousi & Papanikolaou, 2012) 和资本配置效率下降 (陈德球等, 2017) 等会使得企业倾向于延缓投资决策、降低投资水平。对于研发这项特殊的投资活动尤为如此，经济政策不确定性能够改变"等待的价值"，致使企业为等待更多信息披露而暂缓研发投入决策 (郝威亚等, 2016)，同时政策不确定性会削弱金融市场信贷资源配置功能，抑制企业创新活动 (陈德球等, 2016)。但也有研究认为，经济政策不确定性能够显著提升企业风险承担，敦促企业通过增加研发投资谋求自我发展 (孟庆斌、师倩, 2017; Atanassov et al., 2015)，其"机遇预期效应"在企业中发挥主导作用 (刘志远等, 2017)。具有争议的实证结果或许正揭示了政策不确定性对研发活动的影响有别于其他类型投资活动，有待经验研究的进一步检验。

企业投资时机决策实际上是早期投资的额外收益与等待新信息的价值之间

权衡的结果（Bernanke，1983）。实物期权理论强调调整成本与资本的不可逆性，认为不确定性增加了延期期权的价值，致使企业做出延迟研发投资的决策，以等待更多相关政策信息的披露避免代价高昂的错误。但是，企业的创新活动是对无形资产的特殊投资，具有较长的投资期限与较高的技术不确定性和尾部风险，与诸如资本支出等固定资产常规投资具有显著差异（Bhattacharya et al.，2017），因而其对经济政策不确定性的反应可能不同。首先，Segal等（2015）将宏观经济不确定性区分为"不良"的不确定性与"良好"的不确定性，两者的波动对资产估值和未来增长有着显著和截然相反的影响。"良好"的经济不确定性会带来积极的风险溢价，正面预测未来的增长，而投资和研发对这些冲击的反应更为强烈。延期期权使得企业"保持选择权开放"并避免进行不可逆转的投资产生的机会成本，而增长期权则会促使企业从早期投资助力自身能力提升的可能性中获益，使其更好地利用行业未来的增长机会（Folta & O'Brien，2004）。战略增长期权模型表明，在不确定性下的初始投资是对未来增长期权的收购，能够使公司获得竞争优势，因此不确定性的增加会鼓励当前对未来增长期权的投资（Perotti & Kulatilaka，1998）。Weeds（2002）构建了考虑R&D竞争的实物期权模型，发现当先发制人的预期收益超过延迟的期权价值时，不确定性的提升会促进早期投资。企业可以识别政策不确定性中蕴含的投资机会，通过抢占研发投资使企业建立技术优势、发展品牌认知或积累资源（Lieberman & Montgomery，1988）。其次，专利可能是不确定性刺激研发活动的另一个渠道。专利为公司提供防止模仿以及阻止其他产品市场进入者的合法权利，通过出售知识产权至少能够部分地收回最终体现在专利中的研发投资，可以部分抵消研发投资的不可逆转性（Atanassov et al.，2015）。最后，中国经济增长在社会中所诱发的乐观情绪将强化管理者在政策不确定性中承担高风险的动机（花贵如等，2011），从而驱使企业提高研发投资水平。

基于上述分析，本书提出如下研究假设：

假设H4：经济政策不确定性对税收优惠与企业研发投资的关系具有正向的

第四章 理论分析与研究假设

调节效应。

综合前述分析，本章构建如图4-3所示的概念模型。该模型聚焦税收优惠、税收征管和政策不确定性与企业研发投资的关系。其中，税收优惠对企业研发投资的政策效应检验是基础与出发点，也是依据中国经验证据对现有论争给予回应。在明晰中国情境下税收优惠政策对创新活动的影响后，关注另一关键要素税收征管，考察政府的税收征管行为对企业研发投资产生何种影响。同时，探索税收征管力度强弱与外部经济政策波动是否会对税收优惠与研发投资的关系产生调节效应。在确定三个关键变量对研发投资影响的基础上，后续将进一步展开分组检验，考察产权性质、行业特征、融资约束和地方政府干预等因素对前述效果的作用。

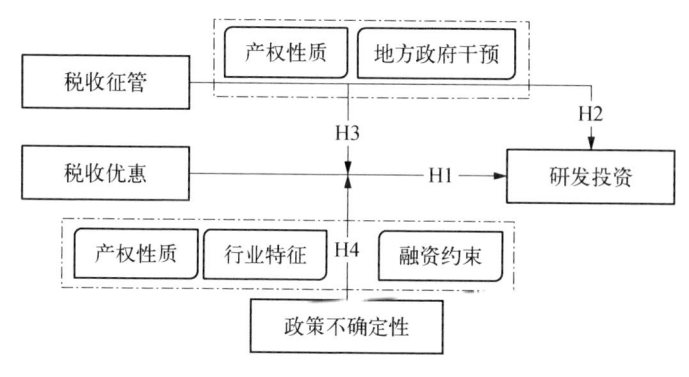

图 4-3 研究概念模型

本书的具体研究假设内容归纳如表4-1所示：

表4-1 本书研究假设汇总

假 设	内　　容
H1a	企业享受税收优惠能够促进其研发投资
H1b	企业享受税收优惠会抑制其研发投资

续 表

假 设	内 容
H2a	税收征管强度的提升对企业研发投资具有负向影响
H2b	税收征管强度的提升对企业研发投资具有正向影响
H3	税收征管在税收激励与研发投资的关系中表现出相应的调节效应
H4	经济政策不确定性对税收优惠与企业研发投资的关系具有正向的调节效应

第五章　实证检验与结果分析

税收优惠是否真的能够有效促进中国企业研发投资和实质性创新能力的提高？税务部门征管活动作为税收政策工具实施效果的关键要素，对企业创新行为会产生何种影响？外部环境中经济政策波动是否会影响税收优惠政策与企业创新活动的关系？政策效应在异质性企业中是否会有差别？在前文提出的概念模型与相应研究假设的基础上，本章内容试图基于中国企业微观视角的经验证据回应上述问题，为提升政府宏观经济干预的效率与精准性提供基础。

一、样本选取与数据来源

上市公司的信息披露内容相对全面，由此可以集中获取检验税收优惠政策效应的相关数据。鉴于上市公司于 2008 年起开始规范披露研发投资信息，本章初始研究样本选取 2008—2017 年中国沪深 A 股上市公司。考虑到数据的客观性和数据质量对研究结果的影响，本章对初始样本执行如下筛选步骤：(1) 剔除经营业务范畴特殊的金融、保险类行业上市公司样本；(2) 为避免经营环境重大变化的影响，剔除观测期内财务状况异常的 ST、*ST 等被特殊处理的企业；(3) 剔除没有披露研发投资信息、重要财务数据缺失的样本。经过上述处理后，最终得到涵盖 10 个年度的 13 531 个有效观测值的非平衡面板数据。本章对模型中所使用的全部连续变量均在1%和99%分位数进行winsorize处理，以减轻异常值可能对研究结论产生的影响。本章实证检验采用的企业财务数据与基础信息均来自CSMAR数据库与Wind资讯数据库，度量税收征管强度指标使用的各地区税收收入以及其他宏观经济数据采集自各年度《中国统计年鉴》。本章的数据处理全部采用Stata14.0统计分析软件进行。

二、基本模型设定与变量设置

（一）基本模型设定

依据前文相关理论分析与构建的概念模型，本书首先检验税收优惠对企业研发投资的政策效应，采用如下模型：

$$R\&D_{i,t} = \alpha_0 + \alpha_1 Taxinc_{i,t} + \alpha_2 Roa_{i,t} + \alpha_3 Lev_{i,t} + \alpha_4 Growth_{i,t} \\ + \alpha_5 G5_{i,t} + \alpha_6 Cashflow_{i,t} + \alpha_7 Capital_{i,t} + \alpha_8 Age_{i,t} \\ + \lambda_{industry} + \lambda_{year} + \xi_{i,t} \tag{1}$$

式中，$R\&D$为回归模型的被解释变量，即企业研发投资水平，$Taxinc$代表企业享受的税收优惠，其余为一系列控制变量，包括总资产净利率（Roa）、资产负债率（Lev）、企业成长性（$Growth$）、股权集中度（$G5$）、现金流比率（$Cashflow$）、有形资产比率（$Capital$）和企业年龄（Age）等。$\lambda_{industry}$和λ_{year}分别表示行业与年份的固定效应。根据竞争性研究假设H1a和H1b，在回归模型（1）中α_1为待检验系数，如果α_1的符号显著为负，说明税收优惠政策能够激励企业增加研发投资的意愿，假设H1a成立；如果α_1的符号显著为正，说明税收优惠政策并未对企业的研发投资产生积极影响，假设H1b成立。

基于前文理论分析，本书构建计量模型（2）检验税收征管对企业研发投资影响的竞争性假设H2a和H2b。具体地，本书建立如下模型：

$$R\&D_{i,t} = \beta_0 + \beta_1 \, Taxenforce_{i,t} + \beta_2 \, Roa_{i,t} + \beta_3 \, Lev_{i,t} + \beta_4 \, Growth_{i,t}$$
$$+ \beta_5 \, G5_{i,t} + \beta_6 \, Cashflow_{i,t} + \beta_7 \, Capital_{i,t} + \beta_8 \, Age_{i,t}$$
$$+ \lambda_{industry} + \lambda_{year} + \xi_{i,t} \quad (2)$$

式中，$R\&D$ 表示企业研发投资水平，$Taxenforce$ 代表税收征管力度，其余控制变量含义如前所述。本书关注模型（2）中的回归系数 β_1，如果 β_1 的符号显著为负，说明提升税收征管强度，企业的研发投资水平会下降，假设 H2a 成立；如果 β_1 的符号显著为正，说明加强税收征管力度会促使企业增加对研发活动的投资，假设 H2b 成立。在此基础上模型（3）引入交互项 $Taxinc \times Taxenforce$，用以检验税收征管是否对税收优惠与企业研发投资的关系表现出调节效应。

$$R\&D_{i,t} = \beta_0 + \beta_1 \, Taxinc_{i,t} + \beta_2 \, Taxinc_{i,t} \times Taxenforce_{i,t} + \beta_3 \, Taxenforce_{i,t}$$
$$+ \beta_4 \, Roa_{i,t} + \beta_5 \, Lev_{i,t} + \beta_6 \, Growth_{i,t} + \beta_7 \, G5_{i,t} + \beta_8 \, Cashflow_{i,t}$$
$$+ \beta_9 \, Capital_{i,t} + \beta_{10} \, Age_{i,t} + \lambda_{industry} + \lambda_{year} + \xi_{i,t} \quad (3)$$

根据研究假设 H4，为探索宏观环境的经济政策不确定性对税收优惠作用效果可能产生的影响，本书构建如下计量模型：

$$R\&D_{i,t} = \gamma_0 + \gamma_1 \, Taxinc_{i,t} + \gamma_2 \, Taxinc_{i,t} \times EPU_{i,t} + \gamma_3 \, EPU_{i,t} + \gamma_4 \, Roa_{i,t}$$
$$+ \gamma_5 \, Lev_{i,t} + \gamma_6 \, Growth_{i,t} + \gamma_7 \, G5_{i,t} + \gamma_8 \, Cashflow_{i,t}$$
$$+ \gamma_9 \, Capital_{i,t} + \gamma_{10} \, Age_{i,t} + \lambda_{industry} + \lambda_{year} + \xi_{i,t} \quad (4)$$

式中，$R\&D$ 为企业研发投资水平，EPU 代表样本企业受到政策不确定性的影响程度，其余控制变量含义如前所述。本书关注交互项 $Taxinc \times EPU$ 的回归系数 γ_2，用以检验政策不确定性是否会对税收优惠与企业研发投资的关系产生一定程度的调节效应。若假设 H4 成立，本书预期政策不确定性具有正向调节作用，模型中系数 γ_2 应该显著为正。

(二) 变量设置

1. 研发投资水平（R&D）

虽然企业在董事会报告或财务报表附注中强制披露的研发投资数额能够真实反映企业研发投入情况，但是绝对额在不同行业、不同规模的企业之间可比性较差，因此多数文献选取 R&D 投入强度衡量企业研发投资水平。本书借鉴柳光强（2016）、李林木和汪冲（2017）的研究，采用研发投入与营业收入的比值（$R\&D_{ys}$）以及研发投入与企业总资产的比值（$R\&D_{zc}$）两个指标表示研发资金的投入强度。

2. 税收优惠（Taxinc）

企业所得税是中国税收优惠政策工具中使用频率与优惠力度较高的税种，而增值税优惠政策的适用范围较窄，主要体现在生产综合利用特定原料的少数产品上，与研发投资没有直接关联（水会莉等，2015），因此选用公司实际所得税率这一研究中普遍采用的用以衡量公司税负的指标作为税收优惠的代理变量。本书参考 Porcano（1986）和水会莉等（2015）的计算方式，使用经过递延所得税调整的公司实际税率，将其定义为（所得税费用－递延所得税费用）/息税前利润，综合反映考虑各项所得税优惠后的税负水平。公司实际税率越低，表明其享受的税收优惠越多。

3. 税收征管强度（Taxenforce）

借鉴 Mertens（2003）、Xu 等（2011）和陈德球等（2016）的研究模型并参考孙刚（2017）的调整方法，通过回归模型（5）估算中国各地区预期税收收入，再将其与当年度实际税收收入进行比较，用以衡量不同地区税收征管力度的差异。

$$\frac{Tax_{i,t}}{GDP_{i,t}} = \sigma_0 + \sigma_1 \frac{Industry1_{i,t}}{GDP_{i,t}} + \sigma_2 \frac{Industry2_{i,t}}{GDP_{i,t}} + \sigma_3 \frac{Industry3_{i,t}}{GDP_{i,t}} + \sigma_4 \frac{Ex_{i,t}}{GDP_{i,t}} + \xi_{i,t} \quad (5)$$

式中，Tax 是各省份当年末实际税收收入，GDP 为年末各省份的国内生产总值，$Industry1$、$Industry2$ 和 $Industry3$ 分别指代各省份第一产业、第二产业和第三产业年末总产值，Ex 表示各省份年末进出口额总值。将上述变量代入模型得出估计的相关系数，然后计算出各省份税收收入与该省份 GDP 比值（Tax_{it} / GDP_{it}）的预期值。本书采用实际值与预期值的比值（$Taxenforce\text{-}ratio$）和实际值与预期值的差值（$Taxenforce\text{-}diff$）依次衡量各省份的税收征管强度。数值越高，说明该地区的税收征管力度越大。

4. 经济政策不确定性（EPU）

现有采用自然实验的文献多将政治选举或政府官员变更作为政策不确定性的代理变量（Julio & Yook，2012；Gulen & Ion，2016；饶品贵、徐子慧，2017；陈德球等，2016），但该方式未能有效刻画出政策不确定性的连续性与时变性特征（孟庆斌、师倩，2017）。本书选取 Baker 等（2016）提出的经济政策不确定性指数作为我国政策不确定性的度量指标。该指数包含了主流新闻媒体对经济政策变化的预期，通过关键词搜索在《南华早报》中识别出每月与中国经济不确定性事件相关的报道数量，并将文章数量除以当月刊发文章总量，测算出月度经济政策不确定性指数。Baker 等编制的经济政策不确定性指数已较为成熟，该指标能够有效克服特定政治事件作为政策不确定性衡量指标的缺陷，使得对宏观经济政策变动的连续定量描述成为可能，目前在有关政策不确定性对企业投资、创新活动的影响研究中得到了广泛认可与使用（Gulen & Ion，2016；李凤羽、杨墨竹，2015）。由于该指数为月度数据，本书采取算术平均值（EPU_{ari}）与几何平均值（EPU_{geo}）的方法将一年内 12 个月的数据转化为年度政策不确定性。

5. 控制变量

企业开展创新活动的决策会受到其自身特征以及产业环境的共同影响。借鉴 Atanassov 等（2015）和李万福、杜静（2016）的研究，本书控制了影响研发投资水平的可观测企业特征因素，在回归模型中加入总资产净利率（Roa）、资产负债率（Lev）、企业成长性（Growth）、股权集中度（G5）、现金流比率（Cashflow）、有形资产比率（Capital）和企业年龄（Age）等指标，从多个维度控制影响企业研发活动的特征要素。此外，本书设置年度效应（year）与行业特征（industry）虚拟变量，以平滑时间因素与行业差异对创新活动的影响。各变量的具体释义与计量方法如表 5-1 所示。

表 5-1 变量具体释义与计量方法

类型	变量名称	变量标识	变量含义与计量方法
被解释变量	研发投资水平	$R\&D_{ys}$	研发投入/营业收入
		$R\&D_{zc}$	研发投入/资产总额
解释变量	税收优惠	$Taxinc$	（所得税费用－递延所得税费用）/息税前利润
	税收征管强度	$Taxenforce\text{-}ratio$	模型（5）中因变量实际值与预测值的比值
		$Taxenforce\text{-}diff$	模型（5）中因变量实际值与预测值的差值
调节变量	经济政策不确定性	EPU_{ari}	经济政策不确定性指数月度数据的年度算术平均值/100
		EPU_{geo}	经济政策不确定性指数月度数据的年度几何平均值/100
控制变量	总资产净利率	Roa	净利润/总资产平均余额
	资产负债率	Lev	负债/资产总额
	企业成长性	$Growth$	企业营业收入增长率
	股权集中度	$G5$	前五大股东所持股份比例的平方和
	现金流比率	$Cashflow$	企业经营活动与投资活动的现金流/资产总额
	有形资产比率	$Capital$	年末固定资产净值/年末总资产
	企业年龄	Age	企业成立至当年的时间取对数
	年度效应	$Year$	虚拟变量，企业处于该年度取值为1，否则为0
	行业特征	$Industry$	虚拟变量，按证监会分类标准设置

三、实证结果分析

(一) 描述性统计结果

表 5 - 2 列示了主要变量的描述性统计结果。具体而言，衡量企业研发投资强度的指标 $R\&D_{ys}$ 均值为 4.07%，与创新型国家企业研发投资通常不低于营业收入 5% 的水平相比，中国上市公司的整体研发投资水平仍旧偏低（林洲钰等，2013），并且该指标最大值达到 13.30%，最小值仅为 0.11%，反映出企业之间研发投入的非均衡状态。$R\&D_{zc}$ 指标的数据更进一步证实了企业间研发投资水平的巨大差异。表征税收优惠的企业实际税率指标 $Taxinc$ 平均值为 16.50%，中位数为 15.60%，表明多数上市公司均享受了不同程度的所得税类优惠。体现税收征管强度的指标 $Taxenforce\text{-}ratio$ 和 $Taxenforce\text{-}diff$ 的均值分别为 1.004 0 和 0.000 3，对应的中位数为 1.005 0 和 0.000 3，说明各地区的实际税收收入普遍略高于预期税收收入，中国的税收征管力度总体而言是比较高的。反映中国经济政策不确定性的指标 EPU_{ari} 的均值和标准差分别为 1.978 0 和 0.913 0，最小值为 0.989 0，最大值达到 3.648 0，指标 EPU_{geo} 也呈现类似的结果，表明企业面临的政策环境有较大幅度的波动。

表 5 - 2　主要变量描述性统计结果

变量名称	观测值	平均值	标准差	最小值	最大值	中位数
$R\&D_{ys}$	13 531	0.040 7	0.032 1	0.001 1	0.133 0	0.034 7
$R\&D_{zc}$	13 531	0.021 2	0.015 3	0.000 6	0.060 8	0.018 8
$Taxinc$	13 531	0.165 0	0.085 0	0.018 3	0.392 0	0.156 0
$Taxenforce\text{-}ratio$	13 531	1.004 0	0.034 3	0.936 0	1.076 0	1.005 0
$Taxenforce\text{-}diff$	13 531	0.000 3	0.003 0	-0.006 0	0.006 2	0.000 3
EPU_{ari}	13 531	1.978 0	0.913 0	0.989 0	3.648 0	1.790 0

续 表

变量名称	观测值	平均值	标准差	最小值	最大值	中位数
EPU_{geo}	13 531	1.830 0	0.898 0	0.946 0	3.471 0	1.626 0
Roa	13 531	0.059 7	0.043 2	0.003 2	0.163 0	0.051 8
Lev	13 531	0.375 0	0.193 0	0.076 2	0.746 0	0.358 0
$Growth$	13 531	0.172 0	0.243 0	-0.210 0	0.809 0	0.134 0
$G5$	13 531	0.166 0	0.105 0	0.029 9	0.418 0	0.144 0
$Cashflow$	13 531	-0.032 7	0.095 3	-0.247 0	0.137 0	-0.021 6
$Capital$	13 531	0.204 0	0.135 0	0.019 9	0.515 0	0.179 0
Age	13 531	16.990 0	5.239 0	2.000 0	66.000 0	17.000 0

图 5-1 显示了以原始数据绘制的 1995—2018 年中国经济政策不确定性指数的变化趋势。从图中可以看出，中国经济政策不确定性指数在 2001 年、2008 年和 2012 年有较大幅度攀升。这一方面是由于诸如 2008 年全球金融危机等外部环境变动造成的冲击，另一方面则是政府周期性换届或应对金融危机、国有企业

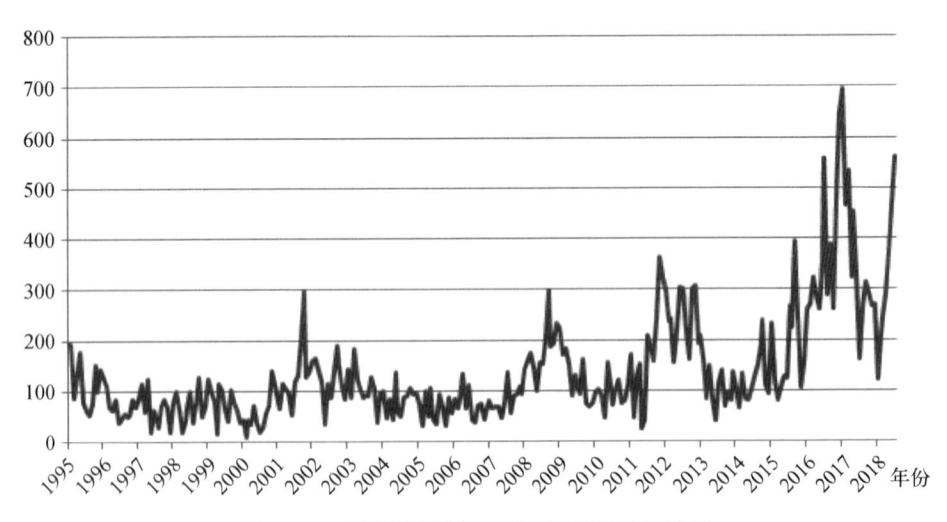

图 5-1 中国经济政策不确定性指数变化趋势

改革等一系列政策实施产生的结果。而随着"互联网+""工业4.0""中国制造2025""大众创业、万众创新""供给侧结构性改革"等一系列宏观经济政策的出台,加之中美贸易摩擦等特殊事件的影响,中国经济政策不确定性指数自2016年起呈现出高强度的震荡趋势。

(二)税收优惠与企业研发投资的实证检验

以模型(1)为基础考察税收优惠对企业研发投资的政策效果,采用固定效应模型的回归分析结果如表5-3所示。列(1)与列(3)分别显示了以$R\&D_{ys}$和$R\&D_{zc}$为被解释变量的回归结果。作为解释变量的当期税收优惠($Taxinc_t$)其回归系数分别为-0.0010和0.0008,且未表现出统计学上的显著性。那么,税收优惠政策效应的发挥是否具有一定的时滞性?本书将滞后一期的税收优惠($Taxinc_{t-1}$)作为解释变量带入前述模型中展开进一步检验,列(2)与列(4)报告了相应回归结果。$Taxinc_{t-1}$的回归系数分别为-0.0042和-0.0020,并且均通过了5%的显著性检验,说明税收优惠政策的实施能够激励企业增加对研发活动的资金投入,为政策效果的"促进论"提供了支持性证据。企业研发需要长期的资金支持,持续而稳定的税收优惠有助于企业形成良好的政策预期,确保研发投资的延续性。前述结果表明,当期税收激励的效果通常在下一期研发投入中得以体现,研发活动的长周期会加剧优惠政策的滞后效应。鉴于此,后文的税收优惠代理变量均采用滞后一期的数据。

表5-3 税收优惠与企业研发投资的回归结果

变量	$R\&D_{ys}$		$R\&D_{zc}$	
	(1)	(2)	(3)	(4)
$Taxinc_t$	-0.0010 (-0.63)		0.0008 (1.05)	
$Taxinc_{t-1}$		-0.0042** (-2.04)		-0.0020** (-2.09)

续 表

变量	$R\&D_{ys}$		$R\&D_{zc}$	
	(1)	(2)	(3)	(4)
Roa	-0.053 4*** (-9.24)	-0.052 4*** (-7.03)	0.048 3*** (17.42)	0.036 9*** (10.76)
Lev	-0.022 5*** (-12.29)	-0.028 0*** (-11.81)	0.000 3 (0.34)	-0.004 3*** (-3.99)
Growth	-0.009 1*** (-15.03)	-0.010 0*** (-13.63)	-0.001 5*** (-5.12)	-0.001 0*** (-2.97)
G5	0.001 9 (0.47)	-0.002 2 (-0.41)	0.013 6*** (7.16)	0.004 9** (2.00)
Cashflow	-0.004 6*** (-2.71)	-0.007 2*** (-3.49)	0.004 9*** (6.06)	0.003 1*** (3.30)
Capital	0.004 2* (1.66)	0.002 0 (0.64)	0.014 4*** (11.89)	0.013 8*** (9.44)
Age	0.001 1*** (8.12)	0.000 8*** (4.67)	0.000 3*** (5.29)	0.000 3*** (3.38)
Constant	0.039 9*** (3.54)	0.049 1*** (3.11)	0.009 9* (1.83)	0.016 7** (2.29)
Year effects	Yes	Yes	Yes	Yes
Industry effects	Yes	Yes	Yes	Yes
N	13 531	10 648	13 531	10 648
R^2	0.088 2	0.087 7	0.082 2	0.065 8

注：* 表示在 0.1 的水平上显著；** 表示在 0.05 的水平上显著；*** 表示在 0.01 的水平上显著。

实证检验结果显示，企业实际所得税率每降低 1%，研发投入强度会相应增加 0.42%（0.20%），就激励程度而言仍有提升的空间。从政策设计视角来看，税收优惠的偏向性会使不同性质的企业具有不同的资源禀赋，进而导致政策效果的差异。中国现行税收优惠政策体系中，不乏针对国家重点支持的高新技术领域内的高新技术企业、集成电路生产企业以及软件企业等特定主体的优惠措施。单纯对某一产业提供差别性政策容易造成选择性政策困境，客观上对其他企业产生负激励，还会诱发受众企业对政府依赖与期望过高（张永安等，2016）。企业所得税优惠税率和研发费用加计扣除作为两种代表性优惠政策，叠加使用时，相较于享受优惠税率的企业，适用高税率的企业反而能够享受到更多的税前扣除额，从而使得税收激励的政策效果被稀释。尽管总体上税收优惠政策发挥了预期的激励作用，但政策工具仍有很大的效用空间。

（三）税收征管与企业研发投资的实证检验

1. 多元回归结果分析

基于模型（2）考察税收征管强度对企业研发投资的影响，固定效应模型的回归分析结果列示于表5-4。列（1）~列（4）报告了以 $R\&D_{ys}$ 作为被解释变量的回归结果，其中列（1）和列（2）以 Taxenforce-ratio 作为税收征管强度的衡量指标，在单变量回归和引入控制变量的模型中其回归系数分别为 0.001 5 和 0.001 2，但并不显著。列（3）和列（4）显示了以 Taxenforce-diff 作为税收征管强度衡量指标的结果，回归系数分别为 0.036 6 和 0.043 2，只是也未通过显著性检验。进而，本书将 $R\&D_{zi}$ 作为被解释变量执行相同的回归分析过程，列（5）~列（8）报告了相应的回归结果，税收征管强度指标的回归系数基本为正，但同样不显著。

表 5-4 税收征管与企业研发投资的回归结果

变 量	$R\&D_p$				$R\&D_{zi}$			
	Taxenforce-ratio		Taxenforce-diff		Taxenforce-ratio		Taxenforce-diff	
	(1)	(2)	(3)	(4)	(5)	(6)	(7)	(8)
Taxenforce	0.001 5 (0.28)	0.001 2 (0.23)	0.036 6 (0.59)	0.043 2 (0.72)	0.000 3 (-0.14)	0.000 3 (0.14)	0.026 1 (0.88)	0.030 8 (1.06)
Roa		-0.052 7*** (-9.30)		-0.052 7*** (-9.29)		0.047 7*** (17.56)		0.047 8*** (17.57)
Lev		-0.022 4*** (-12.28)		-0.022 4*** (-12.28)		0.000 2 (0.28)		0.000 2 (0.27)

续 表

变量	$R\&D_{ys}$				$R\&D_{zz}$			
	Taxenforce-ratio		Taxenforce-diff		Taxenforce-ratio		Taxenforce-diff	
	(1)	(2)	(3)	(4)	(5)	(6)	(7)	(8)
Growth		−0.009 1*** (−15.03)		−0.009 1*** (−15.04)		−0.001 5*** (−5.11)		−0.001 5*** (−5.12)
G5		0.001 7 (0.43)		0.001 7 (0.43)		0.013 7*** (7.23)		0.013 7*** (7.22)
Cashflow		−0.004 6*** (−2.70)		−0.004 6*** (−2.70)		0.004 9*** (6.04)		0.004 9*** (6.04)
Capital		0.004 3* (1.70)		0.004 3* (1.70)		0.014 3*** (11.85)		0.014 3*** (11.86)
Age		0.001 1*** (8.07)		0.001 1*** (8.13)		0.000 3*** (5.29)		0.000 4*** (5.41)
Constant	0.033 6*** (2.71)	0.038 4*** (3.07)	0.035 0*** (3.13)	0.039 4*** (3.49)	0.025 1*** (4.23)	0.009 8 (1.64)	0.024 7*** (4.61)	0.010 0* (1.86)
Year effects	Yes	Yes	Yes	Yes	Yes	Yes	Yes	Yes
Industry effects	Yes	Yes	Yes	Yes	Yes	Yes	Yes	Yes
N	13 531	13 531	13 531	13 531	13 531	13 531	13 531	13 531
R^2	0.035 7	0.088 2	0.035 8	0.088 2	0.027 7	0.082 1	0.027 8	0.082 2

注：* 表示在 0.1 的水平上显著；** 表示在 0.05 的水平上显著；*** 表示在 0.01 的水平上显著。

上述结果综合表明，无论以何种指标进行衡量，税收征管对企业研发投资具有不显著的正向影响。这意味着强化税收征管所引致的"治理效应"对企业创新活动的激励作用可能超过了其"征税效应"与"寻租效应"带来的负面影响。税收征管作为潜在的外部治理机制能够切实发挥其治理功效，纳税遵从程度提升能够规范企业内部经营管理，扼制决策层的机会主义行为，缓解信息不对称导致的道德风险与逆向选择问题以及由此引发的外源性融资约束。同时，企业委托人与代理人之间利益冲突的缓和，有助于增强两者价值最大化目标的一致性（李彬等，2017），提高企业的经营效率与投资效率，引导资源加速向研发创新领域配置。而此种激励效应之所以不显著，本书认为可能是由于税收征管的征税效应和寻租效应与治理效应的相互作用会受到企业内部特征以及外部制度性环境的影响而表现出异质性。因此，本书在考虑产权性质以及地方政府干预程度的条件下进一步探讨税收征管如何影响企业研发投资。

2. 实证结果的进一步检验

（1）产权性质

国有企业与民营企业具有不同的资源禀赋，产权性质对企业内部资源配置与经营行为具有较强影响，因而企业研发投资决策对税收征管强度变化的反应可能会显示出异质性特征。本书构建回归模型（6）考察产权性质的调节效应，检验税收征管与研发投资的关系是否在国有企业与非国有企业中表现出差异。

$$R\&D_{i,t} = \beta_0 + \beta_1 Taxenforce_{i,t} + \beta_2 Taxenforce_{i,t} \times State_{i,t} + \beta_3 State_{i,t}$$
$$+ \beta_4 Roa_{i,t} + \beta_5 Lev_{i,t} + \beta_6 Growth_{i,t} + \beta_7 G5_{i,t} + \beta_8 Cashflow_{i,t}$$
$$+ \beta_9 Capital_{i,t} + \beta_{10} Age_{i,t} + \lambda_{industry} + \lambda_{year} + \xi_{i,t} \quad (6)$$

该式在模型（2）的基础上引入交互项 $Taxenforce \times State$，旨在分析产权性质（$State$）对税收征管强度与企业研发投资相关性的影响方向与程度。本书设置二元虚拟变量作为产权性质的衡量指标，依据 Wind 数据库对企业属性的划分，国有企业赋值为 1，非国有企业赋值为 0，回归分析结果列示于表 5-5。结果显示，税收征管与产权性质的交互项 $Taxenforce \times State$ 的回归系数在列（1）~列（8）中均为负数，并且在以 $R\&D_{zi}$ 作为因变量的列（5）与列（7）中通过了 5% 的显著性检验，说明产权性质对税收征管与企业研发投资的正向关系具有负向调节效应，税收征管力度增强对企业创新活动资金投入的影响在非国有企业中表现得更为明显。

表 5-5 税收征管、产权性质与企业研发投资的回归结果

变量	$R\&D_{ys}$				$R\&D_{zc}$			
	Taxenforce-ratio		Taxenforce-diff		Taxenforce-ratio		Taxenforce-diff	
	(1)	(2)	(3)	(4)	(5)	(6)	(7)	(8)
Taxenforce	0.002 9 (0.47)	0.001 4 (0.23)	0.065 1 (0.90)	0.057 3 (0.82)	0.003 3 (1.14)	0.002 6 (0.92)	0.068 6** (1.98)	0.057 0* (1.69)
Taxenforce × State	-0.004 0 (-0.45)	-0.000 6 (-0.07)	-0.079 2 (-0.77)	-0.040 0 (-0.40)	-0.010 2** (-2.41)	-0.006 3 (-1.52)	-0.118 7** (-2.42)	-0.073 2 (-1.53)
State	0.004 1 (0.45)	0.000 1 (0.01)	0.000 1 (0.06)	-0.000 4 (-0.22)	0.009 8** (2.23)	0.006 1 (1.43)	-0.000 4 (-0.43)	-0.000 2 (-0.21)
Roa		-0.052 7*** (-9.30)		-0.052 7*** (-9.30)		0.047 7*** (17.52)		0.047 7*** (17.53)
Lev		-0.022 4*** (-12.24)		-0.022 4*** (-12.23)		0.000 3 (0.36)		0.000 3 (0.36)
Growth		-0.009 1*** (-15.03)		-0.009 1*** (-15.04)		-0.001 5*** (-5.13)		-0.001 5*** (-5.13)
G5		0.001 7 (0.43)		0.001 6 (0.41)		0.013 5*** (7.15)		0.013 5*** (7.15)
Cashflow		-0.004 6*** (-2.70)		-0.004 6*** (-2.69)		0.004 9*** (6.07)		0.004 9*** (6.07)
Capital		0.004 3* (1.70)		0.004 3* (1.69)		0.014 3*** (11.80)		0.014 27*** (11.80)
Age		0.001 1*** (8.05)		0.001 1*** (8.11)		0.000 3*** (5.25)		0.000 4*** (5.38)
Constant	0.032 1** (2.51)	0.038 3*** (2.98)	0.035 0*** (3.12)	0.039 6*** (3.50)	0.021 6*** (3.51)	0.007 7 (1.24)	0.024 9*** (4.63)	0.010 2* (1.88)
Year effects	Yes	Yes	Yes	Yes	Yes	Yes	Yes	Yes
Industry effects	Yes	Yes	Yes	Yes	Yes	Yes	Yes	Yes
N	13 531	13 531	13 531	13 531	13 531	13 531	13 531	13 531
R^2	0.035 8	0.088 2	0.035 8	0.088 3	0.028 3	0.082 3	0.028 3	0.082 4

注：* 表示在 0.1 的水平上显著；** 表示在 0.05 的水平上显著；*** 表示在 0.01 的水平上显著。

我国金融市场的资源配置具有显著的"国民差异",信贷资金的国有倾向减轻了国有企业的融资约束(杨兴全、曾义,2014),特殊的政治关联也使之较易从政府获得相应的财政补贴,国有企业存在"预算软约束"。因此,即使较强的税收征管力度通过规范国有企业纳税行为使其内部现金流减少,对外部融资能力也不会产生较大影响。同时,国有企业承担着与政府政治目标相匹配的保障财政收入、缓解就业压力等政策性负担,多缴纳税收是其履行职责的重要途径之一,国有企业的公有产权属性决定其税收规避的动力较弱,较低的税收成本敏感性使得税收征管强度变化导致的税负差异对研发投资的影响可能也较小。加之政府任命制使得国有企业面临较高的代理成本,管理者任职期间的创新收益权与控制权严重不匹配,任期短期化与创新收益长期性相悖使管理者更为关注个人收益最大化,激励其投资于回报周期较短、风险较小、显示政绩的生产性项目,而不是需要承担较大风险、可能使经营业绩受损的创新项目,引发创新效率损失(吴延兵,2012)。相较之下,民营企业产权相对清晰,税收征管外部治理功效有更为充分的发挥空间,能够进一步缓解管理层与企业所有者之间的委托代理冲突,抑制大股东的攫取行为,增强各主体的目标一致性,加之民营企业多数处于市场竞争激烈的行业或领域,具有更强的创新意愿与更高的创新效率,从而提高对创新活动的资源配置力度。

(2) 地方政府干预

税收优惠政策在全国范围内无差别施行,但各地区市场化进程、公共服务供给水平等制度性环境不均衡,政府对经济的干预程度存在差异,不同制度环境下相同的税收优惠也会产生不同的政策效果。在地方政府"为增长而竞争"以及官员间存在"政治晋升锦标赛"的政治生态环境中,横向税收竞争成为地区争夺资源、吸引流动性资本与加速经济增长的关键性工具(龙小宁等,2014;林志帆、刘诗源,2017)。在政府干预程度较高的地区,政府与市场的边界不甚清晰,职能"越位"现象较为普遍,税务机关对税收征管行为规范性的约束不足会使企业实际税负偏离合理税负水平,进而导致不同地区的企业面临差异化的税收负担（刘凤委等，2016）。过高的税收执行自由裁量权通常源于不完善的外部治理环境，政府干预是市场化程度滞后的一种制度性替代机制（赵静、郝颖，2014）。

本书在模型（2）的基础上引入变量地方政府干预（GY），构建模型（7）检验政府干预行为对税收征管与企业研发投资关系的调节效应，重点关注交互项 $Taxenforce \times GY$ 的结果。本书采用王小鲁等《中国分省份市场化指数报告（2018）》中政府与市场的关系评分（$Government$）以及减少政府对企业的干预（Gov）子项得分，作为地方政府干预的衡量指标，表5-6报告了回归分析的结果。数据显示，税收征管与地方政府干预的交互项 $Taxenforce \times GY$ 的回归系数在列（1）～列（8）中均为正数，并且通过了显著性检验，说明在地方政府干预程度较小的地区，税收征管对企业研发投资的抑制效应会减弱。

$$R\&D_{i,t} = \beta_0 + \beta_1 Taxenforce_{i,t} + \beta_2 Taxenforce_{i,t} \times GY_{i,t} + \beta_3 GY_{i,t}$$
$$+ \beta_4 Roa_{i,t} + \beta_5 Lev_{i,t} + \beta_6 Growth_{i,t} + \beta_7 G5_{i,t} + \beta_8 Cashflow_{i,t}$$
$$+ \beta_9 Capital_{i,t} + \beta_{10} Age_{i,t} + \lambda_{industry} + \lambda_{year} + \xi_{i,t} \quad (7)$$

表5-6 税收征管、地方政府干预与企业研发投资的回归结果

变量	$R\&D_{ys}$				$R\&D_{zc}$			
	$GY = Government$		$GY = Gov$		$GY = Government$		$GY = Gov$	
	ratio	diff	ratio	diff	ratio	diff	ratio	diff
	(1)	(2)	(3)	(4)	(5)	(6)	(7)	(8)
$Taxenforce$	-0.0574** (-1.96)	-0.0622* (-1.75)	-0.0148 (-1.24)	-0.1722 (-1.08)	-0.0290* (-1.95)	-0.3061* (-1.69)	-0.0126** (-2.07)	-0.1434* (-1.76)
$Taxenforce \times GY$	0.0094** (2.18)	0.1033** (2.02)	0.0051** (2.04)	0.0568* (1.89)	0.0046** (2.08)	0.0511** (1.96)	0.0036*** (2.82)	0.0418*** (2.73)
GY	-0.0094** (-2.14)	0.0001 (0.09)	-0.0049** (-1.99)	0.0002 (0.63)	-0.0044** (-1.97)	0.0002 (0.52)	-0.0034*** (-2.72)	0.0002 (1.11)

续 表

变量	$R\&D_{yp}$				$R\&D_{zr}$			
	$GY=Government$		$GY=Gov$		$GY=Government$		$GY=Gov$	
	ratio	diff	ratio	diff	ratio	diff	ratio	diff
	(1)	(2)	(3)	(4)	(5)	(6)	(7)	(8)
Roa	-0.0646*** (-7.65)	-0.0646*** (-7.65)	-0.0647*** (-7.66)	-0.0648*** (-7.67)	0.0529*** (12.30)	0.0529*** (12.31)	0.0529*** (12.30)	0.0529*** (12.30)
Lev	-0.0167*** (-5.43)	-0.0167*** (-5.43)	-0.0168*** (-5.46)	-0.0168*** (-5.45)	0.0032** (2.06)	0.0032** (2.06)	0.0032** (2.01)	0.0032** (2.03)
Growth	-0.0092*** (-9.71)	-0.0092*** (9.69)	-0.0092*** (-9.70)	-0.0092*** (-9.69)	-0.0008 (-1.57)	-0.0007 (-1.55)	-0.0008 (-1.58)	-0.0007 (-1.56)
G5	0.0137* (1.91)	0.0137* (1.91)	0.0138* (1.92)	0.0138* (1.92)	0.0292*** (7.97)	0.0292*** (7.96)	0.0294*** (8.01)	0.0293*** (8.00)
Cashflow	-0.0048* (-1.92)	-0.0048* (-1.92)	-0.0048* (-1.92)	-0.0048* (-1.92)	0.0015 (1.23)	0.0015 (1.23)	0.0015 (1.22)	0.0015 (1.22)
Capital	-0.0020 (-0.54)	-0.0020 (-0.54)	-0.0019 (-0.51)	-0.0019 (-0.51)	0.0140*** (7.49)	0.0140*** (7.49)	0.0140*** (7.52)	0.0140*** (7.52)
Age	0.0012*** (5.05)	0.0012*** (5.10)	0.0012*** (5.39)	0.0012*** (5.343)	0.0008*** (6.57)	0.0008*** (6.57)	0.0008*** (6.81)	0.0008*** (6.81)
Constant	0.0925** (2.56)	0.0342* (1.70)	0.0487** (2.16)	0.0335* (1.74)	0.0173 (0.94)	-0.0121 (-1.18)	0.0014 (0.12)	-0.0114 (-1.17)
Year effects	Yes	Yes	Yes	Yes	Yes	Yes	Yes	Yes
Industry effects	Yes	Yes	Yes	Yes	Yes	Yes	Yes	Yes
N	10 933	10 933	10 933	10 933	10 933	10 933	10 933	10 933
R^2	0.0884	0.0883	0.0883	0.0882	0.0970	0.0970	0.0977	0.0977

注：* 表示在 0.1 的水平上显著；** 表示在 0.05 的水平上显著；*** 表示在 0.01 的水平上显著。

地方政府干预会显著影响征税强度，进而对企业税负水平产生影响（袁从帅等，2020）。中国各地区税收征管尺度具有一定偏差，尽管地方政府并不享有制定税种与确定税率的权利，但现行税收政策体系中存在标准界定不清晰、授权各级税务机关解释、兜底性条款过多等问题,加之中国的分税制特征,决定了地方税务部门在征管努力程度上拥有较大的弹性决策空间,降低税收征管强度是地方政府运用税收方式配置社会资源并实现税收竞争的重要途径之一(孙刚,2017),而非正式的社会关系网络也成为纳税人获取税收优惠的关键因素(赵纯祥等,2019)。在制度质量较低的地区企业往往借助吃喝腐败进行税收寻租,以期缓解税收负担与高昂的交易成本(张璇等,2016)。而当地方政府官员面临较大的财政创收压力或晋升的政治激励时,其倾向于通过增加税收的方式确保征税任务指标的完成,这无疑加重了微观企业承载的税收负担。政府干预进一步放大了税收征管行为的征管效应与寻租效应,扭曲了市场资源配置机制,不利于企业基于市场导向持续性地投入研发资金。与此同时,政府管制与微观干预过多会弱化税收征管行为的权威性与中立性,并对企业的税收成本敏感度产生影响,削弱了征管活动改善资本配置效率的治理效果(刘春、孙亮,2015),致使税收征管治理功效的发挥表现出明显的作用边界,在市场化程度较高的地区中才能够对企业的创新投资有着更为显著的激励效果。由此可见,地方政府干预程度表征的制度环境基础可能对税收征管与企业创新投入的关系产生深层次的影响,税收征管强度变化对企业研发投资的影响在政府干预程度较低的地区更为显著。

3. 税收征管调节效应的实证检验

尽管前文实证检验结果显示税收征管行为并未对企业研发投资活动产生直接的显著影响,但税务部门拥有自由裁量权这一隐性权力客观上会对企业享受税收优惠产生影响。本书在参照前文研究将样本按照产权性质与地方政府干预程度进行分组的基础上,采用模型(3)进一步考察税收征管行为是否会对税收优惠的政策效应产生影响。$Taxinc \times Taxenforce$ 为税收优惠与税收征管的交互项,若待检验系数显著为正,表明税收征管力度越强,税收优惠对企业研发投资的促进作用越为明显,反之则降低了税收激励的效果。回归分析结果如表 5-7 所示。

表 5-7 税收征管调节效应的回归结果

变量	State = 1		State = 0		Gov = 1		Gov = 0	
	$R\&D_{ys}$	$R\&D_{zc}$	$R\&D_{ys}$	$R\&D_{zc}$	$R\&D_{ys}$	$R\&D_{zc}$	$R\&D_{ys}$	$R\&D_{zc}$
	(1)	(2)	(3)	(4)	(5)	(6)	(7)	(8)
$Taxinc_{t-1}$	-0.008 4*	-0.000 5	-0.024 9***	-0.009 6***	-0.020 5***	-0.006 1***	-0.009 5	-0.007 0*
	(-1.75)	(-0.20)	(-6.13)	(-4.75)	(-5.77)	(-3.35)	(-1.33)	(-1.88)
$Taxinc_{t-1} \times$ Taxenforce-ratio	-0.011 0**	-0.003 2	-0.022 7***	-0.004 4**	-0.019 0***	-0.002 6	-0.018 8***	-0.009 8***
	(-2.35)	(-1.23)	(-5.78)	(-2.27)	(-5.43)	(-1.44)	(-2.88)	(-2.89)
Taxenforce-ratio	0.023 2*	0.009 0	-0.014 1	-0.005 0	0.009 5	0.004 6	-0.007 6	-0.008 7
	(1.78)	(1.23)	(-1.25)	(-0.90)	(0.90)	(0.86)	(-0.46)	(-1.01)
Roa	0.007 6	0.042 8***	-0.031 6***	0.075 7***	-0.015 0*	0.076 5***	-0.034 0**	0.038 1***
	(0.60)	(6.03)	(-3.85)	(18.54)	(-1.93)	(19.19)	(-2.26)	(4.90)
Lev	-0.036 0***	-0.007 7***	-0.047 9***	-0.003 3***	-0.044 0***	-0.002 2**	-0.051 7***	-0.007 6***
	(-13.85)	(-5.31)	(-25.21)	(-3.50)	(-25.86)	(-2.55)	(-16.31)	(-4.63)
Growth	0.000 4	0.000 9	-0.007 6***	-0.002 3***	-0.005 3***	-0.002 5***	-0.003 6	0.001 3
	(0.19)	(0.80)	(-6.31)	(-3.80)	(-4.63)	(-4.20)	(-1.55)	(1.11)
G5	-0.017 5***	-0.007 4***	-0.006 9**	-0.000 7	-0.013 4***	-0.003 7***	-0.012 7**	0.001 1
	(-4.32)	(-3.26)	(-2.22)	(-0.44)	(-4.79)	(-2.60)	(-2.49)	(0.43)
Cashflow	-0.026 6***	-0.002 9	-0.007 2**	0.008 1***	-0.011 8***	0.006 4***	-0.009 2	0.008 5***
	(-5.10)	(-0.98)	(-2.33)	(5.26)	(-4.00)	(4.24)	(-1.53)	(2.74)
Capital	-0.002 3	-0.002 8	-0.018 3***	0.000 8	-0.012 9***	-0.000 3	-0.022 7***	-0.007 1***
	(-0.63)	(-1.33)	(-6.63)	(0.55)	(-5.15)	(-0.23)	(-4.87)	(-2.93)
Age	-0.000 5***	-0.000 2***	-0.000 3***	-0.000 02	-0.000 3***	-0.000 1**	-0.000 3**	5.24e-06
	(-5.40)	(-4.73)	(-4.65)	(-0.79)	(-6.01)	(-2.20)	(-2.30)	(0.08)
Constant	0.018 4	0.005 4	0.081 9***	0.018 9***	0.050 2***	0.008 5	0.070 7***	0.024 8***
	(1.31)	(0.69)	(6.80)	(3.15)	(4.44)	(1.47)	(3.98)	(2.70)
Year effects	Yes	Yes	Yes	Yes	Yes	Yes	Yes	Yes
Industry effects	Yes	Yes	Yes	Yes	Yes	Yes	Yes	Yes
N	3 075	3 075	7 573	7 573	8 086	8 086	2 562	2 562
R^2	0.489 3	0.476 5	0.462 4	0.340 3	0.468 4	0.373 2	0.526 7	0.397 2

注: * 表示在 0.1 的水平上显著; ** 表示在 0.05 的水平上显著; *** 表示在 0.01 的水平上显著。

从表中数据可以看出,税收优惠与税收征管的交互项 $Taxinc \times Taxenforce$ 的回归系数在列(1)~列(8)中均为负数,并且基本上均通过了显著性检验,说明即使在考虑企业所有权性质和地方政府干预程度差异的情况下,税收征管力度增强也会削弱税收优惠对企业研发投资的促进效果。下级政府通常作为上级政府管理当地社会、经济的代理人而实际负责地方税收征管,但却无法完全享有税收征管收益,使得各级政府对企业的"所有权"和"控制权"发生分离,进而导致实际控制着地方税收征管的下级政府有很强动机根据自身利益进行选择性税收执法(李广众、贾凡胜,2019)。在税收优惠认定或审批的过程中,存在一定的软性条件作为企业享受优惠政策的标准,并且税务部门在确定征税对象、计税依据、税额减免等方面具有一定的弹性空间,可以灵活调整税收征管力度,使得税收征管一定程度上成为"谈判式"征管,征管尺度与深度会受到税务人员主观判断因素的干扰(赵纯祥等,2019)。严格的税收征管行为尽管能够在约束企业滥用税收优惠政策上发挥相应作用,但也会对企业获得税收优惠造成困难,增加企业的纳税遵从成本,体现出税收征管的"征税效应"与"寻租效应",在一定程度上降低税收优惠的政策效果。

(四)政策不确定性调节效应的实证检验

1. 多元回归结果分析

为考察经济政策不确定性是否对税收优惠与企业研发投资的关系具有调节效应,本书依据模型(4)展开实证检验。考虑到政策不确定性影响的时滞性,EPU 指标均采用滞后一期的数据,表 5-8 列示了固定效应模型的回归分析结果。列(1)~列(4)报告了以 EPU_{ari} 和 EPU_{geo} 分别作为衡量指标的政策不确定性对税收优惠激励效果的影响。交互项 $Taxinc \times EPU$ 的回归系数均为正值,并且列(3)和列(4)显示的结果通过了10%水平的显著性检验,说明政策不确定性在税收优惠对企业研发投资的促进作用中具有正向的调节效应,为假设H4提供了支持性证据。经济政策不确定性提升时,为应对其变化研发投入会表现出明显的"抢占效应",企业倾向于加速创新以获取先发性战略优势,税收优惠的激励效应能够得到进一步增强。

表 5-8 政策不确定性调节效应的回归结果

变量	$R\&D_{ys}$		$R\&D_{zc}$	
	EPU_{ari}	EPU_{geo}	EPU_{ari}	EPU_{geo}
	(1)	(2)	(3)	(4)
$Taxinc_{t-1}$	-0.029 7*** (-4.43)	-0.029 1*** (-4.51)	-0.014 1*** (-4.09)	-0.013 6*** (-4.12)
$Taxinc_{t-1} \times EPU_{t-1}$	0.001 7 (0.59)	0.001 5 (0.52)	0.002 9* (1.94)	0.002 9* (1.89)
EPU_{t-1}	0.002 4** (2.15)	0.002 6** (2.20)	-0.000 6 (-1.13)	-0.000 7 (-1.09)
Roa	-0.012 6* (-1.85)	-0.012 6* (-1.85)	0.069 5*** (19.87)	0.069 5*** (19.87)
Lev	-0.044 8*** (-30.18)	-0.044 8*** (-30.18)	-0.003 4*** (-4.40)	-0.003 4*** (-4.40)
Growth	-0.005 1*** (-4.94)	-0.005 1*** (-4.94)	-0.001 8*** (-3.32)	-0.001 8*** (-3.32)
G5	-0.014 7*** (-5.99)	-0.014 7*** (-5.98)	-0.002 7** (-2.13)	-0.002 7** (-2.13)
Cashflow	-0.011 0*** (-4.15)	-0.011 0*** (-4.15)	0.007 0*** (5.17)	0.007 0*** (5.17)
Capital	-0.014 2*** (-6.48)	-0.014 2*** (-6.49)	-0.001 5 (-1.32)	-0.001 5 (-1.32)
Age	-0.000 3*** (-6.49)	-0.000 3*** (-6.49)	-0.000 1* (-1.95)	-0.000 1* (-1.95)
Constant	0.054 9*** (10.61)	0.054 7*** (10.51)	0.014 6*** (5.50)	0.014 6*** (5.46)
Year effects	Yes	Yes	Yes	Yes

续 表

变量	R&D$_{ys}$		R&D$_{zc}$	
	EPU$_{ari}$	EPU$_{geo}$	EPU$_{ari}$	EPU$_{geo}$
	(1)	(2)	(3)	(4)
Industry effects	Yes	Yes	Yes	Yes
N	10 648	10 648	10 648	10 648
R^2	0.474 4	0.474 4	0.369 6	0.369 6

注：* 表示在 0.1 的水平上显著；** 表示在 0.05 的水平上显著；*** 表示在 0.01 的水平上显著。

2. 实证结果的进一步检验

前述研究结果已经证实经济政策不确定性会对税收优惠的政策效果产生影响，但是不同行业领域与企业个体特征存在差异，决定其对外界环境波动的敏感性可能有相应变化。为进一步检验经济政策不确定性对税收优惠与企业研发活动的激励是否存在异质性，本书在模型（4）的基础上引入产权性质、行业特征和融资约束等分组变量，探究具有不同特性的企业其研发投资行为受到宏观不确定性影响程度的差异。

（1）产权性质

产权性质对企业经营行为具有较强影响，在政策不确定性提升情境下，国有企业与非国有企业在研发投资中的反应可能表现出一定差异。为考察经济政策不确定性对税收优惠激励效果的调节作用是否因企业所有权属性而存在差异，本书引入产权性质（State）虚拟变量作为分组变量，观察国有企业与非国有企业研发投资行为的变化。同前文有关产权性质变量的界定相同，采用 Wind 数据库中获取的企业属性，将研究样本划分为国有企业与非国有企业，分别赋值为 1 和 0。表 5-9 报告了回归分析结果，从表中数据可以看出，列（1）～列（4）是以国有企业为研究对象，税收优惠与政策不确定性交互项 Taxinc × EPU 的回归系数虽然均为正数，但并未通过相应的显著性检验，而在列（5）～列

(8) 以非国有企业为研究样本的数据结果中，税收优惠与政策不确定性交互项 $Taxinc \times EPU$ 的回归系数均为正数，并且在10%的水平下具有显著性，说明在经济政策不确定性上升时，相比于国有企业，税收优惠政策对企业研发投资决策的正向影响程度在非国有企业中表现得更为显著。

表5-9 产权性质差异下政策不确定性调节效应的回归结果

变量	State = 1				State = 0			
	$R\&D_{yy}$		$R\&D_{zc}$		$R\&D_{yy}$		$R\&D_{zc}$	
	EPU_{ari}	EPU_{geo}	EPU_{ari}	EPU_{geo}	EPU_{ari}	EPU_{geo}	EPU_{ari}	EPU_{geo}
	(1)	(2)	(3)	(4)	(5)	(6)	(7)	(8)
$Taxinc_{t-1}$	-0.0185* (-1.87)	-0.0171* (-1.80)	-0.0053 (-0.95)	-0.0048 (-0.90)	-0.0368*** (-4.25)	-0.0367*** (-4.41)	-0.0179*** (-4.17)	-0.0175*** (-4.24)
$Taxinc_{t-1} \times EPU_{t-1}$	0.0026 (0.62)	0.0021 (0.50)	0.0016 (0.69)	0.0015 (0.63)	0.0014* (0.37)	0.0014* (0.38)	0.0031* (1.69)	0.0032* (1.67)
EPU_{t-1}	0.0025 (1.50)	0.0028 (1.57)	-0.0002 (-0.18)	-0.0001 (-0.14)	0.0034** (2.39)	0.0036** (2.41)	0.0002 (0.22)	0.0002 (0.25)
Roa	0.0115 (0.91)	0.0114 (0.90)	0.0440*** (6.24)	0.0440*** (6.24)	-0.0231*** (-2.86)	-0.0231*** (-2.86)	0.0774*** (19.25)	0.0774*** (19.25)
Lev	-0.0353*** (-13.61)	-0.0353*** (-13.61)	-0.0075*** (-5.17)	-0.0075*** (-5.17)	-0.0463*** (-24.58)	-0.0463*** (-24.58)	-0.0030*** (-3.26)	-0.0030*** (-3.25)
Growth	0.0005 (0.26)	0.0005 (0.26)	0.0009 (0.85)	0.0009 (0.85)	-0.0076*** (-6.26)	-0.0076*** (-6.26)	-0.0023*** (-3.75)	-0.0023*** (-3.75)
G5	-0.0183*** (-4.52)	-0.0182*** (-4.52)	-0.0076*** (-3.38)	-0.0076*** (-3.38)	-0.0080*** (-2.55)	-0.0080*** (-2.55)	-0.0009 (-0.57)	-0.0009 (-0.57)
Cashflow	-0.0267*** (-5.11)	-0.0267*** (-5.12)	-0.0029 (-0.98)	-0.0029 (-0.98)	-0.0069** (-2.22)	-0.0069** (-2.22)	0.0081*** (5.29)	0.0081*** (5.29)
Capital	-0.0012 (-0.34)	-0.0012 (-0.34)	-0.0024 (-1.18)	-0.0024 (-1.18)	-0.0166*** (-6.04)	-0.0166*** (-6.04)	0.0011 (0.82)	0.0011 (0.82)
Age	-0.0005*** (-5.55)	-0.0005*** (-5.54)	-0.0002*** (-4.83)	-0.0002*** (-4.82)	-0.0003*** (-4.74)	-0.0003*** (-4.74)	-0.00003*** (-0.83)	-0.00003*** (-0.83)
Constant	0.0359*** (4.70)	0.0355*** (4.63)	0.0144*** (3.36)	0.0143*** (3.33)	0.0601*** (8.99)	0.0600*** (8.91)	0.0134*** (4.04)	0.0133*** (3.99)

续 表

变量	State = 1				State = 0			
	R&D$_{ys}$		R&D$_{zc}$		R&D$_{ys}$		R&D$_{zc}$	
	EPU$_{ari}$	EPU$_{geo}$	EPU$_{ari}$	EPU$_{geo}$	EPU$_{ari}$	EPU$_{geo}$	EPU$_{ari}$	EPU$_{geo}$
	(1)	(2)	(3)	(4)	(5)	(6)	(7)	(8)
Year effects	Yes	Yes	Yes	Yes	Yes	Yes	Yes	Yes
Industry effects	Yes	Yes	Yes	Yes	Yes	Yes	Yes	Yes
N	3 075	3 075	3 075	3 075	7 573	7 573	7 573	7 573
R^2	0.487 9	0.487 9	0.476 1	0.476 1	0.459 8	0.459 8	0.340 0	0.340 0

注：* 表示在 0.1 的水平上显著；** 表示在 0.05 的水平上显著；*** 表示在 0.01 的水平上显著。

国有企业对较高风险的创新活动的投资并非源于对经济绩效的追求（聂辉华等，2008），所有权与管理权分离导致的"负盈不负亏"的权责关系，致使经营者倾向于追加投资，从事"帝国建造"等次优活动（梅丹，2009）。同时，国有企业承担了更多事关国家发展的政策性负担，需要保证一定的投资规模以履行社会责任，因此政府在制定经济政策时通常会给予国有企业相应的政策倾斜。这也使得国有企业的经济行为对政策的依赖程度较之非国有企业更深（贾倩等，2013），因而也能在政策的变动中依旧保持较为稳定的投资水平。非国有企业多数处于市场竞争激烈的行业或领域，对宏观政策环境更为敏感，因而更倾向于利用政策不确定时期蕴含的投资机遇，在研发等高风险项目中谋求收益，从而获得市场竞争优势。政策不确定性能够提升非国有企业的风险承担水平，表现出"机遇预期效应"，因此非国有企业属性会增强宏观政策环境变动对企业行为的影响。

(2) 行业特征

经济政策不确定性对研发活动的异质性影响还可能源自企业所属行业的差异。本书将企业是否隶属于高新技术行业的二元虚拟变量作为分组变量引入回归方程，探究处于不同产业环境的企业在面对政策不确定性的波动时，税收优惠引致的研发投资规模是否会发生变化。高新技术产业（Hightech）变量以上市公司是否属于高新技术产业的虚拟变量来反映。本书按照国家统计局发布的《高技术产业（制造业）分类（2013）》以及《高技术产业（服务业）分类（2018）》对研究样本进行统计，其中所在行业归属于高新技术产业的企业取值为 1，归属于非高新技术产业的企业取值为 0。表 5-10 报告了回归分析结果，列（1）~ 列（4）数据显示高新技术产业样本下，无论是以 R&Dys 还是 R&Dzc 作为被解释变量，税收优惠与政策不确定性交互项 Taxinc × EPU 的回归系数均未通过显著性检验，表明高新技术产业中的企业研发投资行为并未明显受到不确定性因素的影响，宏观环境中的政策变化对税收优惠的激励效果没有显著改变。列（5）~ 列（8）是以非高新技术产业为研究样本，在以 EPU_{ari} 为政策不确定性衡量指标的回归结果中，交互项 Taxinc × EPU 的回归系数分别为 0.002 1 和 0.002 8，并且均在 10% 的水平下显著。以 EPU_{geo} 为政策不确定性衡量指标的回归数据也得出相似的结果，说明非高新技术企业受到不确定性因素的影响较大。

表 5-10 行业特征差异下政策不确定性调节效应的回归结果

变量	Hightech = 1				Hightech = 0			
	$R\&D_{ys}$		$R\&D_{zc}$		$R\&D_{ys}$		$R\&D_{zc}$	
	EPU_{ari}	EPU_{geo}	EPU_{ari}	EPU_{geo}	EPU_{ari}	EPU_{geo}	EPU_{ari}	EPU_{geo}
	(1)	(2)	(3)	(4)	(5)	(6)	(7)	(8)
$Taxinc_{t-1}$	-0.036 7** (-2.29)	-0.036 5** (-2.37)	-0.018 0** (-2.43)	-0.017 3** (-2.42)	-0.024 2*** (-3.83)	-0.023 6*** (-3.87)	-0.012 4*** (-3.38)	-0.012 1*** (-3.44)
$Taxinc_{t-1} \times EPU_{t-1}$	0.000 1 (0.02)	0.000 04 (0.01)	0.003 5 (1.08)	0.003 4 (1.02)	0.002 1* (0.77)	0.001 9* (0.69)	0.002 8* (1.80)	0.002 9* (1.80)
EPU_{t-1}	0.002 4 (0.91)	0.002 6 (0.92)	-0.000 9 (-0.73)	-0.000 9 (-0.70)	0.002 4** (2.32)	0.002 6** (2.38)	-0.000 7 (-1.13)	-0.000 7 (-1.12)
Roa	-0.003 9 (-0.25)	-0.003 9 (-0.25)	0.081 0*** (11.16)	0.081 0*** (11.17)	-0.018 9*** (-2.89)	-0.019 0*** (-2.89)	0.062 1*** (16.32)	0.062 1*** (16.32)
Lev	-0.059 8*** (-16.87)	-0.059 8*** (-16.87)	0.001 6 (0.95)	0.001 6 (0.95)	-0.038 1*** (-27.30)	-0.038 1*** (-27.30)	-0.005 7*** (-7.05)	-0.005 7*** (-7.05)

续 表

变量	Hightech = 1				Hightech = 0			
	$R\&D_{yp}$		$R\&D_{zz}$		$R\&D_{yp}$		$R\&D_{zz}$	
	EPU_{ari}	EPU_{geo}	EPU_{ari}	EPU_{geo}	EPU_{ari}	EPU_{geo}	EPU_{ari}	EPU_{geo}
	(1)	(2)	(3)	(4)	(5)	(6)	(7)	(8)
Growth	-0.008 7*** (-3.66)	-0.008 7*** (-3.66)	-0.003 7*** (-3.39)	-0.003 7*** (-3.39)	-0.002 8*** (-2.86)	-0.002 8*** (-2.86)	-0.000 7 (-1.16)	-0.000 7 (-1.16)
G5	-0.024 9*** (-4.09)	-0.024 9*** (-4.09)	-0.002 6 (-0.91)	-0.002 6 (-0.92)	-0.011 0*** (-4.85)	-0.011 0*** (-4.85)	-0.002 6** (-1.97)	-0.002 6** (-1.96)
Cashflow	-0.016 3*** (-2.63)	-0.016 3*** (-2.63)	0.009 0*** (3.13)	0.009 0*** (3.13)	-0.010 0*** (-3.97)	-0.010 0*** (-3.97)	0.006 5*** (4.41)	0.006 5*** (4.42)
Capital	-0.021 9*** (-4.23)	-0.021 9*** (-4.23)	-0.003 9 (-1.64)	-0.004 0* (-1.64)	-0.010 4*** (-5.01)	-0.010 4*** (-5.01)	-0.000 1 (-0.07)	-0.000 1 (-0.07)
Age	-0.000 4*** (-3.18)	-0.000 4*** (-3.18)	-0.000 1** (-2.54)	-0.000 1** (-2.54)	-0.000 3*** (-6.01)	-0.000 3*** (-6.01)	-4.57e-06 (-0.16)	-4.48e-06 (-0.15)
Constant	0.079 3*** (8.53)	0.079 1*** (8.42)	0.023 2*** (5.39)	0.023 1*** (5.31)	0.049 8*** (11.11)	0.049 6*** (10.98)	0.014 5*** (5.59)	0.014 5*** (5.54)
Year effects	Yes	Yes	Yes	Yes	Yes	Yes	Yes	Yes
Industry effects	Yes	Yes	Yes	Yes	Yes	Yes	Yes	Yes
N	3 414	3 414	3 414	3 414	7 234	7 234	7 234	7 234
R^2	0.300 5	0.300 5	0.257 5	0.257 5	0.413 6	0.413 6	0.307 0	0.307 0

注：* 表示在 0.1 的水平上显著；** 表示在 0.05 的水平上显著；*** 表示在 0.01 的水平上显著。

知识密集、技术密集是高新技术行业的典型特征，研发重点聚焦于无形资产特别是知识产权，能够形成企业的核心竞争力，进而为企业带来持续的盈利（崔也光、赵迎，2013；杨记军等，2018）。高新技术企业的市场价值取决于未来的成长性，因而与传统行业相比，研发投资是高新技术行业的主要投资内容（翟淑萍、毕晓方，2016），其以研发资金的密集投入来实现对尖端科技的持续创新。储德银、张同斌（2018）的研究也证实，自主研发支出在长期对高新技术产业的产出具有持久的正向影响。因此，对于高新技术产业而言，行业属性决定了其必须不断优化研发资源配置,通过竞争性创新捕获先发优势,以期获得巨额回报,而非仅在面对政策不确定性风险增加时调整研发投资策略。而非高新技术产业相较之下对政策环境的变化可能更为敏感,在面对政策不确定性程度加大时,非高新技术产业中的企业更有可能把握投资机会,倾向于增加研发投资以应对政策波动带来的风险,以求增强生存能力与竞争优势,从而使得税收优惠的激励效应得到进一步释放。综上,相比于高新技术产业,经济政策不确定性对税收优惠政策效果的促进作用在非高新技术产业中表现得更加显著。

(3) 融资约束

研发活动需要大量资金长期持续性地投入,融资体系的有效支撑是研发得以进展的关键要素。然而,由于研发活动的创新性所带有的回报周期长、结果不确定性强以及内外部高度信息不对称等特征,使得外部投资者的风险承担意愿较低,导致企业面临较为严峻的融资约束(Hall,2002)。为检验融资约束程度的差异是否会导致政策不确定性对税收优惠作用的调节效应产生变化,本书引入融资约束(Fc)的二元虚拟变量作为分组变量进行考察。本书借鉴 Hall 等(2015)的方法,以营运资金占资产总额的比重来反向衡量融资约束情况,即营运资金占资产总额的比重越大,企业面临的融资约束越小。在此基础上对虚拟变量 Fc 展开识别,分别根据营运资金占资产总额比重的数值的中位数进行比较,大于中位数取值为 1,表示企业面临较弱程度的融资约束,反之则取值为 0,表示企业面临的融资约束程度较强。表 5-11 报告了分组回归模型的检验结果,列(1)和列(3)显示在企业面临融资约束程度较弱的情况下,以 EPU_{ari} 为政策不确定性的衡量指标,交互项 $Taxinc \times EPU$ 的回归系数分别为 0.002 7 和 0.004 6,并且均通过了 10% 水平的显著性检验,说明融资约束小的企业在面对经济政策不确定性上升时,倾向于通过增加研发投资布局应对风险,从而进一步提升税收优惠政策的作用效果。列(2)和列(4)以 EPU_{geo} 为政策不确定性的衡量指标的回归结果也得出类似的研究结论。列(5)~列(8)的回归结果显示，在融资约束程度较强的企业样本中，税收优惠与政策不确定性交互项 $Taxinc \times EPU$ 的回归系数均未通过显著性检验，政策不确定性的变动对税收优惠的激励效应并没有产生相应的影响。

表 5-11 融资约束差异下政策不确定性调节效应的回归结果

变量	$Fc = 1$				$Fc = 0$			
	$R\&D_{ys}$		$R\&D_{zc}$		$R\&D_{ys}$		$R\&D_{zc}$	
	EPU_{ari}	EPU_{geo}	EPU_{ari}	EPU_{geo}	EPU_{ari}	EPU_{geo}	EPU_{ari}	EPU_{geo}
	(1)	(2)	(3)	(4)	(5)	(6)	(7)	(8)
$Taxinc_{t-1}$	-0.044 2***	-0.043 5***	-0.026 9***	-0.026 2***	-0.017 9**	-0.017 9**	-0.004 4	-0.004 2
	(-3.76)	(-3.87)	(-4.68)	(-4.77)	(-2.31)	(-2.38)	(-1.05)	(-1.03)
$Taxinc_{t-1} \times EPU_{t-1}$	0.002 7*	0.002 5*	0.004 6*	0.004 6*	-0.000 0	-0.000 1	0.001 1	0.001 1
	(0.51)	(0.48)	(1.82)	(1.79)	(-0.00)	(-0.01)	(0.62)	(0.59)
EPU_{t-1}	0.001 3	0.001 4	-0.001 1	-0.001 1	0.004 8***	0.005 1***	0.000 7	0.000 7
	(0.74)	(0.77)	(-1.28)	(-1.24)	(3.46)	(3.48)	(0.86)	(0.89)
Roa	-0.022 0**	-0.022 0**	0.065 0***	0.065 0***	-0.007 7	-0.007 7	0.072 8***	0.072 8***
	(-2.10)	(-2.10)	(12.72)	(12.72)	(-0.86)	(-0.86)	(15.03)	(15.03)
Lev	-0.057 3***	-0.057 3***	-0.004 0***	-0.004 0***	-0.034 9***	-0.034 9***	-0.001 8*	-0.001 8*
	(-23.14)	(-23.14)	(-3.29)	(-3.29)	(-18.49)	(-18.49)	(-1.73)	(-1.73)
$Growth$	-0.002 3	-0.002 3	-0.000 5	-0.000 5	-0.006 7***	-0.006 7***	-0.002 5***	-0.002 5***
	(-1.33)	(-1.33)	(-0.56)	(-0.55)	(-5.37)	(-5.37)	(-3.65)	(-3.65)
$G5$	-0.020 1***	-0.020 1***	-0.005 8***	-0.005 8***	-0.008 7***	-0.008 7***	0.000 9	0.000 9
	(-5.20)	(-5.20)	(-3.06)	(-3.06)	(-2.83)	(-2.83)	(0.55)	(0.56)
$Cashflow$	-0.004 4	-0.004 4	0.005 1**	0.005 1**	-0.020 2***	-0.020 2***	0.006 6***	0.006 6***
	(-1.01)	(-1.01)	(2.40)	(2.41)	(-6.13)	(-6.13)	(3.72)	(3.72)
$Capital$	-0.030 0***	-0.030 0***	0.005 8**	0.005 8**	-0.007 0***	-0.007 0***	-0.000 9	-0.000 9
	(-6.25)	(-6.25)	(2.47)	(2.47)	(-2.71)	(-2.71)	(-0.61)	(-0.62)
Age	-0.000 2***	-0.000 2***	0.000 05	0.000 05	-0.000 4***	-0.000 4***	-0.000 1***	-0.000 1***
	(-2.74)	(-2.74)	(1.19)	(1.19)	(-5.75)	(-5.75)	(-2.91)	(-2.91)
$Constant$	0.075 5***	0.075 3***	0.019 6***	0.019 6***	0.030 1***	0.029 8***	0.004 6	0.004 5
	(9.38)	(9.31)	(5.00)	(4.96)	(4.54)	(4.47)	(1.27)	(1.24)
Year effects	Yes	Yes	Yes	Yes	Yes	Yes	Yes	Yes

续　表

变量	$Fc = 1$				$Fc = 0$			
	$R\&D_{yp}$		$R\&D_{zc}$		$R\&D_{yp}$		$R\&D_{zc}$	
	EPU_{ari}	EPU_{geo}	EPU_{ari}	EPU_{geo}	EPU_{ari}	EPU_{geo}	EPU_{ari}	EPU_{geo}
	(1)	(2)	(3)	(4)	(5)	(6)	(7)	(8)
Industry effects	Yes	Yes	Yes	Yes	Yes	Yes	Yes	Yes
N	5 022	5 022	5 022	5 022	5 626	5 626	5 626	5 626
R^2	0.477 2	0.477 2	0.396 4	0.396 4	0.448 2	0.448 2	0.333 1	0.333 1

注：* 表示在 0.1 的水平上显著；** 表示在 0.05 的水平上显著；*** 表示在 0.01 的水平上显著。

债务融资是企业外源融资的主要渠道，而非正规金融形式的商业信用也已成为企业研发投入的重要融资来源（张杰等，2012）。政策不确定性增强了融资市场环境的动荡，对企业的商业信用规模产生冲击（王化成等，2016）；同时，商业银行也会由于判断投资机会的难度提升而选择采取紧缩的信贷政策，给企业的债务融资带来负向影响。因此，在政策不确定性提升的情形下，企业外部融资成本上升，导致融资约束程度进一步提高。融资约束是我国企业研发行为不稳定的重要成因（戴小勇、成力为，2015），其对企业研发投资呈现出显著的抑制效应（康志勇，2013；张杰等，2012）。由此，企业受到融资约束的程度越强，在经济政策不确定性上升时，税收优惠对企业研发活动的促进作用越弱，反之则会增强税收优惠的激励作用。

研发能力的积累对有效维持企业的持续生存具有重要意义，只有掌握核心技术并不断实现创新的企业才能在产业中获得更多的发展空间。本章内容聚焦税收优惠的政策效果展开实证检验，并关注企业内部特征与外部制度性环境因素对政策效应的异质性影响。研究发现：(1) 中国税收优惠政策对企业创新活动具有积极的效应，稳定而持续的税收激励能够刺激企业增加研发投资，但在激励程度上仍有一定的政策空间。(2) 提升税收征管强度对企业研发投资具有正向影响，但是效果并不显著，进一步检验发现相比于国有企业，税收征管对企业创新活动的正向影响在非国有企业中表现得更为明显，而在地方政府干预程度较低的地区，税收征管对企业研发投资的抑制效应也会相应减弱。同时，税收征管行为对税收优惠与企业研发活动的关系具有负向调节作用，税收征管力度增强会降低税收优惠的激励效果。(3) 经济政策不确定性对税收优惠的政策效应具有正向调节作用，政策不确定性提升时企业会加速研发投资以应对环境变化，税收优惠的激励效应得到增强。产权性质、行业特征与融资约束会对政策不确定性的调节作用带来异质性影响，在政策不确定性上升时，税收优惠对企业研发投资的正向影响程度在非国有企业、非高新技术产业以及融资约束程度弱的企业中表现得更为显著。

第六章　基于三维框架的科技创新税收优惠政策量化分析

现有经验研究对税收激励政策与科技创新的关系尚未形成统一结论，部分研究表明税收优惠政策能够规避研发投资的知识溢出导致的风险与不确定性，对激励私人研发投资与创新活动具有积极作用。然而，也有学者认为税收优惠政策在解决创新外部性导致的市场失灵问题上是无效的，税收优惠政策的激励效果并不明显。因此，在中国情境下，从原始的政策文本角度探寻导致激励效应多样化的原因，不失为有益的尝试。但是，过往研究对税收激励政策的特征与问题分析多采用定性研究，鲜少对政策文本展开频数统计与量化分析，使得研究结论缺乏数据支撑。鉴于此，本章系统梳理截至 2020 年 6 月 30 日分散于各项法规和政策性文件中的税收激励政策形成数据库，并构建"政策目标—政策设计—政策执行"三维框架，采用内容分析法对政策文本进行单维和多维量化分析，通过将定性问题定量化，归纳我国税收激励政策的特点与局限性，并为完善税收政策体系提供优化建议。

一、政策文本来源与分析框架

（一）政策来源与文本选取

本节选取的科技创新税收激励政策文本均来源于公开资料，通过财政部条法司财政法规数据库、国家税务总局税收法规库、已出版发行的政策汇编以及相关政府、法律政策网站等多种渠道进行资料收集。为确保政策选取的权威性、完整性与代表性，本节按照如下原则对政策文本进行筛选：一是发文单位为国务院及其直属机构、中央各部委；二是与科技创新活动密切相关；三是政策内容直接包含具体税收激励措施，仅体现政府对科技创新所持税收优惠态度以及界定相关措施实施标准类的文本不计入其中；四是政策内容自2020年7月1日起仍在有效期内。根据文件名称与发文单位相参照的方式，并对政策文本条款逐一阅读筛选，剔除已失效的文本，最终梳理出与科技创新密切相关的税收激励政策51项，具体如表6-1所示。

表6-1 中国科技创新税收激励政策列表

序号	政策字号	政策颁布机构	政策名称
1	中华人民共和国主席令第63号	全国人民代表大会	《中华人民共和国企业所得税法》
2	中华人民共和国国务院令第512号	国务院	《中华人民共和国企业所得税法实施条例》
3	中华人民共和国主席令第48号	全国人民代表大会	《中华人民共和国个人所得税法》
4	财政部 税务总局第65号令	财政部 税务总局	《中华人民共和国增值税暂行条例实施细则》
5	财税字〔1999〕45号	财政部 税务总局	《关于促进科技成果转化有关税收政策的通知》
6	财税〔2002〕152号	财政部	《关于部分集成电路生产企业进口净化室专用建筑材料等物资税收政策问题的通知》
7	财税〔2009〕65号	财政部 税务总局	《关于扶持动漫产业发展有关税收政策问题的通知》
8	财税〔2011〕47号	财政部 税务总局	《关于高新技术企业境外所得适用税率及税收抵免问题的通知》
9	财税〔2011〕100号	财政部 税务总局	《关于软件产品增值税政策的通知》

续　表

序号	政策字号	政策颁布机构	政策名称
10	财税〔2011〕107号	财政部 税务总局	《关于退还集成电路企业采购设备增值税期末留抵税额的通知》
11	财税〔2012〕27号	财政部 税务总局	《关于进一步鼓励软件产业和集成电路产业发展企业所得税政策的通知》
12	财税〔2014〕75号	财政部 税务总局	《关于完善固定资产加速折旧企业所得税政策的通知》
13	财税〔2014〕116号	财政部 税务总局	《关于非货币性资产投资企业所得税政策问题的通知》
14	财税〔2015〕6号	财政部 税务总局 发展改革委 工信部	《关于进一步鼓励集成电路产业发展企业所得税政策的通知》
15	财税〔2015〕41号	财政部 税务总局	《关于个人非货币性资产投资有关个人所得税政策的通知》
16	财税〔2015〕106号	财政部 税务总局	《关于进一步完善固定资产加速折旧企业所得税政策的通知》
17	财税〔2015〕116号	财政部 税务总局	《关于将国家自主创新示范区有关税收试点政策推广到全国范围实施的通知》
18	财税〔2015〕119号	财政部 税务总局	《关于完善研究开发费用税前加计扣除政策的通知》
19	财税〔2016〕36号	财政部 税务总局	《关于全面推开营业税改征增值税试点的通知》
20	财税〔2016〕101号	财政部 税务总局	《关于完善股权激励和技术入股有关所得税政策的通知》
21	财税〔2017〕17号	财政部 税务总局	《关于集成电路企业增值税期末留抵退税有关城市维护建设税 教育费附加和地方教育附加政策的通知》
22	财税〔2017〕77号	财政部 税务总局	《关于支持小微企业融资有关税收政策的通知》
23	财税〔2017〕79号	财政部 税务总局	《关于将技术先进型服务企业所得税政策推广至全国实施的通知》

续 表

序号	政策字号	政策颁布机构	政策名称
24	财税〔2017〕90号	财政部 税务总局	《关于租入固定资产进项税额抵扣等增值税政策的通知》
25	财税〔2018〕27号	财政部 税务总局 发展改革委 工信部	《关于集成电路生产企业有关企业所得税政策问题的通知》
26	财税〔2018〕32号	财政部 税务总局	《关于调整增值税税率的通知》
27	财税〔2018〕38号	财政部 税务总局	《关于延续动漫产业增值税政策的通知》
28	财税〔2018〕44号	财政部 税务总局 商务部 科技部 发展改革委	《关于将服务贸易创新发展试点地区技术先进型服务企业所得税政策推广至全国实施的通知》
29	财税〔2018〕50号	财政部 税务总局	《关于对营业账簿减免印花税的通知》
30	财税〔2018〕51号	财政部 税务总局	《关于企业职工教育经费税前扣除政策的通知》
31	财税〔2018〕54号	财政部 税务总局	《关于设备 器具扣除有关企业所得税政策的通知》
32	财税〔2018〕55号	财政部 税务总局	《关于创业投资企业和天使投资个人有关税收政策的通知》
33	财税〔2018〕58号	财政部 税务总局 科技部	《关于科技人员取得职务科技成果转化现金奖励有关个人所得税政策的通知》
34	财税〔2018〕64号	财政部 税务总局 科技部	《关于企业委托境外研究开发费用税前加计扣除有关政策问题的通知》
35	财税〔2018〕76号	财政部 税务总局	《关于延长高新技术企业和科技型中小企业亏损结转年限的通知》
36	财税〔2018〕91号	财政部 税务总局	《关于金融机构小微企业贷款利息收入免征增值税政策的通知》
37	财税〔2018〕99号	财政部 税务总局 科技部	《关于提高研究开发费用税前加计扣除比例的通知》
38	财税〔2018〕120号	财政部 税务总局 科技部 教育部	《关于科技企业孵化器 大学科技园和众创空间税收政策的通知》

续 表

序号	政策字号	政策颁布机构	政策名称
39	财税〔2019〕13号	财政部 税务总局	《关于实施小微企业普惠性税收减免政策的通知》
40	财关税〔2004〕45号	财政部 海关总署 税务总局 信息产业部	《关于线宽小于0.8微米（含）集成电路企业进口自用生产性原材料 消耗品享受税收优惠政策的通知》
41	财关税〔2010〕28号	财政部 科技部 发展改革委 海关总署 税务总局	《关于科技重大专项进口税收政策的通知》
42	财关税〔2015〕46号	财政部 发展改革委 工信部 海关总署 国家税务总局	《关于调整集成电路生产企业进口自用生产性原材料消耗品免税商品清单的通知》
43	财关税〔2016〕36号	财政部 海关总署 国家税务总局	《关于动漫企业进口动漫开发生产用品税收政策的通知》
44	财关税〔2016〕62号	财政部 海关总署 国家税务总局	《关于扶持新型显示器件产业发展有关进口税收政策的通知》
45	财关税〔2016〕70号	财政部 海关总署 国家税务总局	《关于"十三五"期间支持科技创新进口税收政策的通知》
46	财关税〔2019〕38号	财政部 工信部 海关总署 税务总局 能源局	《关于调整重大技术装备进口税收政策有关目录的通知》
47	财关税〔2019〕47号	财政部 海关总署 税务总局	《关于有源矩阵有机发光二极管显示器件项目进口设备增值税分期纳税政策的通知》
48	财关税〔2019〕50号	财政部 海关总署 税务总局	《关于取消新型显示器件进口税收政策免税额度管理的通知》
49	财政部 税务总局公告2019年第66号	财政部 税务总局	《关于扩大固定资产加速折旧优惠政策适用范围的公告》
50	财政部 税务总局公告2019年第68号	财政部 税务总局	《关于集成电路设计和软件产业企业所得税政策的公告》
51	财政部 税务总局公告2020年第22号	财政部 税务总局	《关于延续实施普惠金融有关税收优惠政策的公告》

(二) 政策条款编码

政策条款是本书对文本展开内容分析的基本单元。本节对遴选出的51项政策按照"政策编号—条款号"进行编码。例如,[39-2]表示编号为39的政策文本的第2条;[25-5-1]表示编号为25的政策文本的第5条第1项细则。据此本节统计出政策条款总计80条。

(三) 政策分析三维框架

本节从政策目标、政策设计和政策执行三个维度构建科技创新税收激励政策的分析框架(如图6-1所示),并分别展开税收政策文本的单维度与多维度量化分析。

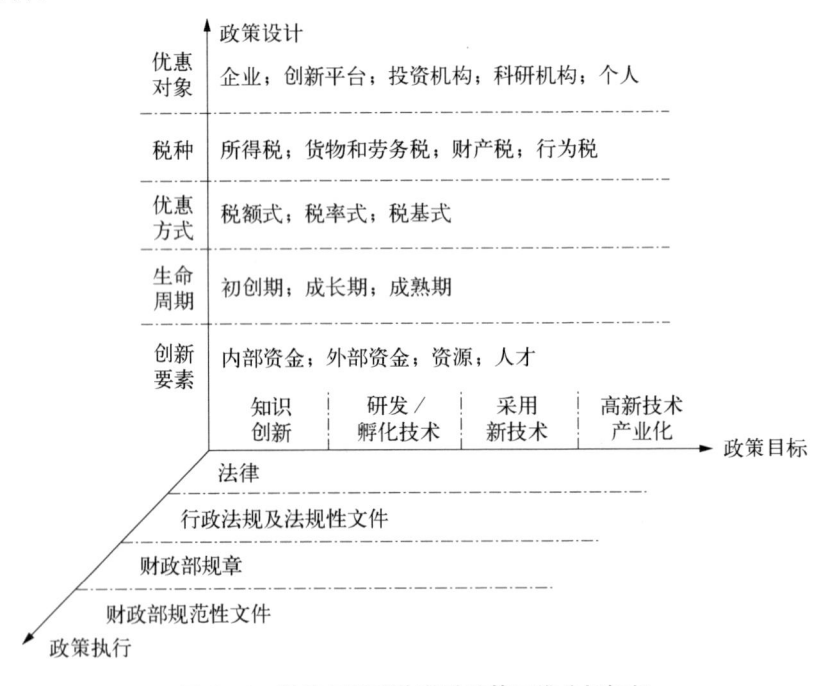

图6-1 科技创新税收激励政策三维分析框架

政策设计维度包括:
- 优惠对象:企业;创新平台;投资机构;科研机构;个人
- 税种:所得税;货物和劳务税;财产税;行为税
- 优惠方式:税额式;税率式;税基式
- 生命周期:初创期;成长期;成熟期
- 创新要素:内部资金;外部资金;资源;人才

政策目标维度:知识创新;研发/孵化技术;采用新技术;高新技术产业化

政策执行维度:法律;行政法规及法规性文件;财政部规章;财政部规范性文件

1. 政策目标维度

税收激励政策旨在降低各主体的创新成本,营造开放公平的创新市场环境,最终实现创新驱动发展。本书引入创新价值链，深入分析税收优惠作用于创新活动的具体环节，以期明晰政策意图。创新价值链是从获取科技创新源开始，通过一系列相互独立、相互联系的创新主体不断推动科技开发的价值增值，最终实现科技成果产业化的链条集合体（黄钢等，2006）。借鉴已有研究，本书将创新价值链划分为知识创新、研发/孵化技术、采用新技术和高新技术产业化等四个环节（洪银兴，2017）。知识创新环节是科技创新的源头，产业创新所需要的核心技术更多起源于基础研究领域；研发/孵化技术环节是各类主体与创新平台通过研发、孵化服务等创新性工作将创意与构思变为新的技术、产品与工艺；采用新技术环节是通过科技创业或技术转移、技术交易等方式实现科技成果转化；高新技术产业化环节则是通过规模商品生产实现创新成果市场价值最大化的过程。

2. 政策设计维度

从我国税收激励政策体系的设计视角出发，通过生命周期、创新要素等政策作用对象的分布结构，考察税收优惠布局的合理性。而不同类型税收政策工具的适用性、使用成本和激励效果存在差异，需针对创新主体的特点与需求进行科学选择与灵活运用。因此，通过优惠对象、税种、优惠方式等政策工具要素考察税收优惠设计与使用的科学性。

3. 政策执行维度

该维度关注税收优惠政策的发布机构及法规层级。依照财政部条法司财政法规数据库中对文件法规层次的划分，科技创新税收激励政策可分为法律、行政法规及法规性文件、财政部规章和财政部规范性文件。

二、科技创新税收激励政策单维量化分析

（一）政策目标维度

中国科技创新税收优惠政策作用于知识创新、研发/孵化技术、采用新技术

和高新技术产业化的频数分别为 3 次、17 次、23 次和 42 次[①]，税收激励政策从基础研究阶段到研发和孵化技术阶段、从科技创业阶段到高新技术产业化阶段，贯穿于科技创新链条的全过程。从统计结果来看，中国税收优惠的着力点主要聚焦于创新价值链后端的高新技术产业化阶段，通过减低税率或直接减免所得税等方式给予重点产业生产和销售活动相关优惠，政策频数所占比重高达 49.41%。位处中游的研发/孵化技术阶段和采用新技术阶段，政策频数所占比重分别为 20.00%和 27.06%。在整个科技创新链条中，基础研究是扩展知识深度与宽度的重要渠道，其不仅是显性信息的源泉，而且能够创造新的技术机会，对一国国际产业话语权和国际竞争力的强弱具有决定性意义（柳卸林、何郁冰，2011；卫平等，2013）。但目前中国的税收优惠政策仅有 3.53%作用于知识创新环节，对科研机构和高等学校等基础研究关键执行部门的激励力度显著不足。这与我国现阶段投入基础研究领域的 R&D 经费比重长期偏低的情况具有内在的一致性（赵建斌，2014）。尤其是在创新型国家已呈现出企业深度嵌入创新链条前端活动的趋势下，中国企业对基础研究的参与程度严重滞后，而税收政策并未体现出明确的导向。科技创新投入的阶段距离市场越远，信息不对称性越强，风险程度越高。因此，尽管激励政策的制定在完整的创新链条中具有较为紧密的连续性，但政策导向过于偏重创新结果而非创新过程，与各类创新主体在不同阶段面临的风险不相匹配。

（二）政策设计维度

1. 优惠对象

表 6-2 列示了税收激励政策按照优惠对象的分布情况。转变中国经济发展方式的关键是中国经济活动主体创新能力的成长。经济实现转型升级需要企业的科技创新支撑，包括提供明确的技术需求信号、通畅的技术转移渠道、充

[①] 由于同一条款政策中可能涉及多个创新价值链环节，是以造成使用频数大于优惠政策条款数。

沛的创新动力与活力等（孙玉涛、刘凤朝，2016）。中国企业尽管从R&D经费、专利申请授权量等指标来看已经成为技术创新供给主体，但尚未真正成为功能意义上的技术创新需求主体和全球价值创新与分配主体（孙玉涛、刘凤朝，2016）。作为创新驱动发展战略的微观基础与重要载体，企业仍旧是我国科技创新税收政策的重点激励对象，政策工具的使用频数达到54次，占比超过65%。但深入分析政策的优惠对象后发现，许多现行政策对能够享受税收优惠的企业类型或所属行业具有一定要求或限制。所有企业均能适用的具备普惠性的优惠政策仅有13项，主要包括研发费用加计扣除、固定资产加速折旧、技术转让所得减免企业所得税、以非货币性资产对外投资确认的非货币性资产转让所得分期缴纳企业所得税、企业外购软件缩短折旧或摊销年限、企业以技术成果投资入股递延缴纳所得税等内容，所占比重仅为15.66%。高新技术企业、小型微利企业、科技型中小企业和技术先进型服务企业等符合特定条件或资质认定的企业类型，能够享受具有针对性的优惠政策。尤其是近年来国家持续加强对小型微利企业的扶持力度，在增值税、企业所得税上均给予其较大优惠，政策工具使用频数达到5次，占比达到6.02%。国家对软件产业、集成电路产业、动漫产业、新型显示产业的企业通过"两免三减半""五免五减半"等定期减免所得税、减低税率、采购特定商品免征进口环节关税和增值税等特定税收优惠政策给予定向扶持，其中仅集成电路企业的政策工具使用频数占比就达到20.48%。此外，对比近年来的优惠政策变动可以看出，政策激励呈现出一定的普惠性趋势。原本仅生物药品制造业，专用设备制造业，铁路、船舶、航空航天和其他运输设备制造业，计算机、通信和其他电子设备制造业，仪器仪表制造业的企业以及轻工、纺织、机械、汽车等四个领域重点行业的企业才能够享受的仪器、设备加速折旧政策，其适用行业范围已扩大至全部制造业领域。原只有高新技术企业、技术先进型服务企业能够享受的职工教育经费支出不超过工资薪金总额8%的部分可税前扣除的标准，适用对象也已扩大至所有企业。

表6-2 中国科技创新税收激励政策按优惠对象的分布情况

优惠对象		频数	占比	总计
企业	企业	13	15.66%	65.06%
	高新技术企业	3	3.61%	
	重点行业企业	3	3.61%	
	小型微利企业	5	6.02%	
	科技型中小企业	1	1.20%	
	技术先进型服务企业	1	1.20%	
	软件企业	4	4.82%	
	集成电路企业	17	20.48%	
	动漫企业	3	3.61%	
	新型显示产业	4	4.82%	
创新平台	科技企业孵化器	3	3.61%	10.84%
	国家备案众创空间	3	3.61%	
	国家大学科技园	3	3.61%	
投资机构	创业投资企业或个人	6	7.23%	10.84%
	金融机构/融资（信用）担保机构	3	3.61%	
科研机构/高等学校		2	2.41%	2.41%
个人		9	10.84%	10.84%
总计			83	

注：由于同一条款政策中可能涉及多个优惠对象，是以造成使用频数大于优惠政策条款数。

孵化器能够集聚大量创业资源，并通过专业的孵化服务提高创业企业的存活率及其创新能力（Hansen & Sebora，2003），国家对科技企业孵化器和国家大学科技园、国家备案众创空间等创新平台的政策支持主要包括对房产和土地涉及的房产税、城镇土地使用税减免，以及对其向在孵企业提供孵化服务取得收入免征增值税,从而引导社会资本建设孵化器,相关政策占比为10.84%。税收政策对创业投资企业、天使投资人、金融机构等向中小高新技术企业、初创科技型企业、小微企业投资或贷款给予较大力度优惠,相关措施有9项,以期拓展多层次资本市场支持创新。有2项优惠条款被用于鼓励聚焦创新价值链前端的科研机构、高等学校等传统研究部门将其研究成果与功能向创新链条后端延伸与溢出,打通知识创新向经济价值转化的关键环节,使科学研究成为经济与产业发展的关键推动要素。

2. 税种

由表6-3的数据可以看出,我国科技创新税收优惠采用的税种分布在所得税(50次)、货物和劳务税(30次)、财产税(4次)、行为税(3次)、资源税(6次)和特定目的税(2次)等六大类。就具体税种而言,主要集中于企业所得税、个人所得税、增值税和关税等四种,使用频数所占比重依次为41.05%、11.58%、10.53%和10.53%。随着财税〔2016〕36号文件的出台,"营改增"试点在全国范围内推广实施,目前已无有关营业税的优惠政策,整体形成以企业所得税为表征的直接税与以增值税为表征的间接税为主的优惠结构,同时所得税优惠的主导地位进一步加强。

表6-3 中国科技创新税收激励政策按税种的分布情况

税　　种		频　数	占　比	总　计
所得税	企业所得税	39	41.05%	52.63%
	个人所得税	11	11.58%	
货物和劳务税	增值税	10	10.53%	31.58%
	进口环节增值税	9	9.47%	
	进口环节消费税	1	1.05%	
	关税	10	10.53%	
财产税	房产税	4	4.21%	4.21%

续 表

税　种		频 数	占 比	总 计
行为税	印花税	3	3.16%	3.16%
资源税	资源税	1	1.05%	6.31%
	城镇土地使用税	4	4.21%	
	耕地占用税	1	1.05%	
特定目的税	城市维护建设税	2	2.11%	2.11%
合　计		95		

注：由于同一条款政策中可能涉及多个税种，是以造成税种使用频数大于优惠政策条款数。

3. 优惠方式

依据优惠方式的不同，税收激励政策可分为直接优惠与间接优惠。直接优惠方式主要为免税、减税、定期减免税、减低税率、即征即退和退税等，间接优惠主要包括税前扣除、加计扣除、加速折旧、抵扣应纳税所得额、递延纳税、一次性扣除、减计收入和亏损结转等。表6-4列示的数据显示，我国科技创新税收激励政策多采用税额式优惠与税率式优惠，使用频数分别为43次和8次，即接近60%的条款都采用直接优惠，其中又以免税、定期减免税和减低税率方式居多，所占比重分别为31.40%、11.63%和9.30%。税基式的间接优惠中递延纳税、加速折旧和抵扣应纳税所得额是使用频数较高的方式，所占比重分别为10.47%、8.14%和6.98%。从优惠方式的视角来看，我国税收激励"直接优惠为主，间接优惠为辅"的特征较为显著。

表6-4　中国科技创新税收激励政策按优惠方式的分布情况

优　惠　方　式			频 数	占 比	总 计
直接优惠	税额式	免税	27	31.40%	59.30%
		减税	3	3.49%	

续　表

优　惠　方　式			频　数	占　比	总　计
直接优惠	税额式	定期减免税	10	11.63%	59.30%
		即征即退	2	2.33%	
		退税	1	1.16%	
	税率式	减低税率	8	9.30%	
间接优惠	税基式	抵扣应纳税所得额	6	6.98%	40.70%
		加计扣除	2	2.33%	
		加速折旧	7	8.14%	
		税前扣除	2	2.33%	
		一次性扣除	5	5.81%	
		递延纳税	9	10.47%	
		减计收入	3	3.49%	
		亏损结转	1	1.16%	

注：由于同一条款政策中可能涉及多种优惠方式，是以造成使用频数大于优惠政策条款数。

(三) 政策执行维度

我国现行科技创新税收优惠的51份政策文本中，仅有《企业所得税法》和《个人所得税法》2部法律，其余为行政法规及法规性文件18项、财政部规章1项、财政部规范性文件27项，此外还有3项为财政部税务总局公告。税收优惠措施多以财政部、国家税务总局、科技部、国家发展改革委、海关总署、工业和信息化部等部委联合或单独以规范性文件的形式颁布，其所占比重高达52.94%。税收激励政策立法层级较低的现状与税收法定要求有较大差距，因缺乏刚性约束，会对政策效力和政策稳定性产生一定影响。

三、科技创新税收激励政策多维量化分析

(一) 生命周期与创新要素

我国税收优惠政策按照企业生命周期的频数分布来看 (如表 6-5 所示),主要集中于成熟期企业,使用频数所占比重为 42.50%,针对初创期与成长期企业的政策工具数量则相对均衡。创新驱动型经济也需要高密度的资本投入支持,表现为巨量的 R&D 投入、人力资本投入和相应的物资投入 (刘志彪,2011)。小微企业除了自身可以享受增值税和企业所得税的减免优惠,针对初创期的税收政策还致力于引导各类创新平台的建设,为培育创新型企业提供场地、技术人员及孵化服务等资源支持。对创业投资企业和金融机构的税收激励则能够带动社会资本投入创新,有效缓解中小企业的融资约束。成长期的政策工具激励的创新要素较为全面,除了通过加计扣除的方式鼓励企业增加对研发资金的投入,还通过固定资产加速折旧、购买特定设备优惠和"四技收入"减免税等方式加快企业研发生产设备更新与科技成果转化。同时,创新人才获得的股权奖励以及以技术成果投资入股均可享受递延纳税优惠。成熟期的税收政策则主要给予高新技术企业、软件企业、集成电路企业、动漫企业等具有特定资质或所属特定

表 6-5　中国科技创新税收激励政策按企业周期与创新要素的分布情况

生命周期	创新要素				频数	占比
	内部资金	外部资金	资源	人才		
初创期	3	12	9		24	30.00%
成长期	2		12	8	22	27.50%
成熟期	24		10		34	42.50%
总　计	29	12	31	8	80	100%

产业的企业相应优惠。总体而言，税收激励政策更注重对企业内外部资金投入的支持，加之每年巨额财政资金投入，我国已具备相当的研发资本存量及科技资本积累。伴随中国经济由后发优势逐步转入先发优势战略轨道，在要素投入上依靠技术创新和人力资本驱动（刘志彪，2011）。然而，税收优惠对创新的核心要素人力资本的激励力度显然有待进一步提升，相关政策工具所占比重仅为10%。

（二）创新价值链与税种

表6-6列示的数据更加清晰地显示出中国税收激励对企业所得税的使用偏好以及政策对创新价值链下游高新技术产业化阶段的集中优惠。在创新价值链的中游，即研发/孵化技术环节和采用新技术环节，政策工具使用的税种较为丰富，涉及所得税、货物和劳务税、财产税、行为税、资源税和特定目的税。税收优惠体系中占据绝对主导地位的企业所得税更多在创新价值链下游阶段使用，主要是对具备高新技术企业资质或软件、集成电路、动漫等产业的企业给予相应的减免优惠，高新技术产业化环节频数所占比重达到2/3。同时，近70%的个人所得税分布于采用新技术阶段，对创新人才科技成果转化获得的股权奖励或以技术成果投资入股等给予延期纳税优惠。增值税的使用分布则相对均衡，覆盖创新价值链的中下游环节，作用对象涵盖小微企业、创业平台、金融机构、软件企业、集成电路企业、动漫企业等。产业化阶段关税和进口环节增值税的政策工具数量也较多，主要是针对集成电路、动漫和新型显示产业进口符合条件商品物资的优惠。

表6-6 中国科技创新税收激励政策按创新价值链与税种的分布情况

税 种	创新价值链				频数	占比
	知识创新	研发/孵化技术	采用新技术	高新技术产业化		
企业所得税		5	8	26	39	37.50%
个人所得税	1		9	3	13	12.50%

续 表

税 种	创新价值链				频数	占比
	知识创新	研发/孵化技术	采用新技术	高新技术产业化		
增值税		3	4	3	10	9.62%
进口环节增值税	2	3		7	12	11.54%
进口环节消费税	1	1			2	1.92%
关税	2	3		8	13	12.50%
房产税		3	1		4	3.85%
印花税			3		3	2.88%
资源税			1		1	0.96%
城镇土地使用税		3	1		4	3.85%
耕地占用税			1		1	0.96%
城市维护建设税			1	1	2	1.92%
合计	6	21	29	48	104	
占比	5.77%	20.19%	27.88%	46.15%		

注：由于同一条款政策可能涉及多个税种和创新价值链环节，是以造成使用频数大于优惠政策条款数。

（三）创新价值链与优惠方式

从创新价值链的视角来看，间接优惠仅在采用新技术环节的使用频数高于直接优惠，所占比重达到60.71%，运用的税基式优惠包括抵扣应纳税所得额、税前扣除、递延纳税和减计收入。政策工具在高新技术产业化阶段采用最为丰富的优惠方式，但同时也是直接优惠与间接优惠比重差距较大的环节，其更倾向于采用定期减免税或免税、减低税率等方式的税额式和税率式优惠，其所占比重分别达到52.50%和17.50%，间接优惠方式占比仅为30%。而知识创新环节因为政策扶持力度较弱,仅有的 3 项政策是对科研机构和高等学校购买特定设备进口环节的免税以及对创新人才科技奖金免征个人所得税。研发/孵化技术环节税额式与税基式优惠的分布相对平均,与多样的税基式优惠手段相比,该环节的税额式优惠集中于免税。

结合具体税种分析,企业所得税采用的间接优惠方式已超越直接优惠,两者所占比重分别为 53.49% 和 46.51%,其中直接优惠多采用定期减免税(10 次)和减低税率(8 次),而间接优惠使用频数较高的方式为加速折旧(7 次)、一次性扣除(5 次)和抵扣应纳税所得额(4 次)。增值税则完全采用免税(7 次)、即征即退(2 次)和退税(1 次)的直接优惠方式。

表 6-7　中国科技创新税收激励政策按创新价值链与优惠方式的分布情况

优惠方式		创新价值链				频数	占比
		知识创新	研发/孵化技术	采用新技术	高新技术产业化		
税额式	免税	3	12	7	8	30	32.97%
	减税			3		3	3.30%
	定期减免税				10	10	10.99%
	即征即退				2	2	2.20%
	退税				1	1	1.10%
	小　计	3	12	10	21	46	
	占　比	100%	60.00%	35.71%	52.50%	50.55%	
税率式	减低税率			1	7	8	8.79%
	占　比			3.57%	17.50%	8.79%	
税基式	抵扣应纳税所得额			6		6	6.59%
	加计扣除		2			2	2.20%
	加速折旧		3		4	7	7.69%

续 表

优惠方式		创新价值链				频数	占比
		知识创新	研发/孵化技术	采用新技术	高新技术产业化		
税基式	税前扣除			2		2	2.20%
	一次性扣除		3		2	5	5.49%
	递延纳税			7	4	11	12.09%
	减计收入			2	1	3	3.30%
	亏损结转				1	1	1.10%
小 计			8	17	12	37	
占 比		0.00%	40.00%	60.71%	30.00%	40.66%	
合 计		3	20	28	40	91	
		3.30%	21.98%	30.77%	43.96%		

注：由于同一条款政策可能涉及多种优惠方式和创新价值链环节，是以造成使用频数大于优惠政策条款数。

四、我国现行税收激励政策存在的局限性

（一）税收激励政策的立法层级较低，变动较为频繁

中国税收法治化程度偏低，多数税收法规由国务院以条例、暂行条例等形式颁布，并授权财政部制定实施细则，财政部可再授权地方政府制定补充规定。这样造成政策内容稳定性较差，制度之间衔接性不足，使得企业纳税人面临较高的纳税遵从成本（赵纯祥等，2019）。此种情况也延续到税收优惠政策体系中，我国科技创新税收激励政策主要由财政部、国家税务总局等中央部委单独或联合发布的通知构成，涵盖增值税、企业所得税、个人所得税、关税、房产

税等众多税种，但仅有企业所得税、个人所得税与资源税以法律形式订立，其余多分散在行政法规及法规性文件和规范性文件中。立法主体多元化加之较低的法规层级，对税收优惠的权威性与稳定性产生一定影响。税收政策的激励效果存在一定滞后效应，其长期效果优于短期效果，因而政策不稳定性会抑制政策绩效（Guellec & Van Pottelsberghe，2003）。如小型微利企业减免企业所得税自财税〔2009〕133号首次发布以来，11年内历经8次调整，年应纳税所得额上限由3万元逐步提升至100万元，并在财税〔2019〕13号政策中调整至300万元，优惠政策的适用年限也在不断延长。频繁变动的政策会使财务基础有限的多数中小企业无法及时跟进、掌握并成功享受相关优惠，无形中降低了政策的实施效果。

（二）税收激励政策显示出较强的特惠性质，影响政策公平与效率

我国90%以上的税收收入来源于企业的缴纳，意味着中国的税收负担基本上是由企业纳税人独自挑起的（高培勇，2015）。相对于财政补贴、政府购买等直接干预的政策工具，税收优惠对作用对象的选择性较弱，因而具有更低程度的激励扭曲与寻租风险（Lin & Li，2009），是能够有效支持创新的市场化工具而被广泛采用。但我国科技创新税收优惠在作用对象的产业领域、企业类型等方面存在一定限制。政策的偏向性使得不同性质的企业具有不同的资源禀赋，进而导致税收政策的激励效用与资源配置效应有所差异（胡华夏等，2017）。

第一，多数针对企业的税收优惠具有行业或技术领域限制。我国的税收政策以产业为导向设置的优惠措施较多，形成以"产业优惠为主"的激励格局。前文的统计结果表明，对企业具有普惠性的条款占比仅为15%，尤其是成熟期的政策工具多以软件、集成电路、动漫等产业为作用对象，15%优惠税率条款适用于产品（服务）属于电子信息、生物与新医药等经《国家重点支持的高新技术领域》认定的高新技术企业。尽管就提高资源配置效率和发挥税收政策引导作用而言，产业导向优惠有其合理性，但税收激励政策显著的"产业别"而

非"功能别"特征，会导致大量产业或企业的创新活动被屏蔽于税收优惠体系之外。从长远来看，具有偏向性的产业政策设计可能会加剧资源配置扭曲，不利于营造公平的市场竞争环境（胡凯，2015）。

第二，税收优惠多以实施主体及其资质认定为判断标准，较少聚焦于具体的科技创新行为。我国税收优惠的作用对象中不乏高新技术企业、技术先进型服务企业、科技型中小企业等"资质认定"条件。实践中，各地政府遵循一系列诸如企业规模、科技人员占比、研发投入比重、知识产权类别和数量等结构性指标，对企业资质进行认定。"标签化"的优惠措施无疑增强了企业面临的制度性环境特征。以高新技术企业为例，为追求经济效益最大化，企业可通过内部调整主动迎合资质认定条件，从而获取相应的税收优惠。税收政策条款设置针对优惠主体的条件而忽视具体的科技创新行为，使得企业一旦通过资质认定，无论本年度创新活动开展情况如何，均可享受优惠税率，节约的资金甚至可以投向创新活动以外的用途。学者的研究表明，高新技术企业所得税优惠政策已在很大程度上成为企业规避税收的"税盾"（李维安等，2016），有违政策设计的初衷。

此外，创新平台类的税收政策也设置资质门槛，符合国家级、省级科技企业孵化器，国家级、省级大学科技园的条件才有资格享受税收优惠，因此国家级、省级标准也集中体现了政策的目标导向。相关认定和管理办法对孵化器管理人员水平、在孵企业数量、孵化资金、孵化场地面积等方面有严格详尽的起点要求，对孵化器房产税、城镇土地使用税的减免优惠与建设面积紧密挂钩，而与其改进提升孵化服务并无直接关联，目前税收优惠更多强调物业概念，刺激孵化器以房屋租赁收入作为主要业务活动。而在孵企业对孵化器服务的需求已从直接的物质资源转向投融资、创业辅导、网络服务等深层次需求。税收优惠虽然能够实现对孵化器所提供的场地及技术人员等基础服务的有效激励，但对投融资服务和社会网络服务等内涵服务激励效应不显著（崔静静、程郁，2016）。尽管最新的优惠政策对孵化器向在孵对象提供孵化服务取得的收入免征增值税，但并未对除用房、用地服务之外的其他孵化服务类型提供更具针对性的多样化激励措施（孙启新等，2020）。可见，上述认定标准体现的政策导向使得我国孵化器发展呈现以科技地产为主的特征，孵化器追求孵化绩效导致深层次孵化服务提升较为滞后。

（三）税收激励政策的优惠程度与税种地位错配

2019 年度我国税收收入结构中国内增值税和企业所得税所占比重分别为 39.46% 和 23.61%[①]，"双主体"税种之一的增值税收入远超企业所得税。不同税种对企业研发创新的影响程度具有异质性。增值税可嵌入各种要素和商品的价格之中，贯穿于企业原材料与中间产品投入、机器设备采购、最终产品销售等诸多流转环节，价格"通道"特征明显（高培勇，2015）。增值税负担过重会造成创新要素与商品的价值信号扭曲，进而对企业研发创新活动决策产生不利影响。相较而言，企业所得税作为直接税，虽然在"事后"收取会挤占企业研发资金和风险准备金，但由于仅面向利润总额，并未扭曲企业的边际决策。

增值税扭曲企业决策、引致效率损失的"非中性"特征相比企业所得税更为显著（林志帆、刘诗源，2017），而其又是企业缴纳的最主要税种。但是我国税收优惠政策体系中超过 40% 的条款（39 次）采用企业所得税，国内增值税的使用频数仅有 10 次。作为企业负担最重的税种，增值税优惠的激励程度与税种地位并未实现良好匹配。这或许是增值税优惠政策激励效应不甚显著的一个可能的解释（水会莉等，2015）。以所得税为主的税收激励政策对科技实力与盈利能力较强的成熟期企业支持效果明显。但是对于初创或处于微利乃至亏损状态的企业而言，创新活动无法在短时间内直接形成利润，使得税收激励成为"口惠而实不至"的优惠（韩灵丽、黄冠豪，2014），难以充分发挥政策对企业创新活动的引导与扶持。

[①] 资料来源：依据财政部《2019 年财政收支情况》相关数据计算，http://gks.mof.gov.cn/tongjishuju/202002/t20200210_3467695.htm。

(四)税收激励政策偏重于采用直接优惠,重事后利益让渡轻事前引导

我国科技创新税收激励政策主要采用直接优惠方式,通过税额或税率的优惠给予企业最终经营成果税收减免,其实质是对企业从事创新活动所得利益的事后让渡。直接优惠忽视了创新活动前期的高风险与高投入,易引导企业投资于"短、平、快"项目,缺乏对研发创新长久而持续的支持。加之部分优惠政策涉及企业资质认定,程序繁多复杂,增加了企业的交易成本,使得直接优惠方式税收成本较高、政策效率相对低(薛薇,2015)。因企业只有产生盈利才能切实享受优惠政策,使得优惠重复叠加于少数获得市场认可的优质高科技企业,进而助其盈利能力进一步增强,而大量微利或亏损的企业则无法享受优惠政策的减负,导致政策体系呈现出"马太效应"。与直接优惠针对创新主体不同,税基式的间接优惠关注企业特定创新行为,通过激励环节的前置使企业在创新活动初期即可享受政策效益。此类政策侧重于事前优惠,通过直接降低税基来分担企业创新过程中的成本与风险,能够充分调动企业从事研发创新的积极性,具备较强的引导作用。

(五)税收激励政策的优惠对象存在结构性失衡

第一,针对中小型企业的特别税收激励政策缺失。中小企业是科技创新的重要主体,在促进国民经济增长和吸纳就业等方面具有举足轻重的作用。中国65%的发明专利、75%以上的技术创新和80%以上的新产品开发都由中小企业实现(白晓荣,2014)。然而与大型企业相比,中小企业受制于资产规模、资金筹措能力、管理水平等因素,在金融市场融资或获取财政补贴方面存在劣势,税收负担对其影响更为显著。因此许多国家在政策设计上都给予中小企业"加强"税收激励以鼓励其开展创新活动,如更高的加计扣除或税收抵免比率、购置固定资产的特别折旧等。反观我国的税收政策针对中小企业的特别优惠明显不足。尽管对小微企业设置了一系列减免措施,但对小型微利企业资产总额、从业人数与应纳税所得额等规定排除了大量中型规模企业;在高新技术企业优

惠税率方面，高新技术企业的认定标准中研究开发费用占同期销售收入总额的比例和近一年高新技术产品（服务）收入占企业同期总收入的比例两个指标可能会构成中小企业的进入障碍；在加计扣除政策方面，对中小企业会计核算制度健全以及费用发生额准确归集提出了要求，加之企业极易发生亏损，使其从该项政策中获得的减税收益有限。对于明确涉及中小企业的创业投资优惠和"加强型"研发费用加计扣除，政策享受条件又与"中小高新技术企业""科技型中小企业"的资质认定绑定，极大地缩减了优惠的适用范围，削弱了政策对中小企业的扶持力度。

第二，对科技创新核心要素人力资本的激励力度不足。内生增长理论将人力资本视作经济增长的要素。在激烈的全球竞争背景下，企业科技创新能力的提升不能仅依赖增加资金投入的外延增长方式，人力资本及嵌入人头脑中的隐性知识日渐成为企业发掘创新机会并保持竞争优势的关键因素（Berman et al., 2002）。企业在进行人力资本投资时必然要考虑投入的私人成本与社会成本。但长期以来，我国税收政策并未充分显示出对创新人才的有效激励和对企业成本的足够补偿。企业对人力资本的投入主要表现在支付给科技人才的薪资以及对员工开展职业培训。高新技术企业技术人员获得的股权奖励尽管可以选择在5年内分期缴税，但需要按照"工资薪金所得"项目计算应纳税额，其适用的个人所得税累进税率最高可达45%，税收成本较高，并且激励形式单一，不包括股票期权、股权期权、限制性股票等。

（六）税收激励政策侧重创新价值链后端，结果导向型特征明显

创新价值链已前移至基础研究领域，科学的新发现转化为新技术，为产业创新积累原创资源。在科技创新政策领域，国际竞争呈现出由知识产权、技术交易等研发链条后端向基础研究、研发投资等链条前端竞争转移的发展态势（史昱，2017）。就税收优惠而言，我国政策的激励重点仍主要集中在高新技术产业化环节，侧重于创新结果而非创新过程，对基础研究和研发阶段的扶持力度尤显不足。我国 R&D 经费对基础研究领域的投入比重明显偏低，其主要由高等学校和科研机构承担。税收政策给予两者知识创新环节的优惠多为购买符合条件设备、"四技"收入、自用房产土地等减免税，优惠方式较为单一，激励力度有限。与美国、日本、德国等主要创新型国家相比，我国研发投资呈现出大企业研发投入规模不大、小企业研发强度不高的特征，影响中国经济增长的内在稳定性与活力（成力为、李翘楚，2017）。在创新价值链前端对企业研发投资最具针对性的加计扣除政策，由于严格的可加计扣除范围以及执行过程中合格研发费用的认定程序烦琐等问题，造成企业已实际支出的研发费用能否完全在税前扣除存在一定的不确定性，无法平滑创新主体面临的风险。

在对我国现行科技创新税收激励政策进行系统梳理的基础上，本章构建"政策目标—政策设计—政策执行"三维框架，并采用内容分析法对税收优惠条款展开单维与多维量化分析。统计结果表明，我国税收激励政策体系呈现以下特点：(1) 优惠条款贯穿于创新价值链条全过程，但较为偏重后端产业化阶段，结果导向特征明显；(2) 税收优惠政策的特惠性质显著，企业是税收政策的重点激励对象，但条款多具有产业导向或资质认定限制；(3) 对最具创新活动的中小企业和创新核心要素人力资本的激励力度尚显不足；(4) 企业所得税优惠的主导地位进一步加强；(5) 优惠方式以直接优惠为主、间接优惠为辅；(6) 税收激励政策法规层级较低，与税收法定要求有较大差距。通过前述研究可以看出，经过一系列税收优惠政策的出台与调整，我国促进科技创新的税收激励政策体系格局已基本形成，只是在政策设计科学性、布局合理性、动态适应性等方面尚待加强与完善。

第七章　完善中国科技创新税收优惠政策的初步建议

当前，以5G、人工智能、物联网、新能源等为代表的新一轮科技革命与产业变革迅速兴起，带来各国比较优势与竞争优势的重塑。新时代科技创新呈现出研发链条缩短，创新主体、要素和投入多元化，创新活动复杂多样等突出特征（薛薇、蔚佳，2020），相关政策体系面临着新的挑战。税收政策作为财政科技投入的重要组成部分，在政策导向由"资源分配"向"资源协调"转变的过程中仍有进一步优化的空间。美国、英国、日本和新加坡作为高收入经济体在绝对创新表现上拥有优势，在历年《全球创新指数报告》和《国家创新指数报告》排名中均名列前茅，是公认的创新型国家。美国与日本采用的税收抵免是典型的税收激励方式，英国与新加坡的主要激励方式加计扣除与中国类似，选择上述国家作为分析对象具有一定代表性。本章内容重点梳理日本、美国、英国、新加坡四国的现行研发税收优惠政策，总结国际税收激励的新特征与趋势，并借鉴国际经验分析对中国税收实践的启示。

一、税收优惠政策的国际经验借鉴

(一) 日本

1. 试验研究费税额扣除制度

研发税收激励政策是日本产业政策的基石,旨在增强企业具备的技术竞争优势。日本政府自 1967 年设置研发税收抵免制度对企业开展研发活动进行政策性扶持,并依据不同时期国内外经济发展形势对此项制度加以改革和调整,使其延续至今。政策初始采用"增加型税收抵免",即对试验研究费的增额部分给予法人税(企业所得税)的抵免,对促使企业加强研发投资起到重要作用。但随着"增额"这一享受优惠的前置条件的制约性愈加显现,"增加型税收抵免"的政策效用陷入瓶颈,仅靠对增额部分减税已无法唤起企业足够的创新热情。2003 年日本政府以研发费用总额为突破口,设立"总额型税收抵免"的永久性制度,并于 2006 年将"总额型"与"增加型"税收抵免合并为"混合型税收抵免"(王万光等,2016),其后又增设"高水准型税收抵免"制度以应对全球金融危机的冲击和国内经济低迷的困境。依据《2017 年税制改革大纲》披露的信息,当时政策的执行内容具体如表 7-1 所示。

表 7-1 日本原执行试验研究费税额扣除规定

类型	税额扣除额			税额扣除上限
总额型	中小企业以外	试验研究费比例≥10%	试验研究费×10%	法人税额×25%
		试验研究费比例<10%	试验研究费×(试验研究费比例×0.2+8%)	
	中小企业	试验研究费×12%		

续　表

类　型	税　额　扣　除　额		税额扣除上限
特别试验研究费	与特别试验研究机构进行的共同试验研究或委托试验研究	特别试验研究费×30%	法人税额×5%
	除上述情况之外	特别试验研究费×20%	
增加型	5%＜试验研究费增加比例＜30%	增加试验研究费×试验研究费增加比例	法人税额×10%
	30%≤试验研究费增加比例	增加试验研究费×30%	
高水准型	（试验研究费－平均销售收入×10%）×超过税额扣除比率		

资料来源：《平成 29 年度税制改正的大纲》。

企业的研发费用支出可享受总额型、增加型和高水准型三类税收抵免，开展的共同实验研究和委托试验研究还可享受特别实验研究税额抵免。

（1）总额型抵免。区分企业规模，对大型企业与中小型企业给予不同程度的税额抵免。就大型企业而言，享受的税额扣除率取决于试验研究费比例，即当期试验研究费占当期及前三年销售收入均值的比重。如果试验研究费比例大于等于 10%，可享受试验研究费总额 10% 的抵免，在该比例小于 10% 的情况下，则试验研究费税额抵免的比例为（试验研究费比例×0.2）+8%。注册资本不超过 1 亿日元的企业（大型企业下属的中小型企业除外）可认定为中小型企业，按照试验研究费的 12% 进行税额抵免。总额型抵免的税额扣除上限均为法人税额的 25%。

（2）增加型抵免。增加型抵免可享受的税额扣除率根据试验研究费增加比例的不同而有所差异。企业试验研究费增加比例（即当年增加的试验研究费占前三年试验研究费平均值的比重）超过 5% 但未满 30% 时，抵免金额为增量试验研究费×试验研究费增加比例。当该比重超过 30% 时，抵免额为增量试验研究费金额的 30%。增加型抵免的税额扣除上限为法人税额的 10%。

（3）高水准型抵免。在试验研究费超过平均销售收入（即企业当年及前三年销售收入的均值）10%的情况下，在前述总额型抵免原则扣除额的基础上，企业可对此超额部分申请如下金额的税收抵免：(试验研究费－平均销售收入×10%)×超过税额扣除比例，其中超过税额扣除比例为（试验研究费比例－10%）×0.2。高水准型抵免的限额为法人税额的10%。

（4）特别试验研究税收抵免。企业与特别试验研究机构和大学进行联合研究或者将研发活动委托给特别试验研究机构和大学，可享受特别试验研究费30%的税额抵免，除此之外发生的特别试验研究费按照20%的比例进行抵免。特别试验研究的税额扣除上限为法人税额的5%。

在前述政策内容的基础上，2017年日本政府对研究开发税制进行了较大程度的调整，将总额型抵免从与试验研究费比例挂钩的税额扣除率（大型企业8%～10%，中小型企业12%）改为与试验研究费的增减比例相对应的税额扣除率（大型企业6%～14%，中小型企业12%～17%），并废止了增加型税额抵免，同时将高水准型税额抵免的适用期限延长。为维持试验研究费税额扣除制度持续、扩大的激励，帮助企业在新冠肺炎疫情引致的巨大不确定下不致丧失国际竞争力，2019年度和2021年度《税制改革大纲》相继对此项政策内容做出了进一步修改。历次调整与现行的试验研究费税额抵免政策如表7-2和表7-3所示。

表7-2 大型企业试验研究费税额扣除规定

	试验研究费增减比率	税额扣除率/税额扣除额	税额扣除上限
2017年	超过5%	9%＋(试验研究费增减比率－5%)×0.3（2017.4.1—2019.3.31 上限为14%，此后降为10%）	法人税额×25%
	低于5%	9%－(5%－试验研究费增减比率)×0.1（下限为6%）	
	试验研究费超过平均销售收入的10%特例	原则税额扣除额＋(试验研究费－平均销售收入×10%)×(试验研究费比例－10%)×0.2（额外扣除上限为法人税额×10%）	原则税额扣除上限＋法人税额×(试验研究费比例－10%)×2（额外扣除上限为法人税额×10%）

续　表

	试验研究费增减比率	税额扣除率/税额扣除额	税额扣除上限
2019年	超过8%	9.9%＋（试验研究费增减比率－8%）×0.3（2019.4.1—2021.3.31上限为14%，此后降为10%）	法人税额×25%（特定风险研发企业的比例为40%）
2019年	低于8%	9.9%－（8%－试验研究费增减比率）×0.175（下限为6%）	法人税额×25%（特定风险研发企业的比例为40%）
2019年	试验研究费超过平均销售收入的10%特例	原则税额扣除率＋原则税额扣除率×扣除增加率（上限为14%）扣除增加率＝（试验研究费比例－10%）×0.5（上限为10%）	原则税额扣除上限＋法人税额×（试验研究费比例－10%）×2（额外扣除上限为法人税额×10%）
2021年	超过9.4%	10.145%＋（试验研究费增减比率－9.4%）×0.35（上限为14%，2023.4.1之后降为10%）	法人税额×25%（销售额有所下降但增加研发投资的企业比例为30%，特定风险研发企业的比例为40%）
2021年	低于9.4%	10.145%－（9.4%－试验研究费增减比率）×0.175（下限为2%）	法人税额×25%（销售额有所下降但增加研发投资的企业比例为30%，特定风险研发企业的比例为40%）
2021年	试验研究费超过平均销售收入的10%特例	原则税额扣除率＋原则税额扣除率×扣除增加率（上限为14%）扣除增加率＝（试验研究费比例－10%）×0.5（上限为10%）	原则税额扣除上限＋法人税额×（试验研究费比例－10%）×2（额外扣除上限为法人税额×10%）

资料来源：2017—2021年度《税制改正の大綱》。

表7－3　中小型企业试验研究费税额扣除规定

	试验研究费增减比率	税额扣除率/税额扣除额	税额扣除上限
2017年	超过5%	12%＋（试验研究费增减比率－5%）×0.3（适用于2017.4.1—2019.3.31，上限为17%）	法人税额×35%
2017年	低于5%	12%	法人税额×25%
2017年	试验研究费超过平均销售收入的10%特例	原则税额扣除额＋（试验研究费－平均销售收入×10%）×（试验研究费比例－10%）×0.2（额外扣除上限为法人税额×10%）	原则税额扣除上限＋法人税额×（试验研究费比例－10%）×2（额外扣除上限为法人税额×10%）

续　表

	试验研究费增减比率	税额扣除率/税额扣除额	税额扣除上限
2019年	超过8%	12% +（试验研究费增减比率 - 8%）× 0.3（适用于 2019.4.1—2021.3.31，上限为17%）	法人税额×35%
	低于8%	12%	法人税额×25%
	试验研究费超过平均销售收入的10%特例	原则税额扣除率 + 原则税额扣除率×扣除增加率（上限为17%）扣除增加率 =（试验研究费比例 - 10%）× 0.5（上限为10%）	原则税额扣除上限 + 法人税额×（试验研究费比例 - 10%）× 2（额外扣除上限为法人税额×10%）
2021年	超过9.4%	12% +（试验研究费增减比率 - 9.4%）× 0.35（适用于 2021.4.1—2023.3.31，上限为14%）	法人税额×35%（销售额有所下降但增加研发投资的企业和特定风险研发企业的比例为40%）
	低于9.4%	12%	法人税额×25%（销售额有所下降但增加研发投资的企业和特定风险研发企业的比例为30%）
	试验研究费超过平均销售收入的10%特例	原则税额扣除率 + 原则税额扣除率×扣除增加率（上限为17%）扣除增加率 =（试验研究费比例 - 10%）× 0.5（上限为10%）	原则税额扣除上限 + 法人税额×（试验研究费比例 - 10%）× 2（额外扣除上限为法人税额×10%）

资料来源：2017—2021 年度《税制改正の大綱》。

（1）总额型抵免。总额型抵免的税额扣除率由企业试验研究费增减比率决定，按照试验研究费增减比率的不同情形分别适用不同的公式计算税额扣除率，增减比率越高，税额扣除率相应越高。试验研究费增减比率的计算公式为（当期试验研究费 - 比较试验研究费）/比较试验研究费，其中比较试验研究费指前三个会计年度试验研究费的均值。试验研究费增减比率的划分基准由 2017 年的 5%修改为 2019 年的 8%，并在 2021 年进一步提升为 9.4%。按照最新的政策内容，在试验研究费增减比率超过 9.4%的情况下，大型企业总额型抵免的税额扣除率为 10.145% +（试验研究费增减比率 - 9.4%）× 0.35，该比率上限为 14%，

2023年4月1日后降为10%；中小型企业①的税额扣除率为12%+（试验研究费增减比率-9.4%）×0.35，该比率上限同为14%，适用于2021年4月1日至2023年3月31日。在试验研究费增减比率低于9.4%的情况下，大型企业可享受的总额型抵免税额扣除率为10.145%-（9.4%-试验研究费增减比率）×0.175，该比率设定的下限为2%；中小型企业可享受的税额扣除率为12%。试验研究费增减比率临界点的提高使得税额扣除率对企业研发投资增量更为敏感。以大型企业为例，如果企业试验研究费增减比率为9.4%，按照新规定计算出的税额扣除率为10.145%，较原规定计算出的10.32%减少0.175%；如果企业试验研究费增减比率为-9.4%，按照新规定计算出的税额扣除率为3.565%，较原规定计算出的4.68%减少1.115%。试验研究费的抵免额度更加依赖于企业对研发活动投资的年度增长幅度，政策修订的意图在于引导鼓励企业加大研发增量。

就税额扣除上限而言，大型企业不受试验研究费增减比率的影响，统一为法人税额的25%，但有两类企业可享受更高比例的扣除上限。一类是销售额有所下降但仍增加研发投资的企业，是指在2021年4月1日至2023年3月31日的会计年度内同时满足与基准年度相比销售收入下降比例大于等于2%和试验研究费投入大于基准年度试验研究费投入两种情况的企业，其税额扣除上限为法人税额的30%；另一类是特定风险研发企业，是指在过去10年内成立并且有结转税项亏损的企业（大型企业的子公司不符合资格），其税额扣除上限为法人税额的40%。中小型企业的税额扣除上限因试验研究费增减比率而有所差异，但

---

① 依据2021年度《税制改革大纲》，中小型企业需符合以下（a）或者（b）条件：
（a）注册资本在1亿日元以下的公司，不包括如下情况：
至少50%的股份由一家大型企业（例如，注册资本超过1亿日元的公司）持有；或者
至少2/3的股份由两家或两家以上大型企业持有。
（b）没有资本或者出资的法人，其正式雇员人数不超过1000人。
自2019年4月1日开始的财政年度中，前三个会计年度平均销售收入超过15亿日元的企业不包括在中小型企业的范围中。

总体上高于大型企业。试验研究费增减比率超过9.4%时，税额扣除上限为法人税额的35%，销售额有所下降但仍增加研发投资的企业和特定风险研发企业可享受的扣除上限为法人税额的40%；试验研究费增减比率低于9.4%时，税额扣除上限为法人税额的25%，销售额有所下降但仍增加研发投资的企业和特定风险研发企业可享受的扣除上限为法人税额的30%。

(2) 高水准型抵免。高水准型税额抵免制度经过历次改革后得以延续至今，仅是对税额扣除率的计算方式做了调整。2019年《税制改革大纲》确定当企业试验研究费超过平均销售收入10%的情况下，大型企业和中小型企业在参照各自总额型抵免享受原则税额扣除外还可享受额外抵免，整体税额扣除率上限分别为14%和17%，按照如下公式计算：原则税额扣除率＋原则税额扣除率×扣除增加率，其中扣除增加率＝(试验研究费比例－10%)×0.5，上限为10%。可扣除的税额上限是在原则税额扣除上限的基础上，再增加法人税额×(试验研究费比例－10%)×2，该部分额外扣除的上限为法人税额的10%。综合考虑总额型抵免和高水准型抵免，大型企业可享受的试验研究费税额扣除上限达到法人税额的35%，中小型企业可达到法人税额的35%~45%。2021年日本政府将该项政策的适用期限延长2年至2023年3月31日。

(3) 特别试验研究税收抵免。为继续推进高质量的研究开发活动，日本政府对特别试验研究费的税额扣除制度也进行了相应修改，适用对象增加了国立研究开发法人等外部化法人，隶属特别研究机构的范围也增加了人文系的研究机构，在一定程度上扩展了试验研究费的范围。特别试验研究抵免金额的计算方法是将特别试验研究费乘以相应的税额扣除率。企业与特别试验研究机构或大学开展共同试验研究和委托试验研究的税额扣除率仍为30%。增加一档25%的税额扣除率，适用于与研究开发型风险企业、国立研究开发法人开展的共同试验研究和委托试验研究的税额抵免。民间企业、技术研究组合和特定中小型企业可享受特别试验研究费20%的税额抵免。特别试验研究的税额扣除上限为法人税额的10%。具体内容如表7-4所示：

表 7-4 特别试验研究税收抵免规定

特别试验研究费的范围		税额扣除率
共同试验研究	特别研究机构	30%
	大学①	
	研究开发型风险企业	25%
	国立研究开发法人等外部化法人	
	民间企业	20%
	技术研究组合	
委托试验研究	特别研究机构	30%
	大学	
	研究开发型风险企业	25%
	国立研究开发法人等外部化法人	
	特定中小企业	20%
	一定的民间企业	
知识产权使用费	特定中小企业	20%
稀少疾病用医药品相关试验研究		20%
特定用途医药品相关试验研究		

资料来源：《令和 3 年度税制改正の大綱》。

日本试验研究费税收抵免政策对企业所属产业并没有特定限制，但是要求研发活动必须属于技术/科学性质，相关费用发生在产品生产、提高、设计、规范或技术创新过程中，条件相对宽泛。合格的研发费用包括内部劳动力成本、耗材、经常费用、固定资产折旧以及合同成本等内容。

---

① 与大学的共同试验研究和对大学的委托试验研究，限定为试验研究费合同总预算超过 50 万日元。

2. 中小企业相关税制

2021年税制改革将中小型企业法人税率的特例适用年限延长2年，每年应纳税所得额中800万日元以下的部分，企业所得税率由19%减轻至15%。为鼓励中小企业提高生产性设备投资力度，激发经济活力，日本政府针对中小企业设备投资制定多项税收优惠制度，包括1998年设置的中小企业投资促进税制，2013年开始实施的商业、服务业、农林水产业中小企业活力增强税制，以及2017年增设的中小企业经营强化税制等。2019年日本政府将上述税制的适用期限延长两年，及至2021年《税制改革大纲》将中小企业投资促进税制和中小企业经营强化税制再度延期2年至2023年3月31日，并将适用条件进一步补充与规范，同时废止已施行8年的商业、服务业、农林水产业中小企业活力增强税制。

（1）中小企业投资促进税制。中小型企业购置或生产用于制造业、建筑业、矿业、批发业等诸多指定事业的机械装置、测定工具/检查工具、软件、普通货车和内航船舶等设备时，可选择享受特别折旧或法人税额的特别扣除制度。特别折旧将固定资产折旧费用计提提前至当期，额度为基准取得价款的30%。税收抵免则直接在企业应纳法人税额中进行扣减，仅适用于注册资本在3 000万日元以下的企业与个人事业主，扣除额度为基准取得价款的7%。鉴于商业、服务业、农林水产业中小企业活力增强税制在最新规定中已被废止，原隶属于其中的不动产业、物品租赁业、料亭等被追加为中小企业投资促进税制的对象事业，并将商店街振兴组合也纳入适用对象。

（2）中小企业经营强化税制。2017年创设的中小企业经营强化税制旨在提升企业经营能力。在指定事业的中小型企业购置或生产特定设备的情况下，可以选择全额特别折旧，或者按照基准取得价款的10%（注册资本在3 000万日元以上1亿日元以下的法人该比例为7%）享受税收抵免。政策适用对象设备包括提高生产效率的设备（A类型，生产效率比旧机型平均年提高1%以上的设备）和收益力强化设备（B类型，投资收益率年平均5%以上的投资计划相关设备），涵盖机械装置、测定工具/检查工具、建筑物附属设备、软件等。特别折旧如果未将折旧额度计入限额，则可将该折旧不足额度转入下一会计年度。企业享受中小企业投资促进税制和中小企业经营强化税制的税额扣除上限合计为法人税额的 20%。

总体而言，法人税减税是日本税制改革的基本趋势，整体的操作较为温和并且更加注重政策的导向性。近年来的历次税制改革无一不在鼓励企业增加研发投资与设备更新，并通过给予中小企业更有力度的优惠加以扶持。尤其是将试验研究费税收抵免额度调整为与试验研究费年度增减比率相关联，可以实现从研发经费总量与增量两个角度对企业的引导，使得政策目标更为清晰，政策效果预期更具有方向性。

（二）美国

2017 年 12 月 22 日，美国总统特朗普正式签署《减税与就业法案》，对联邦税收做出近 30 年来最大的改变，顺应科技与产业变革趋势，提升美国经济长期竞争力而非应对短期经济衰退（薛薇等，2019）。法案提出的关键措施之一便是大幅降低联邦公司所得税税率，由最高 35% 的四档累进税率永久性下调至 21% 的水平，使得美国公司所得税率（考虑联邦税率和地方税率）降到 OECD 国家的平均水平。美国在研发领域的持续高强度投入是其能够一直在全球创新中保持领先地位的关键因素。历届政府均对科技创新予以高度重视并给予明显的政策倾斜，对提升企业核心竞争能力和促进产业升级发挥至关重要的作用。在税收优惠、政府引导基金、重点项目资金支持等众多研发激励措施中，研发税收抵免政策的重要性愈加显现。此次税制改革虽然取消了很多税收减免优惠，但明确保留了研发税收抵免政策，对美国的创新与创业活动形成有效的推动。

1981 年，里根政府在《经济复兴法案》中创造性地提出企业研发费用税收抵免政策。依据该法案，常规抵免法以企业前三年研发费用的均值为基准，当年研发费用超出基准的部分可按照 25% 的比例直接抵免应纳税所得额。1986 年出台的《税制改革法案》将该比例调整为延续至今的 20%。1988 年《技术与多种收入法案》调整了研发费用基准值的确定方法，将以过去三年研发费用平均值的浮动基准值改为 1984—1988 年研发费用平均值的固定基准值。该项政策初始设计时仅作为一项临时性制度，但每次到期前美国国会都会通过法案使该项政策得以延续。历经 16 次延期后，2015 年 12 月 18 日颁布的《2015 年保护美国人免于高税法》将研发税收抵免纳为永久性政策。除了常规抵免政策之外，1996 年克林顿政府在《小企业就业保护法》中推出新的研发费用税收抵免核算方法——递增抵免法（Alternative Incremental Research Credit，AIRC），即以企业前四年销售收入的均值为基准，依据企业当年研发费用超出基准的比重确定税收抵免比例。若该比重在基准值的 1%～1.5%，抵免比例为 2.65%；比重在基准值的 1.5%～2%，抵免比例为 3.2%；比重高于基准值的 2%，抵免比例为 3.75%。但递增抵免法目前已被废止。小布什政府于 2006 年通过《税收抵免及医疗保健法案》，正式引入替代简化抵免（Alternative Simplified Credit，ASC）核算方法，以企业前三年研发费用均值的 50% 为基准，当年研发费用超出基准值的部分可按照 12% 的比例享受税收抵免。2008 年颁布的《经济稳定紧急法案》将该比例进一步提升至 14%。

通过前述对美国研发税收抵免政策演变历程的回顾可以看出，税收抵免政策在不断地修订与调整中日趋完善与简化，以期在最大限度上惠及符合资格的企业，激励企业开展研发活动并增加研发支出。目前，美国施行的研发税收抵免政策主要包括以下内容：

（1）常规税收抵免。常规税收抵免依据合格研发费用的增量超过基准值计算得出抵免金额。企业在纳税年度的合格研发费用超过基准值的部分，可以享受 20% 的抵免额。基准值参照公式"固定基准百分比 × 纳税年度之前四年销售收入年平均值"来计算，以此反映企业预期承诺投入的研发资金。其中，固定基准百分比为企业 1984—1988 年期间合格研发费用在销售收入总额中所占的比重。在常规抵免方式下，基准值最小为纳税人当年度合格研发费用的 50%，从而将合格研发费用的增量部分限制为发生金额的 50%。2020 年 7 月，美国国会通过法案 H.R.7766（*To amend the Internal Revenue Code of 1986 to increase the research tax credit and provide better access to the credit for business startups*），修订 1986 年版本的《国内税收法典》以增加研发税收抵免。该法案规定自 2020 年 12 月 31 日之后的纳税年度开始，常规税收抵免的比例由 20% 提升至 40%。在基准值的计算过程中必须考虑收购或出售行为的影响，即针对收购或出售公司的合格研发费用或销售收入对基准值进行调整。鉴于可追溯到 20 世纪 80 年代初期的记录通常不易获得，加之基准值较为复杂的计算规则，很少有公司选择此种税收抵免方式。

（2）替代简化抵免。与常规抵免相比，替代简化抵免仅考虑企业研发投资情况而忽略销售收入的影响，同时不依赖于研发费用的增量为基础，只要企业在纳税年度内有研发资金投入，便可参照此种核算方法享受税收抵免。企业若一旦选定采用此法，除非企业申请撤销，当年及以后年度都应该按照该方法进行计算。替代简化抵免是以企业前三年合格研发费用平均值的 50% 作为基准，企业在纳税年度的合格研发费用超过基准值的部分可以享受 14% 的税收抵免，而法案 H.R.7766 将该比例自 2021 纳税年度起大幅上调至 28%，即税收抵免额 =（当期合格研发费用 − 前三年合格研发费用平均值的 50%）× 28%。如果企业在前三年中的任意一年没有合格研发费用，企业申请的税收抵免额占当期合格研发费用的比重也由 6% 提升至 14%。

对于初创企业和小企业，自 2015 年 12 月 31 日之后开始的纳税年度可以利用研发税收抵免额抵消企业为员工代扣代缴的薪金税，最高不得超过 25 万美元。此项规定破解了研发税收抵免优惠无法激励尚处于亏损状态的初创企业和小企业的难题，能够缓解轻资产的高科技企业人力成本支出压力。2019 年 12 月，法案 H.R.5520（*To amend the Internal Revenue Code of 1986 to expand refundability and increase simplification of the research credit for certain small businesses*）修订新设企业和小企业的研发税收抵免政策，并提高上述企业替代简化抵免的抵免比率。一方面，将可申请税收抵免的小企业资格由总收入低于 500 万美元扩大为总收入低于 1 000 万美元，同时将新设企业与小企业可退还的研发抵免限额提高到 50 万美元，并对通货膨胀进行调整，而且允许可退还抵免金额能够覆盖此类企业支付的所有工资税。另一方面，符合条件的小企业在纳税年度的合格研发费用超过基准值的部分可以按照20%的比例享受替代简化抵免。对于新设企业而言，在确定抵免的纳税年度之前的任何年度均没有合格研发费用，则第一年适用特别规则，税收抵免额为当期合格研发费用的20%。上述具体政策内容如表7-5所示：

表7-5 美国研发税收优惠政策一览

激励方式	具 体 措 施
常规税收抵免	自2020年12月31日之后的纳税年度起，企业在纳税年度的合格研发费用超过基准值的部分，可以享受40%的税收抵免，即： 常规税收抵免额＝(当期合格研发费用－基准值)×40% 基准值＝固定基准百分比×纳税年度之前四年销售收入年平均值 固定基准百分比为企业1984—1988年期间合格研发费用在销售收入总额中所占的比重 基准值最小为纳税人当年度合格研发费用的50%
替代简化抵免	1. 自2020年12月31日之后的纳税年度起，以企业前三年合格研发费用平均值的50%作为基准，企业在纳税年度的合格研发费用超过基准值的部分可以享受28%的税收抵免，即： 替代简化抵免额＝(当期合格研发费用－前三年合格研发费用平均值的50%)×28% 2. 自2020年12月31日之后的纳税年度起，企业在前三年中的任意一年没有合格研发费用，税收抵免额为当期合格研发费用的14%
	1. 自2019年12月31日之后的纳税年度起，符合条件的小企业（总收入低于1 000万美元）在纳税年度的合格研发费用超过基准值的部分可以按照20%的比例享受替代简化抵免。 2. 自2019年12月31日之后的纳税年度起，新设企业在纳税年度之前的任何年度均没有合格研发费用，则第一年适用特别规则，税收抵免额为当期合格研发费用的20%

资料来源：*Internal Revenue Code*，https://irc.bloombergtax.com/public/uscode/toc/irc；*H.R. 7766 - To amend the Internal Revenue Code of 1986 to increase the research tax credit and provide better access to the credit for business startups*，https://www.congress.gov/bill/116th-congress/house-bill/7766/text?r=34&s=1；*H.R.5520 - Research and Development Tax Credit Expansion Act of 2019*，https://www.congress.gov/bill/116th-congress/house-bill/5520/text?r=92&s=1。

未使用的税收抵免可以在一定限制条件下向前转回或者向后结转，通常可以向前转回1年，向后结转20年。除了常规抵免与替代简化抵免外，美国政府还给予一些特定的研发活动相应的税收抵免。(1) 支付给合格组织的基础研究费用。根据《国内税收法典》41（e）条款，支付给满足一定条件的教育机构、科研机构、科学免税组织和某些赠款组织等合格组织的非商业目的的基础研究经费支出，可以享受的基础研究税收抵免额＝（支付的基础研究费用－合格组织基期金额）×20%，其中"支付的基础研究费用"是指在任一纳税年度内公司依据与该合格组织之间的书面研究协议而支付的金额，并且该项基础研究由该合格组织执行。"合格组织基期金额"指最低基础研究金额加上维持工作量金额之和。若是支付的基础研究经费为超过合格组织基期金额，则直接按照支付的研究合同费用处理。(2) 支付给能源研究团体的费用。企业在纳税年度内因经营或交易行为而支付给合格的能源研究团体的费用，可以按照 20% 的比例享受税收抵免。(3) 罕见病药物临床研究支出。自 2017 年 12 月 31 日之后开始的纳税年度，针对罕见病药物相关的临床测试提供临床研究支出 25% 的抵免金额。

依据《国内税收法典》的规定，合格的研发费用主要是指经营性支出，且必须是由合格的研发活动项目发生的、在企业内部进行或者通过合同外包、用于开发或改良业务元素的支出。主要包括以下四方面内容：(1) 工资成本，是指支付给从事合格研发活动或者直接监督（不包括更高层的管理人员）、直接支持合格研发活动的雇员的劳务薪资成本；(2) 物资供应成本，是指除土地或土地改良投资以及可计提折旧的财产之外的任何有形资产；(3) 计算机使用成本，是指为获得开展合格研发活动时使用第三方计算机的权利而支付的款项；(4) 合同研究费用，即不管第三方的研发活动是否成功，只要纳税人享有研究成果，其向除内部雇员外的第三方所支付的费用，可按付款金额的 65% 计入合格研发费用。在特殊情况下，如纳税人支付给合格的研究团体时，计入合格研发费用的比例可提高至 75%；支付给合格小企业、大学或州立实验室的外部研究费用，可 100% 计入抵免额基数。

（三）英国

英国的研发税收制度是一个较为成熟的体系，采用的激励措施包括研发税收减免、研发税收抵免、专利盒等。英国政府在《财政法 2000》(*Finance Act 2000*) 中首次设置针对中小型企业的研发税收优惠政策,《财政法 2002》(*Finance Act 2002*) 又增加了针对大型企业的研发税收优惠条款。初始的研发税收优惠采用加计扣除形式,依据企业规模划分为大型企业和中小型企业,分别给予不同程度的优惠力度。大型企业可享受合格研发费用 130% 的税前加计扣除,只是该项加计扣除后续已逐渐停止,并于 2016 年 3 月 31 日后不再适用(尽管企业在研发费用发生后 2 年内仍有权申请,直至 2018 年 3 月 31 日)。中小型企业合格研发费用的加计扣除比例经过数次调整,早期为 175%,2011 年 4 月 1 日至 2012 年 3 月 31 日该比例为 200%,2012 年 4 月 1 日至 2015 年 3 月 31 日该比例为 225%,2015 年进一步提升为 230% 并延续至今。总体而言,中小型企业的加计扣除优惠力度远高于大型企业,并且近年来一直呈现逐步增强的趋势。2013 年,英国政府在年度预算中提出引入研发费用抵免计划(Research and Development Expenditure Credit Scheme,RDEC Scheme)。引入该计划的主要目的是提升英国研发税收减免政策的可见性与确定性;另一个目的则是即使公司因为亏损而没有企业所得税税负,通过研发费用抵免的形式可以为公司提供更大的财务支持。

英国向企业提供基于数量的加计扣除和税收抵免,具体取决于纳税人的规模。属于中小型企业定义范围内的公司,可以适用超额扣除计划,大型公司则可以申请研发税收抵免。现行税收优惠政策的具体内容如表 7-6 所示:

表 7-6 英国研发税收优惠政策一览

激励方式	适用对象	具体措施
加计扣除	中小型企业	230% 的税前加计扣除,其中小型企业,是指在考虑关联公司的情况下,员工不足 500 人,营业收入不超过 1 亿欧元或者总资产不超过 8 600 万欧元的企业
税收抵免 (RDED Scheme)	大型企业	2020 年 4 月 1 日起,可享受合格研发费用 13% 的税收抵免,净抵免比率为 10.53%

续 表

激励方式	适用对象	具 体 措 施
现金返还	中小型企业	在考虑加计扣除后若企业形成财务亏损,可以申请现金返还,按照未弥补亏损或者合格研发费用加计扣除总额的14.5%(合格研发费用的33.35%)获得现金退税
	大型企业	没有可抵扣企业所得税应纳税额的公司可以申请合格研发费用10.53%的现金返还
专利盒 (Patent Box)		自2017年4月1日后,对来自合格专利以及其他符合条件的知识产权中获得的利润,可以适用10%的公司税率;OECD组织的BEPS项目推动了包括英国专利盒在内的制度变革,要求公司跟踪专利盒内的利润与产生基础技术的研发活动之间的关系

资料来源：*Corporation Tax Act 2009*, https://www.legislation.gov.uk/ukpga/2009/4/contents; *Finance Act 2000*, https://www.legislation.gov.uk/ukpga/2020/14/contents/enacted/data.htm。

1. 研发费用加计扣除

依据《公司税法案2009》(*Corporation Tax Act 2009*)的规定及相关法案的修订,自2015年4月1日后的纳税年度,中小型企业可以享受合格研发费用130%的附加扣除额,即合格研发费用的230%可在计算应纳税所得额时扣除。该加计扣除金额可以作为经营亏损进行结转与弥补。所谓中小型企业,是指在考虑关联公司的情况下,员工不足500人,营业收入不超过1亿欧元或者总资产不超过8600万欧元的企业。在考虑加计扣除额度后若企业形成财务亏损,则企业可以申请采用现金抵免的形式,按照未弥补亏损或者合格研发费用加计扣除总额的14.5%(230%×14.5%,合格研发费用的33.35%)从皇家海关税务总署获得现金退税,即企业每100英镑的合格研发费用,可以获得33.35英镑的现金返还。对于未能实现盈利的中小型企业而言,此种替代措施可以在很大程度上缓解企业现金流的困境。上限将中小型企业可获得的税收优惠金额限制在每个研发项目750万欧元。英国政府在2018财年预算案中提议引入一个额外的上限,将符合条件的亏损公司在任何纳税年度可能获得的研发税收抵免额限制为企业所得税和公司在该年度内缴纳的雇员和雇主国民保险费总和的3倍。该上限最初应自 2020 年 4 月 1 日期生效，但 2020 财年预算将该措施的实施推迟到 2021 年 4 月 1 日，以便有更多时间就上限的实际效用进行评估。

2. 研发税收抵免（RDEC Scheme）

在 2013 年 4 月 1 日之后产生合格研发费用的大型企业有权选择研发费用抵免，最初该比例为 10%，并于 2015 年 4 月 1 日调整为 11%。2017 年 4 月 1 日起，英国大型企业费用性研发支出的税收优惠形式由加计扣除改为税收抵免。2018 年 1 月 1 日之后，大型企业的合格研发费用可以享受 12% 的税收抵免。《财政法 2020》（Finance Act 2020）对该比例进行调整，规定自 2020 年 4 月 1 日起，税收抵免比率从 12% 进一步提升至 13%。这是自研发税收抵免政策实施以来对大型企业给予的最高抵免比率，旨在鼓励企业加强对创新的投资。RDEC 属于"超出限额""补助金"或"其他"收入，因此需要纳税。抵免额一方面作为企业收入需计入利润，另一方面可以用来抵减企业当年度的应纳所得税税额。英国的公司税率为 19%，则大型企业研发费用税净抵免额为（100% − 19%）× 13% 等于 10.53%。没有可抵扣 REDC 的企业所得税应纳税额的公司可以要求获得合格研发费用 10.53% 的现金抵免。RDEC 制度同时适用于由大型企业将研发活动外包给中小型企业或以其他方式对其进行补贴的中小型企业。

上述税收激励政策的适用性不受企业所处行业类型的限制，享受优惠的资格仅取决于开展活动的性质。合格的研发费用包括内部直接研发合格支出、分包研发合格支出以及大型企业独立研究和开发贡献合格支出，具体范围如下：(1) 员工成本，即直接参与研发活动的员工成本。(2) 研发过程中使用的软件或消耗品。(3) 外部提供员工的合格支出，指在公司的监督、指导或控制下工作的第三方劳务派遣人员。如果员工提供商与公司不存在关联关系，则成本为付款金额的 65%，如果员工提供商是关联实体，则成本仅限于基本员工成本。(4) 支付给临床试验受试者的相关费用。(5) 分包研发合格支出，中小型企业可以将研发活动相关分包成本的 65% 计入合格研发费用。大型企业最高可将 100% 分包成本计入合格研发费用，但仅限于其支付给大学、卫生部门、慈善机构、科研组织、个人或每个成员都是个人的公司的情况。

3. 专利盒（Patent Box）

英国政府自 2013 年 4 月 1 日起逐步引入"专利盒"制度，对来自合格专利以及其他符合条件的知识产权中获得的利润，可以适用较低的公司税率。作为经济增长计划的组成部分，该制度旨在吸引企业在英国境内开展专利商业化过程，阻止企业知识产权大量流向国外。该项减免措施已分阶段实施，2017 年 4 月 1 日后适用的公司税率为 10%。

由于知识产权的流动性较强，为防止企业有目的地享受转让地的"专利盒"优惠政策，OECD 组织在 2013 年提出税基侵蚀和利润转移（BEPS）行动计划。该行动计划推动了包括英国专利盒在内的制度变革，要求公司跟踪专利盒内的利润与产生基础技术的研发活动之间的关系，只有纳税人为开发知识产权实际产生了与之直接关联的费用支出才可适用"专利盒"优惠，从而在研发税收减免与专利盒制度之间建立了更为紧密的联系。依据"祖父"规定（grandfathering），自 2016 年 7 月 1 日起，公司必须将专利盒总利润划分为可归因于单个专利、产品或产品系列的利润流，然后对每个产生的利润流应用"关系分数"（nexus fraction）。关系分数依据公司自身承担的研发支出（包括外部提供的员工执行的研发活动）和公司外包给第三方的研发支出，相对于公司总研发支出（即公司自身承担的研发、外包给第三方的研发、外包给集团成员的研发）加上与每个专利/产品或产品系列相关的收购成本的比重。前述研发税收优惠与专利盒制度并存，公司享受任何一项研发税收激励措施并不会稀释其专利盒收益。

（四）新加坡

自 2008 年以来，新加坡政府日渐加强对科技创新的关注，并不断审视与调整施行的研发活动的支持政策，这些激励措施被视作提高企业效率的关键推动因素。新加坡的研发税收激励政策已经存在 20 多年，基本措施与政策体系相对成熟。《所得税法》（Income Tax Act）中规定的针对研发活动的税收优惠主要包括基本扣除和附加扣除。为了鼓励企业对创新领域的持续投资，新加坡政府曾于 2010 年出台了有效期为五年的"生产力与创新优惠计划"（Productivity and Innovation Credit，PIC），针对创新价值链条中的购置或租用指定的信息技术和自动化设备、培训员工、购买知识产权、注册符合条件的知识产权（专利、商标、设计及植物品种等）、研究与开发活动、经新加坡设计委员会批准的设计项目等六个领域的投资，能够获得可观的税额扣除或现金津贴。具体而言，每个纳税年度在新加坡境内发生的合格研发费用，不超过 40 万新币的部分可享受税前 400% 的扣除，超出 40 万新币的部分扣除比例为 150%。在新加坡境外发生的合格研发费用，不超过 40 万新币的部分同样可享受 400% 的税前扣除，超出 40 万新币的部分按照 100% 的比例扣除。企业同时适用 PIC 现金转换选择权（Cash Payout Option），每个纳税年度可选择将不超过 10 万新币的合格费用按照 60% 的比例转换为非应纳税现金。2013—2015 纳税年度申请税额扣除或现金津贴的企业，还可享受与合格费用等额并且三年合并上限为 1.5 万新币的 PIC 奖金（PIC Bonus）。鉴于 PIC 计划良好的政策效果，新加坡政府在 2014 年将原定于 2015 年到期的该计划延期至 2018 年，并针对中小型企业推出升级版的"PIC+"计划。年营业收入不超过 1 亿新币或者雇员人数不超过 200 人的中小型企业，2015—2018 纳税年度每年可享受 400% 加计扣除的合格研发费用的金额上限提升至 60 万新币，同时企业也可适用 PIC 现金转换选择权。"生产力与创新优惠计划"到期后，新加坡现行研发税收优惠主要包括对合格研发费用的基础扣除与附加扣除，以及针对特定企业主体的"先锋企业奖励计划""发展与扩展奖励计划"等，具体政策内容如表 7-7 所示：

表 7-7　新加坡研发税收优惠政策一览

激 励 方 式	具 体 措 施
基础扣除 （Base deduction）	在其贸易或者业务活动中产生的合格研发费用可以在当期 100% 税前扣除。2009—2025 纳税年度内，研发费用不需要与企业现有的贸易或者业务相关即可获得减税资格

续　表

激　励　方　式	具　体　措　施
附加扣除 （Additional deduction）	2009—2025纳税年度，在新加坡境内发生的合格研发费用可享受150%的附加扣除，即与100%基础扣除额合并使得税前扣除总额达到合格研发费用的250%
知识产权发展激励 （IP Development Incentive, IDI）	符合条件的知识产权可享受5%或10%的优惠税率
先锋企业奖励计划 （Pioneer Certificate, PC）	2024年1月1日之前，经认定为先锋企业的先锋产品和先锋服务企业的合格活动可以享受一定期限的税收减免，自该先锋产品生产之日或合格活动发生之日起并在此期间持续；减税期限延长任意一次不得超过5年，税收减免期连同所有的延长时限总计不得超过15年
发展与扩展奖励计划 （Development and Expansion Incentive, DEI）	2024年1月1日之前，经认定为具有发展与扩展资质的企业，其从事合格的经营活动获得的增值收入部分适用不低于5%或10%的优惠税率，税收减免期自合格业务初始之日起持续时间不得超过10年，每次延期不得超过5年，税收减免期总计不得超过20年； 2008年2月18日至2023年12月31日期间，延长发展与扩展企业合格活动的税收减免期限，每次不得超过10年，税收减免期总计不得超过40年

资料来源：*Corporation Tax Act 2009*, https://www.legislation.gov.uk/ukpga/2009/4/contents; *Economic Expansion Incentives (Relief from Income Tax) Act*, https://sso.agc.gov.sg/Act/EEIRITA1967。

1. 基础扣除（Base deduction）

《所得税法》第14节D部分（Section 14D）规定了基础扣除，纳税人在其贸易或者业务活动中产生的合格研发费用可以在当期100%税前扣除。合格的研发费用包括由于研发活动而产生的员工成本（向任何员工支付或授予的与雇用有关的工资、薪金和其他福利，对雇员进行培训或认证所产生的费用以及其他规定费用）、材料、消耗品和公用事业费等。但是厂房、机器、土地或建筑物的资本支出，或建筑物的改建、增建、扩建，或因研发活动而获取权利所产生的资本支出均不在合格研发费用的范畴内。2009—2025纳税年度内，研发费用不需要与企业现有的贸易或者业务相关即可获得减税资格，除非研发活动发生在新加坡境外。

2. 附加扣除（Additional deduction）

除了基本扣除外，依据《所得税法》第 14 节 DA 部分（Section 14DA）的规定，2009—2025 纳税年度在新加坡境内开展的研发活动有资格享受一定比例的附加扣除，其中 2009—2018 纳税年度，该比例为 50%，2019—2025 纳税年度扣除比例有明显提升，为合格研发费用的 150%，即与 100% 基础扣除额合并使得研发费用税前扣除总额达到合格研发费用的 250%。合格研发费用包括两部分：一是纳税人直接进行的任何境内研发活动产生的合格支出的金额，包括纳税人直接进行的混合研究开发中在新加坡境内进行的部分，但不包括工业装置、机械、土地、建筑物的资本性支出，建筑物改建、增建、扩建的资本性支出，以及因研发活动而获取权利所产生的资本性支出；二是纳税人向研发机构就代其进行的境内研发活动的支出金额，包括由研发机构代其进行的混合研究开发中在新加坡境内进行的部分，和纳税人根据成本分摊协议，为开展境内研发活动发生的支出或者混合研究开发中在新加坡境内进行的部分支付的款项，以及纳税人向研发机构就代其进行的境内研发活动或者混合研究开发中在新加坡境内进行的部分支付的款项。与基础扣除相同，在新加坡境内发生的合格研发费用无须与企业现有的贸易或者业务相关。

3. 专利盒制度

为鼓励企业将研发活动形成的知识产权商业化，自 2018 年 7 月 1 日起，新加坡政府引入知识产权发展激励（IP Development Incentive，IDI）措施。而原有关于知识产权收益的税收优惠已从先锋企业奖励计划和发展与扩展奖励计划等制度的范围中删除。不过依据"祖父"条款，对于 2018 年 7 月 1 日之前批准的先锋企业奖励和发展与扩展奖励，在 2021 年 6 月 30 日之前，激励措施的范围仍会继续覆盖现有的知识产权收益。知识产权发展激励制度是一种符合 OECD 组织 BEPS 要求的专利盒制度，对符合条件的知识产权提供 5% 或 10% 的优惠税率，判别的方式也依据经过修正的"关系分数"方法。

4. **先锋企业奖励计划**（Pioneer Certificate，PC）

依据《经济扩张激励（所得税减免）法案》[*Economic Expansion Incentives (Relief from Income Tax) Act*]，2024 年 1 月 1 日之前，先锋企业奖励计划对被批准为先锋企业的先锋产品给予一定的税收减免期，自该先锋产品生产之日起并在此期间持续。无论向先锋企业发放的先锋资质只指定一种先锋产品，还是指定多种先锋产品，这些产品适用的减税期延长，任意一次不得超过 5 年。先锋产品的税收减免期连同所有的延长时限，不得超过 15 年。申请先锋企业的资质判断依据是能否进行崭新的具有实质性经济贡献的开创性活动，其中必须包括在资本支出、商业支出、就业职位创造等方面的贡献，能够引入比新加坡平均水平高很多的尖端技术、技能或专门知识。审批考虑的因素还包括拟投资的项目对于新加坡相关产业发展前景的重要性、对提高研发与创新能力的贡献，以及对总体经济的潜在影响。先锋企业奖励计划也适用于先锋服务公司的合格活动。所谓合格活动，是指包括实验室、咨询、研发活动等任何工程或技术服务，基于计算机的信息和其他相关服务，工业设计的开发或生产以及规定的其他服务或活动。先锋服务公司的合格活动可以享受一定时限的税收减免，任意一次减税期延长不得超过 5 年，税收减免期和延长时限总计不能超过 15 年。

5. **发展与扩展奖励计划**（Development and Expansion Incentive，DEI）

《经济扩张激励（所得税减免）法案》制定了一项发展与扩展奖励，企业从符合条件的业务中赚取的新增收入部分可以享受优惠税率。具体而言，2024 年 1 月 1 日之前，经认定为具有发展与扩展资质的企业，其从事合格的经营活动获得的增值收入部分适用不低于 5% 或 10% 的优惠税率，税收减免期自合格业务起始之日起持续时间不得超过 10 年，每次延期不得超过 5 年，税收减免期总计不得超过 20 年。在 2008 年 2 月 18 日至 2023 年 12 月 31 日，延长发展与扩展企业合格活动的税收减免期限，每次不得超过 10 年，税收减免总期限不得超过 40 年。

二、国际税收优惠的特征与变化

研发投资是推动科技创新与经济增长的关键要素，世界各国政府试图采取各种财政支持方式促使企业增加研发投资，并越来越依赖税收优惠措施。研发环节是税收激励政策在创新链条上扶持的重点，多数国家以企业实际发生的研发费用为基础灵活设置优惠方式，给予不同类型企业不同的优惠力度。《OECD研发税收优惠数据库（2020版）》（*OECD R&D tax incentices database, 2020 edition*）中的数据显示，截至2020年，37个OECD成员国中的33个国家、27个欧盟成员国中的21个国家，以及巴西、俄罗斯、中国、南非等金砖国家均为研发支出提供税收减免。仅在OECD组织中，与2000年相比对企业研发活动给予税收激励的国家数量增加了50%以上，研发税收优惠金额在政府扶持总额中所占比重也由2006年的36%提升至2018年的56%左右。欧盟地区的政策组合转变则更为显著，研发税收优惠在10年时间内基本翻了一番，在政府扶持总额中所占比重由2006年的26%增至2018年的57%。这在一定程度上也能够说明税收优惠相较其他支持研发活动的机制具有更少的自由裁量特征，政府的总体成本高度依赖于企业对研发的需求水平，从而在施行过程中表现出相对于其他政策工具的优越性，这也使得运用税收优惠方式激发企业创新活力在全球范围内成为主流趋势。伴随时间的推移以及不断变化的政治与社会环境，各国研发税收优惠政策的设计也发生了相应的变化。

（一）税收优惠由临时性制度逐步过渡为正式法案

主要创新型国家制定研发税收激励政策已由早期的临时性、试用性制度逐步过渡为正式的永久性税收法案。比如，美国历年颁布的《经济复兴法案》《技术与多种收入法案》《2015年保护美国人免于高税法》《税收抵免及医疗保健法案》《经济稳定紧急法案》等法律中，都会涉及研发税收抵免政策的调整与修订；日本陆续制定了《关于试验研究费总额的税额抵免制度》《加强中小企业技术基础税制》《关于特别试验研究的税额抵免制度》《中小企业投资促进税制》《中小企业经营强化税制》等一系列鼓励企业增加研发投资的法案；英国和新加坡的研发税收优惠措施也可在《财政法》《所得税法》等法律中找到对应的具体条款。以法律形式出台相关政策，从国家层面确保了政策的权威性与有效性，并且能够增强创新主体对政策稳定性的预期，有利于引导各类资金投入创新活动，实现税收优惠的既定政策目标。

（二）税收激励政策聚焦企业创新行为，普惠性较强

主要创新型国家的研发税收激励政策呈现出覆盖全部行业领域的全方位、普惠性特征。除了中国、南非等少数国家外，全球绝大多数实施研发税收激励的国家，政策适用对象均较为普遍，没有设置行业或技术领域限制，表现出明显的"普惠性"特征。此种方式以创新活动主体的研发行为是否符合相应条件为享受优惠的判断依据，可在一定程度上降低征管成本。对于一些特定的创新主体或创新行为，多数国家采取在"普惠性"基础上再设置"特惠性"条款的方式加以激励，主要表现为对中小型企业、产学研合作等研发主体和研发行为给予"加强优惠"。

（三）税收政策激励形式多样，且更偏重间接优惠

税收抵免和加计扣除这两种间接优惠是各国研发税收优惠政策的主要激励方式，并且近年来税收抵免逐渐成为主导措施。目前对研发活动给予所得税税收优惠的国家中，大约70%采取研发费用税收抵免方式，包括美国、日本、法国、韩国等，澳大利亚和英国等国则陆续将税收抵免制度引入或完全替代加计扣除。采用加计扣除方式的以发展中国家为主，包括中国、巴西、印度等，还包括英国和新加坡等少数发达国家。产生前述趋势的原因在于，税收抵免是一

项税额优惠,一定比例的合格研发费用可直接抵免企业所得税,税收减免额不受所得税税率较低或变动的影响,对企业研发投资决策的激励效果更为直观与显著。加计扣除是合格研发费用从应纳税所得额中按照加计比例税前扣除,最终优惠金额与企业所得税税率高低直接相关,尤其是一国采用差别化所得税税率时,会造成不同主体间该项政策的效果偏差。

就税收抵免而言,不同国家选取的具体形式有所差异。比如:英国选择总额抵免,即以纳税年度的合格研发费用直接作为抵免额计算基数;美国采用增额抵免,需将纳税年度发生的合格研发费用与基准值相比较,增加部分可享受一定比例的抵免税额;日本则采用混合抵免,包含总额抵免与增额抵免的计算方式。采用研发费用加计扣除政策的国家,多数运用"加计扣除+亏损结转+税额返还"的政策组合,即在考虑加计扣除后若企业形成财务亏损,可以向前或向后纳税年度结转弥补且通常年限较长,或者申请现金返还。企业对研发活动的大量投资很有可能造成税前扣除后应纳税所得额为负数,从而无法实质性享受优惠政策,亏损结转或者税额返还能够最大限度确保政策覆盖度,缓解企业资金压力。

在常见的税收抵免和加计扣除之外,许多国家也开始关注固定资产加速折旧、产学研合作以及专利成果转化等方面的优惠政策。整体而言,以间接优惠为主的方式更侧重于税前激励,通过降低税基来激发企业对研发活动的投入,企业进行研发决策时也可有清晰的政策预期。

(四)政策优惠力度呈现增强趋势

自2000年起,越来越多的国家开始对研发活动,特别是中小企业的研发行为,实施税收减免制度或提高优惠力度,研发税收优惠的可获得性与慷慨性都在激增。比如:英国中小型企业合格研发费用可以享受的加计扣除比例由早期的175%提升至230%,大型企业适用的税收抵免比率也于2020财年从12%提高到13%;新加坡境内开展的研发活动支出所享受的附加扣除比例在2019—2025纳税年度由 50% 提升至 150%。尤其是新冠疫情在全球暴发后，为积极应对危机，研发税收支持领域产生了大量的政策进展。美国将常规税收抵免的比例由 20% 大幅提升至 40%，替代简化抵免的比例也由 14% 上调到 28%。2020 年，德国、瑞士和哥伦比亚引入了 3 个新的研发税收激励计划，8 个国家在不同程度上提高了研发税收抵免或加计扣除比例，还有 4 个国家提高了合格研发费用或研发税收减免额的上限。这些有益的变化足以表明，政府意识到在危机时期企业开展创新活动的重要意义，以及税收优惠对支持企业研发的政策效率。

（五）对中小企业实施"加强优惠"

中小型企业是科技创新的重要载体，但受制于较高的经营风险和信息不对称等原因，中小型企业在市场上面临的不确定性远高于大型企业，资金实力与市场竞争力处于相对劣势的状态会在很大程度上影响其进行研发投资的积极性。因此，全球许多国家都会针对中小型企业的研发活动制定更为明确、引导性更强也更具吸引力的税收激励政策。

与大型企业相比，符合条件的中小型企业可以享受"加强优惠"，主要包括适用更高的税收抵免比率或加计扣除比率，应纳所得税额不足抵免或应纳税所得额不足抵扣时，差额部分可以在当年（或几年期限内）获得现金形式的税收返还，以及降低享受优惠的门槛条件。比如：美国将申请税收抵免的小企业资格由总收入低于 500 万美元扩大为总收入低于 1 000 万美元，并将新设企业与小企业可用于抵消工资税的现金返还税收抵免限额由 25 万美元上调至 50 万美元。英国大型企业早期在执行加计扣除政策时可享受的比例为 130%，而中小型企业合格研发费用允许 230% 的加计扣除。不足抵扣的部分可获得现金返还的比例，大型企业为合格研发费用的 10.53%，而中小型企业为 33.35%。日本对大型企业给予 2%~14% 不等的税收抵免比率，而中小型企业可享受的抵免比率为 12%~14%。在综合考虑总额型抵免和高水准型抵免后，大型企业的试验研究费税额扣除上限为法人税额的 35%，中小型企业则可达到法人税额的

35%～45%。

(六) 关注创新链条前端，引导产学研深入合作

产学研协同创新依托企业、大学与科研机构在知识结构上的互补性，通过交流、共享与整合各创新主体的异质性知识，形成相互协同的高效知识流动循环网络，从而实现新知识的创造，是提升国家竞争优势的关键性制度安排（柳洲，2018）。同时，伴随各国对基础研究重要程度的认识日渐加深，许多国家的税收优惠政策向产学研合作与基础研究领域倾斜。比如：日本推行特别试验研究税收抵免，企业与特别试验研究机构或大学开展共同试验研究或委托试验研究，可享受特别试验研究费30%的税收抵免。美国通常允许外包研发费用的65%计入抵免额基数，但支付给合格小企业、大学或州立实验室的外部研发费用，可100%计入抵免额基数。支付给科研机构、科学免税组织等特定组织的基础研究费用的增量部分，以及支付给能源研究团体的费用，可以享受20%比例的税收抵免。此外，2000年后在欧洲兴起的"专利盒"制度则聚焦技术成果转化所得给予优惠，可被视为研发税收优惠的衔接政策，目前已得到较为广泛的应用。由此可见，主要创新型国家注重引导企业加大对链条前端基础研究的投入和对产学研协作的重视，研发税收优惠政策贴合创新链条的各关键环节。

三、完善中国税收优惠政策的对策建议

支持企业创新的各项政策的制定、落实与政策效用显现是一个长期的过程。在这个过程中，政府既要通过包括税收优惠在内的一系列措施帮助企业缓解研发投入的资金压力，也要尽力避免企业以研发活动的名义进行政策套利。在前文实证研究结果的基础上，依托对国内现行税收优惠政策的梳理以及国际经验借鉴，本书提出如下优化思路：

(一）加强税收立法，提高政策规范性和稳定性

税收制度环境对各类主体的科技创新活动有着至关重要的影响。为使税收优惠能够充分实现政策意图，应在顶层设计时注重政策体系的系统性与规范性。首先，我国应当提高税收激励政策的法规层级，加快立法进程，使政策的权威性与稳定性得到保障。建议在梳理整合现行税收优惠政策的基础上，对经过实践检验效果较好的成熟政策逐步通过法定程序上升至法律层级。其次，政府应从长远的战略角度考虑，结合经济发展、产业转型与科技进步情况，协调好税收激励政策的调整周期，确保政策连续性与稳定性的同时，也有助于创新主体依据政策引导规划创新活动。

（二）弱化税收优惠选择性，推进普惠性政策体系构建

针对行业、技术领域和特定企业群体的选择性优惠措施过于强调产业与资质差异的"标签化"，无法体现"税收中性"原则，会扭曲市场对要素价格、研发方向、资源配置的导向作用，有失公平与效率，而针对创新行为的税收政策具有更强的普惠性与精准性。因此，在税收激励政策的制定与调整过程中，可考虑逐步放宽政策条件，只要创新主体研发、技术转让或应用、风险投资等创新行为符合条件即可享受相应的税收优惠，增强优惠措施的普惠性。打破"产业别"限制，弱化企业所属行业与企业类型的限定，取消研发加计扣除税收优惠的行业负面清单，将认定的重点转向企业创新行为，关注其产品、技术、工艺是否符合高新技术标准，而淡化企业资产规模、经营时间等非核心指标和非关键要素的强制规定，使传统产业开展创新活动也得以享受相应的税收优惠。同时，创新平台的政策标准也应弱化对规模与性质的要求，增强以深层次孵化服务能力与质量的标准作为税收减免的条件。

（三）优化税种与优惠方式搭配，增进对创新价值链上游环节的引导作用

税基式的间接优惠方式侧重于对企业创新活动的事前激励。将税收政策的

激励重点由创新结果前置到基础研究与研发环节，有助于减轻企业创新过程中的税收负担，有效缓解资金压力，能够充分调动企业科技创新的积极性。因此，应进一步扩大间接优惠方式的适用范围，尤其是对占据主导地位的企业所得税，可借鉴国际实践，通过提高研发费用加计扣除比例、特殊固定资产折旧政策以及适当延长未使用抵免向后结转年限等间接方式，增强税收优惠的针对性与实施效率。其中，《2021年政府工作报告》将企业研发费用加计扣除75%政策延续执行，同时将制造业企业加计扣除比例提高至100%，就优惠力度而言已经处于世界采用同类型优惠方式的中等偏上水平。如果单纯提高比例很可能造成政策边际效果递减。可考虑设置条件，对企业研发费用的增量部分给予更大的扣除比例。同时，推动企业由单打独斗的"个体创新"向"合作创新"转变，注重对产学研合作的引导，对于企业委托或与高校科研院所合作的研发费用，以及企业与高校科研院所联合共建科学实验室发生的研发费用等，允许100%计入可加计扣除的支出范围，或者给予上述支出100%乃至更高的加计扣除比例。上述措施可使得由于直接优惠占据绝对比例所导致的激励环节过于集中在创新价值链下游的局面有所改变，实现税收政策对科技创新价值增值全过程的有效覆盖。此外，为配合"营改增"之后企业缴纳增值税比重进一步提升，优惠政策的税种选择应适度向增值税倾斜。

（四）设置针对中小企业的加强优惠措施

中小企业具有较强的创新活动意愿，由于机制灵活、市场适应能力强，在创新时间与效率上有显著的行为优势。但受制于缺乏规模效应、融资成本昂贵等不利因素，中小企业在创新过程中面临资金投入不可持续的瓶颈。因此，建议将创投企业投资额70%抵扣应纳税所得额的优惠措施适度拓展至其他投资主体，对其投资行为给予一定比例的税前抵扣，同时将投资对象范围由未上市的中小高新技术企业和初创科技型中小企业扩大至科技型中小企业。此外，对中小企业不足抵扣的研发费用允许企业从以下两种方式中自行选择：一是放弃加计扣除，选择在当年度享受一定比例的税收返还，直接增加现金流补充研发资金；二是自盈利年度起结转扣除。

（五）加大对科技人才的税收激励力度

知识已逐步取代传统生产要素成为企业的重要资源，企业家的创新意识与能力、员工知识的数量与质量成为推动企业发展的核心因素。为实现人力资本的有效激励和对企业成本的足够补偿，可考虑制定适用于各类创新主体对技术人员的股票期权、股权期权、股权奖励等个人所得税延期纳税或免税优惠。同时，为鼓励企业增加对员工专业素质的培养，建议参照高新技术企业或软件、集成电路产业有关标准，将职工教育经费的税前扣除比例上限从工资薪金总额的2.5%适当上浮。

（六）优化税收服务环境，建立政策定期评估机制

税收激励政策效果的充分发挥不仅与优惠对象、优惠方式等政策内容设计相关，还会受到征管流程、纳税服务、政策评估等因素的影响，因而政策目标的实现需要政策要素与各环节的精准配合。一是切实推进市场化进程，优化营商环境。地方政府对税务部门的征管行为具有操纵空间，税收征管治理功效的发挥部分受制于各地区政府的干预程度，税收征管对企业研发创新活动的支持需要降低政府干预对税收征管活动的扭曲。因此，应当进一步厘清政府与市场的关系，减少行政机制对市场资源配置机制的无效替代与干预，优化适宜创新的营商环境，实现企业研发投资与市场价值的统一。同时，相关部门完善税收征管制度，明确税务部门的权力边界与执法细则，利用制度约束、信息公开等方式压缩征管环节的弹性操作空间，实现透明、高效的税收征管体系。二是强化税收优惠政策可操作性。为使税收激励政策得到切实有效落实，避免政策制定与执行脱节，应进一步细化税收优惠的适用范围、条件、程序、配套要求等细则，增强税收政策的可操作性与执行力；同时，加大税务部门对相关政策的

宣传力度，使各类主体，尤其是中小企业能够及时获知税收信息，减少获取成本，并依托电子化业务手段简化纳税流程，最大限度释放政策红利。三是建立税收优惠政策定期评估及信息共享机制。我国目前没有建立对科技创新税收优惠的跟踪与评估机制，导致税务部门对优惠规模、政策效果以及实施过程中遇到的问题缺乏清晰的认识。因此，应逐步建立税收激励政策的定期评估及数据与信息共享机制，通过优惠政策的跟踪管理、数据维护与统计分析等掌握政策实施效应，为政策优化提供一手资料。四是企业应正视税收征管活动对企业研发创新行为的积极作用。实证检验结果证实了政府税务部门的行政力量也可以作为重要的企业外部治理机制，增强税收征管力度不仅可以确保国家财政资金来源，而且征管行为蕴含的治理功能会优化企业资源配置。因此，企业应当转变税收征管只会单纯增加企业税负的旧有观念，不再一味寻求各类税收规避手段，要充分认识到税收征管对企业研发创新能力提升的重要意义与推动作用，以更为积极的姿态主动配合征管环节各项工作。当然，在这个过程中税务部门也应当进一步规范征收管理工作，简化企业纳税手续，提升部门工作效率，切实降低企业纳税遵从成本。

第八章 研究结论与展望

一、主要研究结论

研发创新是企业实现长期价值的关键路径，也是国家和地区实现长期可持续发展的关键动力。本书聚焦税收优惠政策，阐释其作用于企业创新活动内在机制的逻辑思路，并在考虑企业内外部因素的基础上考察优惠政策的实施效果。同时，系统梳理中国现行有效的税收优惠政策，归纳中国税收激励政策体系的特点，并关注主要创新型国家税收激励的经验与变化趋势。本书具体研究结论如下：

（一）中国与主要创新型国家高研发投资企业特征

以 2014—2019 年《欧盟产业研发投资记分牌》全球研发投资 2 500 强企业为样本，对比中国与美国、日本、德国、韩国、法国和英国等六个主要创新型国家的研发投资规模、研发投入强度和产业布局后发现，大型跨国公司全面引领世界企业研发，发达国家仍是全球研发活动的主要源头与载体这一趋势短期内不会改变；中国企业研发活跃度不断提升，对法、英、韩等国形成赶超之势，已成为推动全球创新不可忽视的重要力量；中国企业研发投资强度与创新型国家有一定程度的差距；中国产业分布逐渐向高技术领域聚集，有待形成世界领军的行业领域，但高研发投入企业在制药和生物科技产业的覆盖率相对较低，顶级制药与生物科技企业长期缺位。

（二）税收优惠对企业创新活动的作用机理与路径选择

税收优惠政策能够通过提高创新活动的预期收益、降低创新活动的投资风险以及降低研发活动成本三个路径对企业创新行为产生影响。税收优惠政策能够降低企业的创新要素成本、提高各类要素贡献率，并对打通创新链条、优化创新生态环境具有积极作用，同时税收激励政策本身具有引导社会资源流向的功能，并且向外界传递出企业资源与财务安全信号，体现出税收优惠通过激励驱动机制、催化加速机制、资源配置机制和信号传递机制，协同作用于企业科技创新活动。

（三）税收优惠政策与税收征管行为对企业创新活动的效果评估

中国税收优惠政策对企业创新活动具有积极的效应，稳定而持续的税收激励能够刺激企业增加研发投资，但在激励程度上仍有一定的政策空间。提升税收征管强度对企业研发投资具有正向影响，但是效果并不显著，同时，税收征管行为对税收优惠与企业研发活动的关系具有负向调节作用，税收征管力度增强会降低税收优惠的激励效果。企业内部特征与外部制度性环境因素会对政策效果产生异质性影响，相比于国有企业，税收征管对企业创新活动的正向影响在非国有企业中表现得更为明显，而在地方政府干预程度较低的地区，税收征管对企业研发投资的抑制效应也会相应减弱。经济政策不确定性对税收优惠的政策效应具有正向调节作用，政策不确定性提升时企业会加速研发投资以应对环境变化，税收优惠的激励效应得到增强。产权性质、行业特征与融资约束会对政策不确定性的调节作用带来异质性影响，在政策不确定性上升时，税收优惠对企业研发投资的正向影响程度在非国有企业、非高新技术产业以及融资约束程度弱的企业中表现得更为显著。

（四）中国科技创新税收优惠政策体系的特征与局限

构建"政策目标—政策设计—政策执行"三维框架，并采用内容分析法对税收优惠条款展开单维与多维量化分析，认为经过一系列税收优惠政策的出台与调整，我国促进科技创新的税收激励政策体系格局已基本形成，只是在政策设计科学性、布局合理性、动态适应性等方面尚待加强与完善，具体表现在：优惠条款贯穿于创新价值链条全过程，但较为偏重后端产业化阶段，结果导向特征明显；税收优惠政策的特惠性质显著，企业是税收政策的重点激励对象，但条款多具有产业导向或资质认定限制；对最具创新活动的中小企业和创新核心要素人力资本的激励力度尚显不足；企业所得税优惠的主导地位进一步加强；优惠方式以直接优惠为主、间接优惠为辅；税收激励政策法规层级较低，与税收法定要求有较大差距。

（五）税收优惠政策的国际比较与借鉴

梳理日本、美国、英国与新加坡的现行税收优惠政策，国际税收激励呈现出新的特征与趋势，表现为税收优惠由临时性制度逐步过渡为正式法案；税收激励政策聚焦企业创新行为，普惠性较强；税收政策激励形式多样，且更偏重间接优惠；政策优惠力度呈现增强趋势；对中小企业实施"加强优惠"；关注创新链条前端，引导产学研深入合作。在前文实证研究结果的基础上，依托对国内现行税收优惠政策的梳理以及国际经验借鉴，从政策设计与税收征管视角提出如下建议：加强税收立法，提高政策规范性和稳定性；弱化税收优惠选择性，推进普惠性政策体系构建；优化税种与优惠方式搭配，增进对创新价值链上游环节的引导作用；设置针对中小企业的加强优惠措施；加大对科技人才的税收激励力度；优化税收服务环境，建立政策定期评估机制。

二、未来研究展望

税收优惠政策与企业创新活动关系的未来研究中,大样本的实证检验依旧是重要趋势。一方面,是对税收优惠政策效果产生调节效应的情境因素的探讨。税收优惠的政策效果会受到众多因素的影响,鉴于企业内外部要素之间的复杂性与交互性,也为使政府的政策设计更符合企业税收实践,后续研究需要对相关因素进行更为深入的挖掘。例如,知识产权保护、法治建设、政治关联等具有中国政治文化特点的外部环境要素,可能对税收政策与企业创新关系产生调节作用。同时,可考虑在地区性差异上进一步展开研究,深化政策执行层面的影响效果分析。另一方面,是对具体政策类型作用效果的检验。针对某项单一税收措施的实施效果展开检验,是近期非常明显的研究趋势。近年来,我国政府为了使减税降负惠及更多企业,对固定资产加速折旧、研发费用加计扣除等政策内容以及各类资格认定、准入门槛等进行了大幅度的调整,因而及时探明此类政策变化带来的影响具有重要的意义,能够为政府部门制定符合现实情况的优惠方案提供方向指导。此外,仍需对主要创新型国家的税收优惠政策变化保持关注,掌握国际税收前沿趋势。

参 考 文 献

[1] Agrawal A, Rosell C, Simcoe T. Do Tax Credits Affect R&D Expenditures by Small Firms? Evidence from Canada [R]. NBER Working Papers, 2014.

[2] Amore M D, Bennedsen M. The Value of Local Political Connections in A Low-corruption Environment [J]. Journal of Financial Economics. 2013, 110 (2): 387-402.

[3] An H, Chen Y, Luo D, Zhang T. Political Uncertainty and Corporate Investment: Evidence from China [J]. Journal of Corporate Finance. 2016, 36 (2): 174-189.

[4] Arrow K J. Economic Welfare and the Allocation of Resources for Invention [J]. NBER Chapters. 1962 (12): 609-626.

[5] Atanassov J, Julio B, Leng T. The Bright Side of Political Uncertainty: The Case of R&D [R]. SSRN Electronic Journal, 2015.

[6] Baghana R, Mohnen P. Effectiveness of R&D Tax Incentives in Small and Large Enterprises in Québec [J]. Small Bus Econ. 2009, 33 (1): 91-107.

[7] Beise M, Stahl H. Public Research and Industrial Innovations in Germany [J]. Research Policy. 1999, 28 (4): 397-422.

[8] Baker S R, Bloom N, Davis S J. Measuring Economic Policy Uncertainty [J]. Quarterly Journal of Economics. 2016, 31 (4): 1593-1636.

[9] Bergek A, Norrman C. Incubator Best Practice: A Framework [J]. Technovation. 2008, 28 (1-2): 20-28.

[10] Berger P G. Explicit and Implicit Effects of the R&D Tax Credit [J]. Journal of Accounting Research. 1993, 31 (2): 131-171.

[11] Berman S A, Down J, Hill C W L. Tacit Knowledge as A Source of Competitive Advantage in the Notional Basketball Association [J]. Academy of Management Journal.

2002, 45 (1): 13-31.

[12] Bernanke B S. Irreversibility, Uncertainty and Cyclical Investment [J]. Quarterly Journal of Economics. 1983, 98 (1): 85-106.

[13] Berube C, Mohnen P. Are Firms that Receive R&D Subsidies More Innovative? [J]. Canadian Journal of Economics. 2009, 42 (1): 206-225.

[14] Bhattacharya U, Hsu P, Tian X, Xu Y. What Affects Innovation More: Policy or Policy Uncertainty? [J]. Journal of Financial & Quantitative Analysis. 2017, 52 (5): 1869-1901.

[15] Block J H, Thurik R, Zhou H. What Turns Knowledge into Innovative Products? The Role of Entrepreneurship and Knowledge Spillovers [J]. Journal of Evolutionary Economics. 2013, 23 (4): 693-718.

[16] Bloom N. The Impact of Uncertainty Shocks [J]. Econometrica. 2009, 77 (3): 623-685.

[17] Bloom N, Griffith R, Reenen J V. Do R&D Tax Credits Work? Evidence from a Panel of Countries 1979-1997 [J]. Journal of Public Economics. 2002, 85 (1): 1-31.

[18] Cai J, Chen Y, Wang X. The Impact of Corporate Taxes on Firm Innovation: Evidence from the Corporate Tax Collection Reform in China [R]. NBER Working Paper Series No. 25146, 2018.

[19] Caniëls M C J, Verspagen B. Barriers to Knowledge Spillovers and Regional Convergence in an Evolutionary Model [J]. Journal of Evolutionary Economics. 2001, 11 (3): 307-329.

[20] Cappelen A, Raknerud A, Rybalka M. The Effects of R&D Tax Credits on Patenting and Innovations [J]. Research Policy. 2012, 41 (2): 334-345.

[21] Castellacci F, Lie C M. Do the Effects of R&D Tax Credits Vary Across Industries? A Meta-regression Analysis [J]. Research Policy. 2015, 44 (4): 819-832.

[22] Chan K S, Dang V Q, Yan I K. Chinese Firms' Political Connection, Ownership, and Financing Constraints [J]. Economics Letters. 2012, 115 (2): 164-167.

[23] Chen M C, Gupta S. The Incentive Effects of R&D Tax Credits: An Empirical Examination in an Emerging Economy [J]. Journal of Contemporary Accounting and Economics. 2017, 13 (1): 52-68.

[24] Choi S B, Lee S H, Williams C. Ownership and Eirm Innovation in a Transition Economy: Evidence from China [J]. Research Policy. 2011, 40 (3): 441-452.

[25] Crespi G, Giuliodori D, Giuliodori R, Rodriguez A. The Effectiveness of Tax Incentives

for R&D + i in Developing Countries: The Case of Argentina [J]. Research Policy. 2016, 45 (10): 2023-2035.

[26] Czarnitzki D, Hanel P, Rosa J M. Evaluating the Impact of R&D Tax Credits on Innovation: A Microeconometric Study on Canadian Firms [J]. Research Policy. 2011, 40 (2): 217-229.

[27] Dagenais M, Mohnen P, Thierrien P. Do Canadian Firms Respond to Fiscal Incentives to Research and Development? [J]. G.r.e.q.a.m. 1997, 14 (3): 374-386.

[28] David P A, Hall B H, Toole A A. Is Public R&D a Complement or Substitute for Private R&D? A Review of the Econometric Evidence [J]. Research Policy. 2000, 29 (4-5): 497-529.

[29] Dechezlepretre A, Einio E, Martin R, Nguyen K T, Reenen J V. Do Tax Incentives for Research Increase Firm Innovation? An RD Design for R&D [R]. NBER Working Paper No. 22405. 2016.

[30] Desai M A, Dyck A, Zingales L. Theft and Taxes [J]. Journal of Financial Economics. 2007, 84 (3): 591-623.

[31] Eberhart A C, Maxwell W F, Siddique A R. A Reexamination of the Tradeoff between the Future Benefit and Riskiness of R&D Increases [J]. Journal of Accounting Research. 2008, 46 (1): 27-52.

[32] Edwards A, Schwab C, Shevlin T J. Financial Constraints and the Incentive for Tax Planning [R]. SSRN Electronic Journal. 2012.

[33] Eisner R, Albert S H, Sullivan M A. The New Incremental Tax Credit for R&D: Incentive or Disincentive [J]. National Tax Journal. 1984, 37 (2): 171-183.

[34] Faccio M. Politically Connected Firms [J]. American Economic Review. 2006, 96 (1): 369-386.

[35] Faccio M. Differences Between Politically Connected and Nonconnected Firms: Across-country Analysis [J]. Financial Management. 2010, 39 (3): 905-928.

[36] Fazzari S M, Herzon B. Capital Gains Taxes and Economic Growth: Effects of a Capital Gains Tax Cut on the Investment Behavior of Firms [J]. Economics Public Policy Brief Archive. 1996.

[37] Finley A R, Lusch S J, Cook K A. The Effectiveness of the R&D Tax Credit: Evidence from the Alternative Simplified Credit [J]. Journal of the American Taxation Association. 2014, 37 (1): 157-181.

[38] Folta T B, O'Brien J P. Entry in the Presence of Dueling Options [J]. Strategic Management Journal. 2004, 25 (2): 121–138.

[39] Frascati M. Main Definitions and Conventions for the Measurement of Research and Experimental Development (R&D) [R]. OECD, 1994.

[40] Grossman G M, Helpman E. Innovation and Growth in the Global Economy [M]. Cambridge: The MIT Press, 1991.

[41] Guedhami O, Pittman J. The Importance of IRS Monitoring to Debt Pricing in Private Firms [J]. Journal of Financial Economics. 2008, 90 (1): 38–58.

[42] Guellec D, Pottelsberghe B V. The Impact of Public R&D Expenditure on Business R&D [J]. Economics of Innovation and New Technology. 2003, 12 (3): 225–243.

[43] Gulen H, Ion M. Political Uncertainty and Corporate Investment [J]. Review of Financial Studies. 2016, 29 (3): 523–564.

[44] Hackett S M, Dilts D. A Systematic Review of Business Incubation Research [J]. The Journal of Technology Transfer. 2004, 29 (1): 55–82.

[45] Hall B H. R&D Tax Policy during the Eighties: Success or Failure? [J]. Tax Policy and the Economy. 1993, 7 (7): 1–35.

[46] Hall B H. The Financing of Research and Development [J]. Oxford Review of Economic Policy. 2002, 18 (1): 35–51.

[47] Hall B H, Moncada-Paternò-Castello P, Montresor S, Vezzani A. Financing Constraints, R&D Investments and Innovative Performances: New Empirical Evidence at the Firm Level for Europe [J]. Economics of Innovation & New Technology. 2015, 25 (2): 1–14.

[48] Hall B H, Reenen J V. How Effective are Fiscal Incentives for R&D? A Review of the Evidence [J]. Research Policy. 2000, 29 (4–5): 449–469.

[49] Hansen J, Sebora T C. Applying Principles of Corporate Entrepreneurship to Achieve National Economic Growth [J]. Social Science Electronic Publishing. 2003, 14 (2): 69–90.

[50] Hellman J S, Jones G, Kaufmann D. Seize the State, Seize the Day: State Capture, Corruption and Influence in Transition [J]. Journal of Comparative Economics. 2003, 31 (4): 751–773.

[51] Herbig P, Golden J E, Dunphy S. The Relationship of Structure to Entrepreneurial and Innovative Success [J]. Marketing Intelligence & Planning. 1994, 12 (9): 37–48.

[52] Hernández H, Soriano F H, Tübke A, et al. The 2016 EU Industrial R&D Investment

Scoreboard [R]. Luxembourg: Publications Office of the European Union, 2016.

[53] Holmstrom B. Agency Costs and Innovation [J]. Journal of Economic Behavior & Organization. 1989, 12 (3): 305-327.

[54] Hoopes J L, Mescall D, Pittman J A. Do IRS Audits Deter Corporate Tax Avoidance? [J]. The Accounting Review. 2012, 87 (5): 1603-1639.

[55] Howell A. Firm R&D, Innovation and Easing Financial Constraints in China: Does Corporate Tax Reform Matter? [J]. Research Policy. 2016, 45 (10): 1996-2007.

[56] Jaffe A, Lerner J. Privatizing R&D: Patent Policy and the Commercialization of National Laboratory Technologies [J]. Rand Journal of Economics. 2001, 32 (1): 167-198.

[57] Jia J, Ma G. Do R&D Tax Incentives Work? Firm-level Evidence from China [J]. China Economic Review. 2017, 46: 50-66.

[58] Julio B, Yook Y. Political Uncertainty and Corporate Investment Cycles [J]. Journal of Finance. 2012, 67 (1): 45-83.

[59] Kasahara H, Shimotsu K, Suzuki M. Does an R&D Tax Credit Affect R&D Expenditure? The Japanese R&D Tax Credit Reform in 2003 [J]. Journal of the Japanese and International Economies. 2014, 31 (C): 72-97.

[60] Klassen K J, Pittman J A, Reed M P. Cross-national Comparison of R&D Expenditure Decisions: Tax Incentives and Financial Constraints [J]. Contemporary Accounting Research. 2004, 21 (3): 639-680.

[61] Kleer R. Government R&D Subsidies as a Signal for Private Investors [J]. Research Policy. 2010, 39 (10): 1361-1374.

[62] Kleer R. Government R&D Subsidies as a Signal for Private [J]. Research Policy. 2010, 39 (10): 1361-1374.

[63] Klette T J, Møen J. R&D Investment Responses to R&D Subsidies: A Theoretical Analysis and a Microeconometric Study [J]. World Review of Science, Technology and Sustainable Development. 2011, 9 (2/3/4): 169-203.

[64] Koga T. Firm Size and R&D Tax Incentives [J]. Technovation. 2003, 23 (7): 643-648.

[65] Lach S. Do R&D Subsidies Stimulate or Displace Private R&D? Evidence from Israel [J]. Journal of Industrial Economics. 2002, 50 (4): 369-390.

[66] Laursen K, Salter A. Open for Innovation: The Role of Openness in Explaining Innovation Performance Among U.K. Manufacturing Firms [J]. Strategic Management Journal.

2006, 27 (2): 131-150.

[67] Lavie D. The Competitive Advantage of Interconnected Firms: An Extension of the Resource-Based View [J]. Academy of Management Annual Meeting Proceedings. 2005, 31 (3): 638-658.

[68] Lee C, Lee K, Pennings J. Internal Capabilities, External Networks, and Performance: A Study on Technology-Based Ventures [J]. Strategic Management Journal. 2001, 22 (6-7): 615-640.

[69] Lieberman M B, Montgomery D B. First-Mover Advantages [J]. 1988, 9 (S1): 41-58.

[70] Lim Y. Tax Avoidance, Cost of Debt and Shareholder Activism: Evidence from Korea [J]. Journal of Banking & Finance. 2011, 35 (2): 456-470.

[71] Lin C, Lin P, Song F. Property Rights Protection and Corporate R&D: Evidence from China [J]. Journal of Development Economics. 2010, 93 (1): 49-62.

[72] Lin J, Li F. Development Strategy, Viability, and Economic Distortions in Developing Countries [R]. World Bank Policy Research Working Papers, 2009.

[73] Lokshin B, Mohnen P. How Effective are Level-based R&D Tax Credits? Evidence from the Netherlands [J]. Applied Economics. 2012, 44 (12): 1527-1538.

[74] Malerba F, Mancusi M L, Montobbio F. Innovation, International R&D Spillovers and the Sectoral Heterogeneity of Knowledge Flows [J]. Review of World Economics. 2013, 149 (4): 697-722.

[75] Mansfield E. The R&D Tax Credit and Other Technology Policy Issues [J]. American Economic Review. 1986, 76 (2): 190-194.

[76] Martínez-Senra A I, Quintas M, Sartal A, et al. How Can Firms' Basic Research Turn into Product Innovation? The Role of Absorptive Capacity and Industry Appropriability [J]. IEEE Transactions on Engineering Management. 2015, 62 (2): 1-12.

[77] Manso G. Motivating Innovation [J]. The Journal of Finance. 2011, 66 (5): 1823-1860.

[78] Mccutchen W W. Estimating the Impact of the R&D Tax Credit on Strategic Groups in the Pharmaceutical Industry [J]. Research Policy. 1993, 22 (4): 337-351.

[79] Mckenzie K J, Sershun N. Taxation and R&D: an Investigation of the Push and the Pull Effects [J]. Canadian Public Policy. 2010, 36 (3): 307-324.

[80] Moynihan D P, Herd P, Harvey H. Administrative Burden: Learning, Psychological, and Compliance Costs in Citizen-State Interactions [J]. Journal of Public Administration Research and Theory. 2014, 25 (1): 43-69.

[81] Mukherjee A, Singh M, Žaldokas A. Do Corporate Taxes Hinder Innovation? [J]. Journal of Financial Economics. 2017, 124 (1): 195 - 221.

[82] Nelson R R. The Simple Economics of Basic Scientific Research [J]. Journal of Political Economy. 1959, 67 (2): 297 - 306.

[83] Ogawa K. Debt, R&D Investment and Technological Progress: A Panel Study of Japanese Manufacturing Firms' Behavior During the 1990s [J]. Journal of the Japanese and International Economies. 2007, 21 (4): 403 - 423.

[84] Pahnke E C, Mcdonald R, Wang D, Hallen B. Exposed: Venture Capital, Competitor Ties, and Entrepreneurial Innovation [J]. The Academy of Management Journal. 2014, 58 (5): 1334 - 1360.

[85] Panousi V, Papanikolaou D. Investment, Idiosyncratic Risk, and Ownership [J]. Journal of Finance. 2012, 67 (3): 1113 - 1148.

[86] Pavitt K. Public Policies to Support Basic Research: What Can the Rest of World Learn from US Theory and Practice? (And What They Should Not Learn) [J]. Industrial and Corporate Change. 2001, 10 (3): 761 - 779.

[87] Perotti E, Kulatilaka N. Strategic Growth Options [J]. Management Science. 1998, 44 (8): 1021 - 1031.

[88] Petersen B, Brown J R. Cash Holdings and R&D Smoothing [J]. Journal of Corporate Finance. 2010, 17 (3): 694 - 709.

[89] Porcano T M. Corporate Tax Rates: Progressive, Proportional, or Regressive [J]. Journal of the American Taxation Association. 1986, 7 (2): 17 - 31.

[90] Rao N. Do Tax Credits Stimulate R&D Spending? The Effect of the R&D Tax Credit in its First Decade [J]. Journal of Public Economics. 2016, 140: 1 - 12.

[91] Romer P M. Endogenous Technological Change [J]. Journal of Political Economy. 1990, 98 (5): 71 - 102.

[92] Salter A J, Martin B R. The Economic Benefits of Publicly Funded Basic Research: A Critical Review [J]. Research Policy. 2001, 30 (3): 509 - 532.

[93] Segal G, Shaliastovich I, Yaron A. Good and Bad Uncertainty: Macroeconomic and Financial Market Implications [J]. Journal of Financial Economics. 2015, 117 (2): 369 - 397.

[94] Takalo T, Tanayama T. Adverse Selection and Financing of Innovation: is there a Need for R&D Subsidies? [J]. The Journal of Technology Transfer. 2010, 35 (1): 16 - 41.

[95] Tassey G. Underinvestment in Public Good Technologies [J]. Journal of Technology Transfer. 2004, 30 (1-2): 89-113.

[96] Tassey G. The Economics of R&D Policy [M]. New York: Greenwood Publishing Group Inc, 1997.

[97] Thomson R. Tax Policy and R&D Investment by Australian Firms [J]. Economic Record. 2010, 273 (86): 260-280.

[98] Wallsten S J. The Effects of Government-industry R&D Programs on Private R&D: The Case of the Small Business Innovation Research Program [J]. Rand Journal of Economics. 2000, 31 (1): 82-100.

[99] Weeds H. Strategic Delay in a Real Options Model of R&D Competition [J]. Review of Economic Studies. 2010, 69 (3): 729-747.

[100] Wu Y. The Effects of State R&D Tax Credits in Stimulating Private R&D Expenditure: A Cross-state Empirical Analysis [J]. Journal of Policy Analysis and Management. 2005, 24 (4): 785-802.

[101] Yang C H, Huang C H, Hou T C. Tax Incentives and R&D Activity: Firm-level Evidence from Taiwan [J]. Research Policy. 2012, 41 (9): 1578-1588.

[102] Yasar M, Paul C J M. Firm Performance and Knowledge Spillovers from Academic, Industrial and Foreign Linkages: The Case of China [J]. Journal of Productivity Analysis. 2012, 38 (3): 237-253.

[103] Zeira J. Innovations, Patent Races and Endogenous Growth [J]. Journal of Economic Growth. 2011, 16 (2): 135-156.

[104] 白晓荣. 促进中小企业技术创新的税收优惠政策研究 [J]. 科学管理研究. 2014, 32 (4): 88-91.

[105] 才国伟, 吴华强, 徐信忠. 政策不确定性对公司投融资行为的影响研究 [J]. 金融研究. 2018 (3): 89-104.

[106] 曹勇, 蒋振宇, 孙合林, 阮茜. 知识溢出效应、创新意愿与创新能力——来自战略性新兴产业企业的实证研究 [J]. 科学学研究. 2016, 34 (1): 89-98.

[107] 曹越, 陈文瑞. 固定资产加速折旧的政策效应: 来自财税 [2014] 75 号的经验证据 [J]. 中央财经大学学报. 2017 (11): 58-74.

[108] 曾姝. 资本市场压力、税收征管与企业避税行为 [J]. 证券市场导报. 2019 (11): 32-41.

[109] 曾亚敏, 张俊生. 税收征管能够发挥公司治理功用吗？[J]. 管理世界. 2009 (3):

143 - 151.

[110] 陈德球, 陈运森, 董志勇. 政策不确定性、税收征管强度与企业税收规避 [J]. 管理世界. 2016 (5): 151 - 163.

[111] 陈德球, 陈运森, 董志勇. 政策不确定性、市场竞争与资本配置 [J]. 金融研究. 2017 (11): 65 - 80.

[112] 陈德球, 金雅玲, 董志勇. 政策不确定性、政治关联与企业创新效率 [J]. 南开管理评论. 2016, 19 (4): 27 - 35.

[113] 陈东, 法成迪. 政府补贴与税收优惠并行对企业创新的激励效果研究 [J]. 华东经济管理. 2019, 33 (8): 5 - 15.

[114] 陈红, 张玉, 刘东霞. 政府补助、税收优惠与企业创新绩效——不同生命周期阶段的实证研究 [J]. 南开管理评论. 2019, 22 (3): 187 - 200.

[115] 陈玲, 杨文辉. 研发税收抵扣的分配机制和政策效果 [J]. 科研管理. 2017, 38 (7): 37 - 43.

[116] 陈实, 章文娟. 中国R&D投入强度国际比较与分析 [J]. 科学学研究. 2013, 31 (7): 1022 - 1031.

[117] 陈思, 何文龙, 张然. 风险投资与企业创新: 影响和潜在机制 [J]. 管理世界. 2017 (1): 158 - 169.

[118] 陈煜, 方军雄. 政策性优惠: 馅饼还是陷阱?——基于固定资产加速折旧税收政策的检验 [J]. 证券市场导报. 2018 (6): 32 - 41.

[119] 陈玥卓. 税收优惠影响企业创新产出的多元机制研究——来自中国软件与集成电路产业的证据 [J]. 科技进步与对策. 2020 (18): 123 - 132.

[120] 成力为, 李翘楚. 企业研发投入结构特征与经济增长模式——基于中国与主要国家企业研发数据的比较 [J]. 科学学研究. 2017, 35 (5): 700 - 708.

[121] 程鹏, 柳卸林. 对政府推进自主创新战略的一个评价 [J]. 科学学与科学技术管理. 2010, 31 (11): 19 - 26.

[122] 程郁, 崔静静. 孵化器税收优惠政策的传导效应评估 [J]. 科研管理. 2016, 37 (3): 101 - 109.

[123] 储德银, 杨姗, 宋根苗. 财政补贴、税收优惠与战略性新兴产业创新投入 [J]. 财贸研究. 2016, 27 (5): 83 - 89.

[124] 储德银, 张同斌. 自主研发、技术引进与高新技术产业成长 [J]. 科研管理. 2013, 34 (11): 53 - 60.

[125] 崔也光, 姜晓文, 王守盛. 财税政策对企业自主创新的支持效应研究——基于经济

区域的视角 [J]. 经济与管理研究. 2017, 38 (10): 104-113.

[126] 崔也光, 赵迎. 我国高新技术行业上市公司无形资产现状研究 [J]. 会计研究. 2013 (3): 59-64.

[127] 代明, 刘佳, 张杭. 企业科技创新市场失灵的形成逻辑与有效治理 [J]. 中国科技论坛. 2014 (2): 11-16.

[128] 戴晨, 刘怡. 税收优惠与财政补贴对企业 R&D 影响的比较分析 [J]. 经济科学. 2008 (3): 58-71.

[129] 戴小勇, 成力为. 金融发展对企业融资约束与研发投资的影响机理 [J]. 研究与发展管理. 2015, 27 (3): 25-33.

[130] 党力, 杨瑞龙, 杨继东. 反腐败与企业创新: 基于政治关联的解释 [J]. 中国工业经济. 2015 (7): 146-160.

[131] 董静, 苟燕楠, 郭强. 企业技术创新的组织模式——基于不确定性和系统性的实证研究 [J]. 研究与发展管理. 2010, 22 (3): 67-75.

[132] 杜斌, 张治河, 李斌. 健全技术创新的市场导向机制: 动态最优、福利分配与补偿机制——弥合技术创新溢出效应的视角 [J]. 经济管理. 2017, 39 (3): 63-75.

[133] 杜伟, 魏勇. 技术创新的不确定性与政府激励政策安排 [J]. 科学学与科学技术管理. 2001 (7): 50-52.

[134] 樊纲, 郑宇劼, 曹钟雄. 双循环: 构建"十四五"新发展格局 [M]. 北京: 中信出版集团, 2021.

[135] 范子英, 田彬彬. 税收竞争、税收执法与企业避税 [J]. 经济研究. 2013, 48 (9): 99-111.

[136] 冯海红, 曲婉, 李铭禄. 税收优惠政策有利于企业加大研发投入吗? [J]. 科学学研究. 2015, 33 (5): 665-673.

[137] 冯金余. 企业孵化器的创新驱动效应研究——基于省级面板数据的随机前沿分析 [J]. 证券市场导报. 2017 (2): 14-20.

[138] 高培勇. 中国税收持续高速增长之谜 [J]. 经济研究. 2006 (12): 13-23.

[139] 高培勇. 论完善税收制度的新阶段 [J]. 经济研究. 2015, 50 (2): 4-15.

[140] 韩灵丽, 黄冠豪. 促进科技创新的企业所得税优惠政策分析 [J]. 浙江学刊. 2014 (2): 187-191.

[141] 韩庆兰, 刘莉. 政治关联、税收政策对企业研发投入的影响——来自中国创业板民营上市公司的经验证据 [J]. 中南大学学报 (社会科学版). 2017, 23 (4): 110-118.

[142] 韩仁月, 马海涛. 税收优惠方式与企业研发投入——基于双重差分模型的实证检验

[J]. 中央财经大学学报. 2019（3）：3-10.

[143] 郝威亚, 魏玮, 温军. 经济政策不确定性如何影响企业创新？——实物期权理论作用机制的视角 [J]. 经济管理. 2016, 38（10）：40-54.

[144] 贺康, 王运陈, 张立光, 万丽梅. 税收优惠、创新产出与创新效率——基于研发费用加计扣除政策的实证检验 [J]. 华东经济管理. 2020, 34（1）：37-48.

[145] 洪银兴. 科技创新阶段及其创新价值链分析 [J]. 经济学家. 2017（4）：5-12.

[146] 胡华夏, 洪荭, 肖露璐, 刘雯. 税收优惠与研发投入——产权性质调节与成本粘性的中介作用 [J]. 科研管理. 2017, 38（6）：135-143.

[147] 胡凯. 台湾地区研发税收激励政策：经验与借鉴 [J]. 税务研究. 2015（12）：98-101.

[148] 胡凯, 吴清. R&D税收激励、知识产权保护与企业的专利产出 [J]. 财经研究. 2018, 44（4）：102-115.

[149] 花贵如, 刘志远, 许骞. 投资者情绪、管理者乐观主义与企业投资行为 [J]. 金融研究. 2011（9）：178-191.

[150] 黄钢, 徐玖平, 李颖. 科技价值链及创新主体链接模式 [J]. 中国软科学. 2006（6）：67-75.

[151] 黄惠丹, 吴松彬. R&D税收激励效应评估：挤出还是挤入？[J]. 中央财经大学学报. 2019（4）：16-26.

[152] 黄宇虹. 补贴、税收优惠与小微企业创新投入——基于寻租理论的比较分析 [J]. 研究与发展管理. 2018, 30（4）：74-84.

[153] 黄志忠, 钱晨, 冯徐琼. 货币、税收政策对企业R&D投入的影响 [J]. 证券市场导报. 2015（12）：15-20.

[154] 贾康, 刘薇. 论支持科技创新的税收政策 [J]. 税务研究. 2015（1）：16-20.

[155] 贾倩, 孔祥, 孙铮. 政策不确定性与企业投资行为——基于省级地方官员变更的实证检验 [J]. 财经研究. 2013, 39（2）：81-91.

[156] 江希和, 王水娟. 企业研发投资税收优惠政策效应研究 [J]. 科研管理. 2015, 36（6）：46-52.

[157] 江轩宇. 税收征管、税收激进与股价崩盘风险 [J]. 南开管理评论. 2013, 16（5）：152-160.

[158] 姜艳凤, 姜艳芳. 基于M-VAR模型的税收结构与R&D投入研究 [J]. 商业研究. 2014（8）：52-59.

[159] 蒋建军, 齐建国. 激励企业R&D支出的税收政策效应研究 [J]. 中国软科学. 2007（8）：65-70.

[160] 蒋丽丽,周丹.完善我国产业结构升级的税收政策[J].管理世界.2015(9):176-177.

[161] 靳光辉,刘志远,花贵如.政策不确定性、投资者情绪与企业投资——基于战略性新兴产业的实证研究[J].中央财经大学学报.2016(5):60-69.

[162] 康志勇.融资约束、政府支持与中国本土企业研发投入[J].南开管理评论.2013,16(5):61-70.

[163] 雷根强,郭玥.高新技术企业被认定后企业创新能力提升了吗?——来自中国上市公司的经验证据[J].财政研究.2018(9):32-47.

[164] 雷根强,孙红莉.产业政策、税收优惠与企业技术创新——基于我国"十大产业振兴规划"自然实验的经验研究[J].税务研究.2019(8):5-11.

[165] 黎文靖,郑曼妮.实质性创新还是策略性创新?——宏观产业政策对微观企业创新的影响[J].经济研究.2016,51(4):60-73.

[166] 李彬,郑雯,马晨.税收征管对企业研发投入的影响——抑制还是激励?[J].经济管理.2017,39(4):20-36.

[167] 李凤羽,杨墨竹.经济政策不确定性会抑制企业投资吗?——基于中国经济政策不确定指数的实证研究[J].金融研究.2015(4):115-129.

[168] 李广众,贾凡胜.政府财政激励、税收征管动机与企业盈余管理——以财政"省直管县"改革为自然实验的研究[J].金融研究.2019(2):78-97.

[169] 李昊洋,程小可,高升好.税收激励影响企业研发投入吗?——基于固定资产加速折旧政策的检验[J].科学学研究.2017,35(11):1680-1690.

[170] 李华.税收优惠与调整成本对企业研发投入行为的影响研究[J].当代财经.2018(7):25-34.

[171] 李健,杨蓓蓓,潘镇.政府补助、股权集中度与企业创新可持续性[J].中国软科学.2016(6):180-192.

[172] 李婧,贺小刚,茆键.亲缘关系、创新能力与企业绩效[J].南开管理评论.2010,13(3):117-124.

[173] 李丽青.税收激励对企业R&D投资的影响[J].科学学与科学技术管理.2007(4):29-32.

[174] 李林木,郭存芝.巨额减免税是否有效促进中国高新技术产业发展[J].财贸经济.2014(5):14-26.

[175] 李林木,汪冲.税费负担、创新能力与企业升级——来自"新三板"挂牌公司的经验证据[J].经济研究.2017,52(11):119-134.

[176] 李盛竹, 付小红. 促进知识互补效应的我国产学研合作科研创新激励机制研究 [J]. 科学管理研究. 2014, 32 (3): 52-55.

[177] 李万福, 杜静. 税收优惠、调整成本与R&D投资 [J]. 会计研究. 2016 (12): 58-63.

[178] 李维安, 李浩波, 李慧聪. 创新激励还是税盾?——高新技术企业税收优惠研究 [J]. 科研管理. 2016, 37 (11): 61-70.

[179] 李文贵, 余明桂. 民营化企业的股权结构与企业创新 [J]. 管理世界. 2015 (4): 112-125.

[180] 李艳艳. 税收征管对研发费用加计扣除政策的影响效应分析 [J]. 税务研究. 2018 (11): 73-77.

[181] 梁俊娇, 贾昱晞. 企业所得税税收优惠对企业创新的影响——基于上市公司面板数据的实证分析 [J]. 中央财经大学学报. 2019 (9): 13-23.

[182] 林志帆, 刘诗源. 税收负担与企业研发创新——来自世界银行中国企业调查数据的经验证据 [J]. 财政研究. 2017 (2): 98-112.

[183] 林志帆, 龙晓旋. 金融结构与发展中国家的技术进步——基于新结构经济学视角的实证研究 [J]. 经济学动态. 2015 (12): 57-68.

[184] 林洲钰, 林汉川, 邓兴华. 所得税改革与中国企业技术创新 [J]. 中国工业经济. 2013 (3): 111-123.

[185] 刘春, 孙亮. 税收征管能降低股价暴跌风险吗? [J]. 金融研究. 2015 (8): 159-174.

[186] 刘放, 杨筝, 杨曦. 制度环境、税收激励与企业创新投入 [J]. 管理评论. 2016, 28 (2): 61-73.

[187] 刘凤委, 邬展霞, 眭洋扬. 市场化程度、产权性质与公司税负波动研究 [J]. 税务研究. 2016 (3): 103-107.

[188] 刘行, 叶康涛. 金融发展、产权与企业税负 [J]. 管理世界. 2014 (3): 41-52.

[189] 刘建生, 玄兆辉, 吕永波, 等. 创新型国家研发经费投入模式及其启示 [J]. 中国科技论坛. 2015 (3): 5-11.

[190] 刘明慧, 王静茹. 企业异质性视角下税收优惠对研发投入的激励效应研究 [J]. 财经论丛. 2020 (5): 32-42.

[191] 刘诗源, 林志帆, 冷志鹏. 税收激励提高企业创新水平了吗?——基于企业生命周期理论的检验 [J]. 经济研究. 2020, 55 (6): 105-121.

[192] 刘永涛. 研发费用税前加计扣除政策及会计政策研析 [J]. 税务研究. 2018 (1): 118-121.

[193] 刘志彪. 从后发到先发: 关于实施创新驱动战略的理论思考 [J]. 产业经济研究.

2011 (4): 1-7.

[194] 刘志远, 王存峰, 彭涛, 郭瑾. 政策不确定性与企业风险承担: 机遇预期效应还是损失规避效应 [J]. 南开管理评论. 2017, 20 (6): 15-27.

[195] 柳光强. 税收优惠、财政补贴政策的激励效应分析——基于信息不对称理论视角的实证研究 [J]. 管理世界. 2016 (10): 62-71.

[196] 柳卸林, 何郁冰. 基础研究是中国产业核心技术创新的源泉 [J]. 中国软科学. 2011 (4): 104-117.

[197] 柳洲. 产学研协同创新的"知识—文化—价值"网络耦合机制 [J]. 科学管理研究. 2018, 36 (5): 23-26.

[198] 龙小宁, 朱艳丽, 蔡伟贤, 李少民. 基于空间计量模型的中国县级政府间税收竞争的实证分析 [J]. 经济研究. 2014, 49 (8): 41-53.

[199] 卢方元, 李彦龙. 政府支持有助于提升高技术产业R&D效率吗? [J]. 科学学研究. 2016, 34 (12): 1800-1806.

[200] 马名杰. 全球创新格局变化的新趋势及对我国的影响 [J]. 经济纵横. 2016 (7): 108-112.

[201] 马文聪, 李小转, 廖建聪, 张光宇. 不同政府科技资助方式对企业研发投入的影响 [J]. 科学学研究. 2017, 35 (5): 689-699.

[202] 马玉琪, 扈瑞鹏, 赵彦云. 财税激励政策对高新技术企业研发投入影响效应分析——基于广义倾向得分法的实证研究 [J]. 中国科技论坛. 2017 (2): 143-149.

[203] 梅丹. 国有产权、公司治理与非效率投资 [J]. 证券市场导报. 2009 (4): 44-50.

[204] 孟庆斌, 师倩. 宏观经济政策不确定性对企业研发的影响: 理论与经验研究 [J]. 世界经济. 2017, 40 (9): 75-98.

[205] 聂辉华, 谭松涛, 王宇锋. 创新、企业规模和市场竞争: 基于中国企业层面的面板数据分析 [J]. 世界经济. 2008 (7): 57-66.

[206] 潘孝珍. 税收优惠的科技创新激励效应存在门槛吗?——基于股权结构视角的实证分析 [J]. 科研管理. 2019, 40 (10): 48-57.

[207] 任海云, 宋伟宸. 企业异质性因素、研发费用加计扣除与R&D投入 [J]. 科学学研究. 2017, 35 (8): 1232-1239.

[208] 任静. 不连续创新的不确定性、风险与资金需求分析 [J]. 西南民族大学学报 (人文社会科学版). 2012, 33 (6): 141-145.

[209] 邵诚, 王胜光. 我国软件企业税收优惠与研发投入关系的结构方程模型分析 [J]. 工业技术经济. 2010, 29 (1): 64-69.

[210] 石绍宾,周根根,秦丽华.税收优惠对我国企业研发投入和产出的激励效应[J].税务研究.2017(3):43–47.

[211] 史丹,李晓斌.高技术产业发展的影响因素及其数据检验[J].中国工业经济.2004(12):32–39.

[212] 史欣向,冯莉,梁彤缨.中国现有的研发资源与科研产出的关系——基于第二次全国R&D资源清查数据的实证研究[J].科研管理.2012,33(10):1–8.

[213] 史宇鹏,顾全林.知识产权保护、异质性企业与创新:来自中国制造业的证据[J].金融研究.2013(8):136–149.

[214] 史昱.国际税收规则对中国科技创新税收激励政策的影响研究[J].中国科技论坛.2017(3):171–179.

[215] 水会莉,韩庆兰,杨洁辉.政府压力、税收激励与企业研发投入[J].科学学研究.2015,33(12):1828–1838.

[216] 宋吟秋,吕萍,黄文.中美两国R&D经费支出结构的比较[J].科研管理.2012,33(4):102–107.

[217] 孙刚.税收征管与上市企业资本性投资效率研究——来自地方政府违规税收优惠或返还的初步证据[J].中央财经大学学报.2017(11):3–17.

[218] 孙启新,李建清,程郁.科技企业孵化器税收优惠政策对在孵企业技术创新的影响[J].科技进步与对策.2020,37(4):129–136.

[219] 孙喜杰,曾国屏.美国R&D与基础研究经费增长和协调的统计分析及启示[J].科学学研究.2008(4):733–738.

[220] 孙雪娇,翟淑萍,于苏.柔性税收征管能否缓解企业融资约束——来自纳税信用评级披露自然实验的证据[J].中国工业经济.2019(3):81–99.

[221] 孙永波,丁沂昕.集群效应下知识溢出、创新能力及创新绩效关系研究[J].北京行政学院学报.2018(1):88–96.

[222] 孙玉涛,刘凤朝.中国企业技术创新主体地位确立——情境、内涵和政策[J].科学学研究.2016,34(11):1716–1724.

[223] 孙早,许薛璐.前沿技术差距与科学研究的创新效应——基础研究与应用研究谁扮演了更重要的角色[J].中国工业经济.2017(3):5–23.

[224] 谭文华,曾国屏.R&D强度的"S"曲线与实现我国投入稳定增长的若干思考[J].中国软科学.2005(1):94–98.

[225] 谭小芬,张文婧.经济政策不确定性影响企业投资的渠道分析[J].世界经济.2017,40(12):3–26.

[226] 唐书林,肖振红,苑婧婷.上市公司自主创新的国家激励扭曲之困——是政府补贴还是税收递延?[J].科学学研究.2016,34(5):744-756.

[227] 汪冲,江笑云.研发税收激励、企业资格认定与减免可持续性[J].经济研究.2018,53(11):65-80.

[228] 王昌林.新发展格局——国内大循环为主体 国内国际双循环相互促进[M].北京:中信出版集团,2021.

[229] 王春元.税收优惠刺激了企业R&D投资吗?[J].科学学研究.2017,35(2):255-263.

[230] 王海,肖兴志,尹俊雅.如何缓解中国企业研发投入结构失衡?[J].产业经济研究.2016(5):47-57.

[231] 王化成,刘欢,高升好.经济政策不确定性、产权性质与商业信用[J].经济理论与经济管理.2016(5):34-45.

[232] 王俊.我国政府R&D税收优惠强度的测算及影响效应检验[J].科研管理.2011,32(9):157-164.

[233] 王亮亮.研发支出资本化或费用化:税收视角的解释[J].会计研究.2016(9):17-24.

[234] 王明海,李小静.政府干预、外部投资与企业自主创新——基于信号传递视角的研究[J].上海经济研究.2017(2):9-16.

[235] 王万光,叶建芳,杨辉.日本对研发的税收激励政策演变及评价[J].税务研究.2016(11):61-63.

[236] 王彦超,李玲,王彪华.税收优惠与财政补贴能有效促进企业创新吗?——基于所有制与行业特征差异的实证研究[J].税务研究.2019(6):92-98.

[237] 王再进,方衍.企业研发费加计扣除政策实施问题及对策研究[J].科研管理.2013,34(1):94-98.

[238] 卫平,杨宏呈,蔡宇飞.基础研究与企业技术绩效——来自我国大中型工业企业的经验证据[J].中国软科学.2013(2):123-133.

[239] 温军,冯根福.风险投资与企业创新:"增值"与"攫取"的权衡视角[J].经济研究.2018,53(2):185-199.

[240] 吴爱华,苏敬勤.组织情境对创新速度影响的实证分析——技术不确定性的调节作用[J].科学学与科学技术管理.2012,33(3):24-32.

[241] 吴秀波.税收激励对R&D投资的影响:实证分析与政策工具选拔[J].研究与发展管理.2003(1):36-41.

[242] 吴延兵. 国有企业双重效率损失再研究 [J]. 当代经济科学. 2015, 37 (1): 1-10.

[243] 吴瑶, 陈帆, 蒋开东. 科技企业孵化器价值创造路径研究 [J]. 中国科技论坛. 2017 (12): 97-105.

[244] 吴祖光, 万迪昉, 吴卫华. 税收对企业研发投入的影响: 挤出效应与避税激励——来自中国创业板上市公司的经验证据 [J]. 研究与发展管理. 2013, 25 (5): 1-11.

[245] 武学超, 徐雅婷. 我国政府推动产学研协同创新政策文本分析 (2006—2016) ——政策工具视角 [J]. 高教探索. 2018 (4): 11-18.

[246] 夏力. 税收优惠能否促进技术创新: 基于创业板上市公司的研究 [J]. 中国科技论坛. 2012 (12): 56-61.

[247] 肖广岭. 从研发经费及其制度看世界一流大学建设——基于中美大学的比较研究 [J]. 中国科技论坛. 2020 (2): 183-188.

[248] 肖鹏, 黎一璇. 所得税税收减免与企业研发支出关系的协整分析——基于全国54个国家级高新区的实证研究 [J]. 中央财经大学学报. 2011 (8): 13-17, 53.

[249] 许玲玲. 高新技术企业认定、政治关联与民营企业技术创新 [J]. 管理评论. 2017, 29 (9): 84-94.

[250] 许生, 张霞. 经济新常态下的税收制度应对研究 [J]. 税务研究. 2017 (1): 52-55.

[251] 许伟, 陈斌开. 税收激励和企业投资——基于2004—2009年增值税转型的自然实验 [J]. 管理世界. 2016 (5): 9-17.

[252] 薛薇. 发达国家支持企业创新税收政策的特点及启示 [J]. 经济纵横. 2015 (5): 106-110.

[253] 薛薇, 李峰, 彭春燕. 我国支持风险投资的税收政策研究 [J]. 税务研究. 2016 (7): 116-120.

[254] 薛薇, 刘志芳, 李心斐. 由特朗普税改及影响看中国税制——从科技创新的视角 [J]. 中国科技论坛. 2019 (1): 170-180.

[255] 薛薇, 尉佳. 适应新时代科技创新发展的税收政策: 挑战、问题与建议 [J]. 国际税收. 2020 (6): 25-32.

[256] 严成樑, 龚六堂. R&D规模、R&D结构与经济增长 [J]. 南开经济研究. 2013 (2): 3-19.

[257] 闫华红, 廉英麒, 田德录. 政府补助与税收优惠哪个更能促进企业创新绩效 [J]. 中国科技论坛. 2019 (9): 40-48.

[258] 杨记军, 敖翔, 吴敏. 高新技术企业研发投入的阈值效应 [J]. 科研管理. 2018, 39 (6): 85-95.

[259] 杨其静. 企业成长：政治关联还是能力建设？[J]. 经济研究. 2011, 46 (10): 54-66.

[260] 杨晓妹, 刘文龙. 财政R&D补贴、税收优惠激励制造业企业实质性创新了吗？——基于倾向得分匹配及样本分位数回归的研究 [J]. 产经评论. 2019, 10 (3): 115-130.

[261] 杨兴全, 曾义. 现金持有能够平滑企业的研发投入吗？——基于融资约束与金融发展视角的实证研究 [J]. 科研管理. 2014, 35 (7): 107-115.

[262] 叶康涛, 刘行. 税收征管、所得税成本与盈余管理 [J]. 管理世界. 2011 (5): 140-148.

[263] 叶祥松, 刘敬. 异质性研发、政府支持与中国科技创新困境 [J]. 经济研究. 2018, 53 (9): 116-132.

[264] 于文超, 殷华, 梁平汉. 税收征管、财政压力与企业融资约束 [J]. 中国工业经济. 2018 (1): 100-118.

[265] 于文超, 周雅玲, 肖忠意. 税务检查、税负水平与企业生产效率——基于世界银行企业调查数据的经验研究 [J]. 经济科学. 2015 (2): 70-81.

[266] 余宜珂, 郭靖, 张再杰, 杨昀, 周剑秋. 激励企业研发的税收优惠政策的国际经验对比及评析 [J]. 税务研究. 2020 (7): 81-85.

[267] 余泳泽, 张少辉, 杨晓章. 税收负担与"大众创业、万众创新"——来自跨国的经验证据 [J]. 经济管理. 2017, 39 (6): 162-177.

[268] 袁从帅, 白玉, 吴辉航. 晋升激励与税收征管——来自断点回归的证据 [J]. 财经论丛. 2020 (2): 31-41.

[269] 袁建国, 范文林, 程晨. 税收优惠与企业技术创新——基于中国上市公司的实证研究 [J]. 税务研究. 2016 (10): 28-33.

[270] 翟淑萍, 毕晓方. 高管持股、政府资助与高新技术企业研发投资——兼议股权结构的治理效应 [J]. 科学学研究. 2016, 34 (9): 1371-1380.

[271] 张晖明, 周岚岚, 伍茜溪. 论税收手段对企业自主创新的激励作用——基于技术进步路径的视角 [J]. 复旦学报（社会科学版）. 2017, 59 (6): 165-174.

[272] 张济建, 章祥. 税收政策对高新技术企业研发投入的激励效应研究——基于对95家高新技术企业的问卷调查 [J]. 江海学刊. 2010 (4): 229-233.

[273] 张杰, 芦哲, 郑文平, 陈志远. 融资约束、融资渠道与企业R&D投入 [J]. 世界经济. 2012, 35 (10): 66-90.

[274] 张玲, 赵立雨, 师萍. 基于国际经验的我国R&D投入强度偏低因素解析 [J]. 科技进步与对策. 2010, 27 (12): 10-13.

[275] 张明. 税收征管与企业全要素生产率——基于中国非上市公司的实证研究 [J]. 中央财经大学学报. 2017 (1): 11-20.

[276] 张同斌, 高铁梅. 财税政策激励、高新技术产业发展与产业结构调整 [J]. 经济研究. 2012, 47 (5): 58-70.

[277] 张信东, 贺亚楠, 马小美. R&D税收优惠政策对企业创新产出的激励效果分析——基于国家级企业技术中心的研究 [J]. 当代财经. 2014 (11): 35-45.

[278] 张璇, 刘贝贝, 胡颖. 吃喝腐败、税收寻租与企业成长——来自中国企业的经验证据 [J]. 南方经济. 2016 (11): 1-21.

[279] 张耀辉. 技术创新不确定性的系统分析 [J]. 数量经济技术经济研究. 2000 (12): 66-68.

[280] 赵昌文, 许召元, 朱鸿鸣. 工业化后期的中国经济增长新动力 [J]. 中国工业经济. 2015 (6): 44-54.

[281] 赵纯祥, 张敦力, 杨快, 马光华. 税收征管经历独董能降低企业税负吗 [J] 会计研究. 2019 (11): 70-77.

[282] 赵建斌. 基于活动类型视角的中国R&D经费国际比较研究 [J]. 科学管理研究. 2014, 32 (6): 119-123.

[283] 赵静, 郝颖. 政府干预、产权特征与企业投资效率 [J]. 科研管理. 2014, 35 (5): 84-92.

[284] 赵勇, 白永秀. 知识溢出: 一个文献综述 [J]. 经济研究. 2009, 44 (1): 144-156.

[285] 郑春美, 李佩. 政府补助与税收优惠对企业创新绩效的影响——基于创业板高新技术企业的实证研究 [J]. 科技进步与对策. 2015, 32 (16): 83-87.

[286] 郑钦月, 王铮, 刘昌新, 等. 研发投资对经济增长影响——基于异质性研发部门的动态CGE分析 [J]. 中国软科学. 2018 (11): 31-40.

[287] 郑婷婷, 王虹, 干胜道. 税收优惠与创新质量提升——基于数量增长与结构优化的视角 [J]. 现代财经 (天津财经大学学报). 2020, 40 (1): 29-40.

[288] 钟祖昌. 研发创新SBM效率的国际比较研究——基于OECD国家和中国的实证分析 [J]. 财经研究. 2011, 37 (9): 80-90.

[289] 周克清, 景姣. 税收优惠政策对R&D的激励效果检验: 以创业板上市公司为例 [J]. 税务研究. 2012 (6): 20-24.

[290] 朱迎春. 创新型国家基础研究经费配置模式及其启示 [J]. 中国科技论坛. 2018 (2): 15-22.

[291] 朱云欢, 张明喜. 我国财政补贴对企业研发影响的经验分析 [J]. 经济经纬. 2010 (5): 77-81.

图书在版编目(CIP)数据

普惠性企业创新支持的税收激励政策研究 / 孙莹著. — 上海：上海社会科学院出版社，2024
ISBN 978-7-5520-4364-8

Ⅰ.①普… Ⅱ.①孙… Ⅲ.①税收政策—影响—企业创新—研究—中国 Ⅳ.①F279.23

中国国家版本馆 CIP 数据核字(2024)第 073497 号

普惠性企业创新支持的税收激励政策研究

著　　者：孙　莹
责任编辑：张　宇　熊　艳
封面设计：黄婧昉
技术编辑：裘幼华
出版发行：上海社会科学院出版社
　　　　　上海顺昌路 622 号　邮编 200025
　　　　　电话总机 021-63315947　销售热线 021-53063735
　　　　　https://cbs.sass.org.cn　E-mail:sassp@sassp.cn
排　　版：南京展望文化发展有限公司
印　　刷：上海盛通时代印刷有限公司
开　　本：710 毫米×1010 毫米　1/16
印　　张：14.75
插　　页：1
字　　数：214 千
版　　次：2024 年 5 月第 1 版　2024 年 5 月第 1 次印刷

ISBN 978-7-5520-4364-8/F·766　　　　　定价：88.00 元

版权所有　翻印必究